普通高等教育"十二五"规划教材
国家示范性高职院校汽车类规划教材——任务驱动式项目教材

汽车维修基础

（第二版）

刘丙政　主　编

冯泉水　朴振华　陈美多　副主编

武长河　主　审

内容简介

本书是根据教育部制定的《两年制高等职业教育汽车运用与维修专业领域技能型紧缺人才培养指导方案》编写的，主要讲授了汽车维修钳工基础知识，汽车常用材料，汽车检测与维修设备及工具，汽车维修测量技术，汽车维修技术基础，液力、液压传动，汽车常见零部件和机构。要求通过七个模块的理论教学和技能实训，使学生掌握汽车维修必备的基础知识，能熟练使用汽车维修的检测设备、维修设备、工具和量具，具备对汽车维护、调整、维修的基本技能。

本书主要适用于高职高专院校汽车类专业教学，中等职业学校汽车类专业亦可参照使用。

图书在版编目（CIP）数据

汽车维修基础/刘丙政主编. —2版. —北京：北京大学出版社，2012.9
（国家示范性高职院校汽车类规划教材·任务驱动式项目教材）
ISBN 978-7-301-21200-4

Ⅰ. ①汽… Ⅱ. ①刘… Ⅲ. ①汽车—车辆修理—高等职业教育—教材 Ⅳ. ①U472.4

中国版本图书馆 CIP 数据核字（2012）第 209070 号

书　　　名：	汽车维修基础（第二版）
著作责任者：	刘丙政　主编
策 划 编 辑：	温丹丹
责 任 编 辑：	桂　春
标 准 书 号：	ISBN 978-7-301-21200-4/U·0084
出 版 发 行：	北京大学出版社
地　　　址：	北京市海淀区成府路205号　100871
电　　　话：	邮购部 62752015　发行部 62750672　编辑部 62765126　出版部 62754962
网　　　址：	http://www.pup.cn
电 子 信 箱：	zyjy@pup.cn
印　刷　者：	天津和萱印刷有限公司
经　销　者：	新华书店
	787 毫米×1092 毫米　16 开本　16.25 印张　413 千字
	2007 年 9 月第 1 版
	2012 年 9 月第 2 版　2022 年 8 月第 5 次印刷　2022 年 8 月总第 7 次印刷
定　　　价：	34.00 元

未经许可，不得以任何方式复制或抄袭本书之部分或全部内容。
版权所有，侵权必究
举报电话：010-62752024　电子信箱：fd@pup.pku.edu.cn

前　　言

本书第一版自 2007 年出版以来，受到全国各地职业院校的热情欢迎和积极支持，需求量日益递增，充分显示了本书的通用性、适应性和实用性特色。

为不断提高本书的质量和完善本书的体系，根据教学实践和读者使用后的反馈信息，第二版补充了模块七"汽车常见零部件和机构"的相关知识，使本书在汽车维修基础知识方面更加全面和系统。

本书主要特点如下。

(1) 本书对传统学科型教材进行了整合，在教学内容选取上突出了适应性、实用性和针对性。保证了汽车类专业所需的最基本、最主要的基础知识的经典内容。

(2) 基础知识的选取以实用为度，没有过多的理论推导，为体现汽车专业的特点，选择了许多汽车维修实际应用的实例，以培养学生针对性分析问题和解决问题的能力。

(3) 本书在叙述上力求通俗易懂、深入浅出，对于各种基本概念与基本原理的阐述力求简明扼要。本书所引用标准均为最新标准。

本书共分七个模块：即汽车维修钳工基础知识模块，汽车常用材料模块，汽车检测与维修设备及工具模块，汽车维修测量技术模块，汽车维修技术基础模块，液力、液压传动模块，汽车常见零部件和机构模块。每个模块都由几个项目组成，要求通过七个模块的理论教学和技能实训，使学生掌握汽车维修必备的基础知识，能熟练使用汽车维修的检测设备、维修设备、工具和量具，具备对汽车维护、调整、维修的基本技能。

本书由刘丙政任主编，冯泉水、朴振华、陈美多任副主编，陈美多编写模块一、三，朴振华编写模块二、五，刘丙政编写模块四，冯泉水编写模块六、七。本书由刘丙政统稿、修改并定稿，武长河主审。

本书在编写过程中，参阅了最新国家标准，引用了大量的相关文献，在此，编者对原作者表示真诚的谢意。

由于编者水平有限，书中难免存在缺点和错误，恳切希望读者批评指正。

编　者
2012 年 8 月

目　　录

模块一　汽车维修钳工基础知识 ………………………………………………………… 1
　项目 1.1　划线 …………………………………………………………………………… 1
　项目 1.2　锉削 …………………………………………………………………………… 4
　项目 1.3　锯割 …………………………………………………………………………… 8
　项目 1.4　刮削 ………………………………………………………………………… 11
　项目 1.5　铆接 ………………………………………………………………………… 13
　项目 1.6　钻孔、扩孔和铰孔 ………………………………………………………… 16
　项目 1.7　攻螺纹和套螺纹 …………………………………………………………… 21
　项目 1.8　錾削 ………………………………………………………………………… 24
　项目 1.9　实训一　制作六角螺母 …………………………………………………… 29
　项目 1.10　实训二　制作手锤 ………………………………………………………… 32
　思考题 …………………………………………………………………………………… 35

模块二　汽车常用材料 ………………………………………………………………… 37
　项目 2.1　金属材料 …………………………………………………………………… 37
　项目 2.2　非金属材料 ………………………………………………………………… 48
　项目 2.3　汽车运行材料 ……………………………………………………………… 54
　思考题 …………………………………………………………………………………… 72

模块三　汽车检测与维修设备及工具 ………………………………………………… 73
　项目 3.1　概论 ………………………………………………………………………… 73
　项目 3.2　汽车检测设备 ……………………………………………………………… 77
　项目 3.3　实训三　汽车检测设备的使用 …………………………………………… 94
　项目 3.4　汽车维修设备 ……………………………………………………………… 95
　项目 3.5　实训四　汽车维修设备的使用 …………………………………………… 103
　项目 3.6　汽车维修通用工具 ………………………………………………………… 104
　项目 3.7　实训五　汽车维修通用工具的使用 ……………………………………… 113
　思考题 …………………………………………………………………………………… 114

模块四　汽车维修测量技术 …………………………………………………………… 116
　项目 4.1　汽车维修常用的量具 ……………………………………………………… 116
　项目 4.2　汽车常用零件形位误差的测量 …………………………………………… 125
　项目 4.3　实训六　汽缸盖平面度的测量 …………………………………………… 130
　项目 4.4　实训七　汽缸圆度、圆柱度的测量 ……………………………………… 131
　项目 4.5　实训八　曲轴磨损和变形的测量 ………………………………………… 133
　思考题 …………………………………………………………………………………… 134

模块五　汽车维修技术基础 ·· 135
项目 5.1　汽车维修的技术要求和安全规则 ·· 135
项目 5.2　汽车零件的修复方法 ·· 140
项目 5.3　实训九　焊接操作 ·· 150
项目 5.4　汽车维护管理 ··· 151
项目 5.5　汽车维修管理 ··· 154
思考题 ··· 162

模块六　液力、液压传动 ··· 165
项目 6.1　液力传动的工作原理 ·· 165
项目 6.2　液力传动在汽车上的应用 ·· 167
项目 6.3　液压传动的工作原理 ·· 172
项目 6.4　液压传动装置 ··· 174
项目 6.5　液压基本回路 ··· 188
项目 6.6　液压传动在汽车上的应用 ·· 192
思考题 ··· 200

模块七　汽车常见零部件和机构 ·· 202
项目 7.1　轴和轴毂联接 ··· 202
项目 7.2　轴承 ··· 209
项目 7.3　平面连杆机构 ··· 219
项目 7.4　凸轮机构 ··· 228
项目 7.5　带传动 ··· 230
项目 7.6　齿轮传动 ··· 235
项目 7.7　蜗杆传动 ··· 239
思考题 ··· 243

附录　机动车维修管理规定 ··· 244
参考文献 ··· 252

模块一　汽车维修钳工基础知识

汽车维修钳工工作是汽车修理工艺的基础。汽车技术工人等级标准规定：三级以上的汽车维修工都应具备钳工基础操作。汽车的维护和修理、汽车零件的新制和旧件修复以及汽车的装配，都需要具有一定的钳工基础。本模块从实用角度出发，介绍汽车维修钳工基础知识，其主要内容包括划线、锉削、锯割、刮削、铆接、攻丝、汽车维修钳工常用工具和专用工具的使用等。

项目 1.1　划　　线

 能力目标

(1) 培养学生具备正确应用划线工具的能力。
(2) 培养学生具备各种划线的能力。

 知识目标

(1) 了解锉削基本概念。
(2) 了解划线的作用。
(3) 掌握划线的基本工具。

根据图纸和实物的要求，在零件表面（毛坯面或已加工表面）准确地划出加工界线的操作称为划线。划线是汽车维修钳工的一种基本操作，是零件加工或维修过程中的一个重要工序。

1.1.1　划线的作用

(1) 确定各表面的加工余量、确定孔的位置，使机械加工有明确的标志。
(2) 通过划线可以检查加工件是否有误差，有无通过改正补救方法，避免浪费机械加工工时。

1.1.2　划线的基本工具

(1) 划针。划针是用于在被划线的工件表面沿着钢板尺、直尺或样板进行划线的工具。常用的划针是用 $\Phi3 \sim \Phi4$ 弹簧钢丝制作的，一般有弯头划针和直划针两种，弯头划针用在直划针划不到的地方。

(2) 划线盘。划线盘有普通划线盘和可微调节的划线盘。图1-1所示为可微调节的一种。划线盘是在工件上划线和校正工件位置的常用工具,划针的一端焊上硬质合金,另一端弯头是校正工件用的。划线时在量高尺（见图1-2（a））上取出尺寸进行操作,划线精度为0.2 mm,划线盘不用时应将划针头朝下放置。

(3) 高度游标卡尺。高度游标卡尺（见图1-2（b））是根据游标卡尺原理制成的划线工具,一般精度为0.02 mm,用于半成品（已加工的表面）划线。高度游标卡尺是精密工具,不允许用它划毛坯。

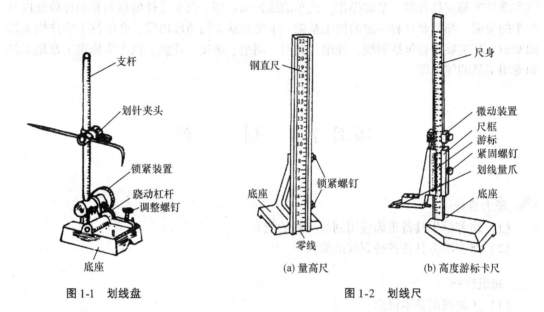

图1-1　划线盘　　　　　　　　图1-2　划线尺

(4) 划规。划规（见图1-3）是汽车维修钳工作业中常用的划线工具。它的用途很多,可以把钢尺上量取的尺寸用划规移到工件上划线段,做角度,划圆角或曲线,测量两点距离等。

(5) 样冲。样冲（见图1-4）是在划好的线上冲眼时使用的工具。冲眼是为了强化显示用划针划出的加工界线,也是使划出的线条具有永久性的位置标记,另外它也可在划圆弧时作为定心脚点使用。

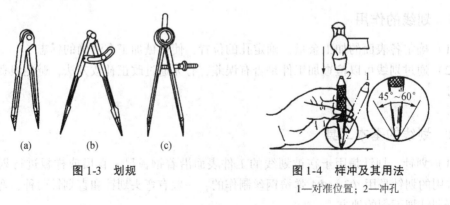

图1-3　划规　　　　　　　　图1-4　样冲及其用法
1—对准位置；2—冲孔

为防止因拆卸造成相对零件配合面的破坏，常用样冲做记号。例如，拆卸连杆、活塞、气门等都需用样冲冲好第×缸或第×只。

1.1.3　平面划线

1. 划平行线

划平行线的方法有以下几种。

（1）如图1-5所示，用钢卷尺在工件两端量两个相同的尺寸，各划上一短线，再用钢尺把两线痕连接即得所求平行线。

图1-5　用钢尺划平行线

（2）如图1-6所示，用划规以平行线间的距离为半径在工件已知直线上任意选两点为圆心（两圆心保持适当距离），向同一侧划出两圆弧；用钢板尺作出它们的切线，即得所求的平行线。

（3）如图1-7所示，如工件能够垂直地立于平台上或靠在角铁、方箱的垂直平面上，则可用高度游标尺或量高尺与划线盘配合划平行线。

图1-6　用划规与钢板尺配合画平行线

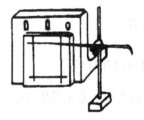

图1-7　用划线盘配合划平行线

2. 划圆弧线求出圆心

在平面线上利用划圆弧线的方法求出圆心，这是钳工在汽车维修作业中常常碰到的问题。如在汽缸体原有螺栓折断，水泵螺栓丝扣损坏后，半轴螺丝乱扣等情况发生时，需要扩孔就会用到此方法。其操作过程如图1-8所示，将木塞塞入孔中再用划规按所需求的半径划出圆弧，最后在中心点打出样冲眼。

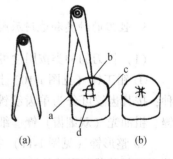

图1-8　用单脚圆规求圆心

项目1.2 锉　　削

能力目标
(1) 培养学生具备正确使用各种锉刀的能力。
(2) 培养学生具备锉削各种零件表面的能力。

知识目标
(1) 了解锉削的基本概念。
(2) 了解锉刀的材料。
(3) 掌握锉刀的种类和选用。
(4) 掌握各种形状的锉削方法。

用锉刀对工件表面进行切削，使它达到零件图所要求的形状、尺寸和表面粗糙度，这种加工方法称为锉削。

锉削可以加工工件表面、内孔、沟槽及各种复杂的外表面，其精度可达0.01 mm，表面粗糙度 Ra 可达 $0.8\mu m$。在汽车维修过程中，个别零件的不均匀磨损和变形需要锉削修整。锉削是手工操作，是考核汽车维修钳工实际操作技能的主要方法之一。

1.2.1　锉刀

1. 锉刀的制作材料

锉刀一般采用碳素工具钢T12、T13制成，并经热处理淬硬至62 HRC～67 HRC。

2. 锉刀的组成

锉刀由锉刀面、锉刀边、锉刀舌、锉刀尾、木柄等部分组成（见图1-9）。

3. 锉刀的种类和选用原则

(1) 锉刀的种类按用途可分为钳工锉、特种锉和整形锉3类。

① 钳工锉（见图1-10）按其截面形状可分为平锉、圆锉、半圆锉、方锉和三角锉五种；按其齿纹可分为单齿纹锉、双齿纹锉；按其齿纹粗细可分为粗齿锉、中齿锉、细齿锉、粗油光（双细齿）锉、细油光锉五种。

② 整形锉（见图1-11）主要用于精细加工及修整工件上难以机加工的细小部位，由若干把各种截面形状的锉刀组成一套。

③ 特种锉（见图1-12）可用于加工零件上的特殊表面，它有直的、弯曲的两种，其截面形状较多。

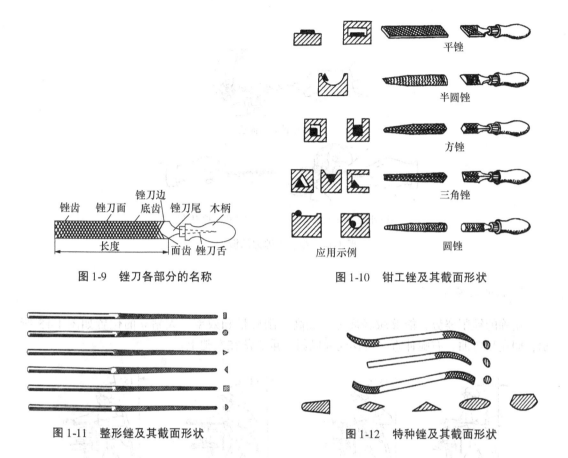

图 1-9 锉刀各部分的名称

图 1-10 钳工锉及其截面形状

图 1-11 整形锉及其截面形状

图 1-12 特种锉及其截面形状

（2）锉刀的选用原则。选择锉刀的形状要根据加工工件的形状来决定；选择锉刀的粗细，根据加工余量大小、加工精度的高低和工件材料的软硬决定。一般粗锉适合锉加工余量大，加工精度和表面粗糙度低的软金属，细锉刀反之。

1.2.2 锉削操作图

1. 锉刀的握法

（1）大锉刀的握法：右手心抵着锉刀柄的端头，大拇指放在锉刀木柄的上面，其余四指弯在下面，配合大拇指捏住锉刀木柄；左手则根据锉刀大小利用力的轻重，可选择多种姿势（见图 1-13）。

（2）中锉刀的握法：右手握法与大锉刀握法相同，而左手则需用大拇指和食指捏住锉刀前端（见图 1-14（a））。

图 1-13 大锉刀的握法

（3）小锉刀的握法：右手食指伸直、拇指放在锉刀木柄上面，食指靠在锉刀的刀边，左手几个手指压在锉刀中部（见图 1-14（b））

（4）更小锉刀（整形锉）的握法：右手拿着锉刀，食指放在锉刀上面，拇指放在锉刀的左侧（见图 1-14（c））。

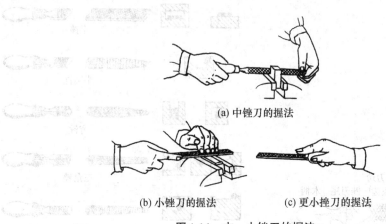

(a) 中锉刀的握法

(b) 小锉刀的握法　　　(c) 更小挫刀的握法

图 1-14　中、小锉刀的握法

2. 锉削的姿势

正确的锉削姿势，能够减轻疲劳、提高锉削质量和效率。人站立的位置如图 1-15 所示，即左腿弯曲、右腿伸直，身体向前倾斜，重心落在左腿上。

(a) 开始锉削时　(b) 锉刀推出1/3行程时　(c) 锉刀推到1/3行程时　(d) 锉刀行程推尽时

图 1-15　锉削动作

3. 锉削力的运用

（1）力矩的平衡。锉削时必须正确掌握锉削力的平衡。开始推锉时，左手压力要大，右手压力要小而推力大，随着锉刀的推进，左手所加的压力由大逐渐减小，右手所加的压力应由小而逐渐增大，锉刀回程时不加压力，以减少锉齿的磨损。只有掌握了锉削平面的技术要领，才能使锉刀在工件的任意位置时，锉刀两端压力对工件中心的力矩保持平衡；否则，锉刀就不会平衡，工件中间将会产生凸面或鼓形面。

（2）锉削速度。一般为每分钟 30～60 次，如果太快，则操作者容易疲劳且锉齿易磨钝；如果太慢，则切削效率低。

1.2.3 各种形状工件的锉法

1. 平面的锉法

（1）顺向锉法（见图1-16（a））。顺向锉法是最基本的锉法，不大的平面最后锉光和锉平都用此法。

（2）交叉锉法（见图1-16（b））。该方法是主要的锉法，锉削的面较长，锉刀掌握得稳，去屑也较快，并可根据锉痕交叉情况判断锉削面高低不平的情况。

（3）推锉法（见图1-16（c））。推锉一般用来锉削较窄的面或包砂布打光表面。

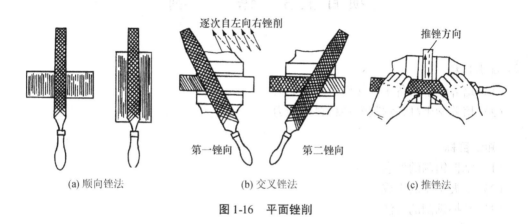

图1-16 平面锉削

2. 曲面的锉法

（1）外圆弧面的锉法（见图1-17）。常用的外圆弧面锉法有滚锉法和横锉法两种。滚锉法是使锉刀顺着圆弧面锉削；横锉法是使锉刀横着圆弧面锉削。前者用于精锉外圆弧面，后者用于粗锉外圆弧面。比如机械事故车（曲轴因缺油而拉毛）急救时，对曲轴连杆轴颈的整形；对变形的轴头的修复等。

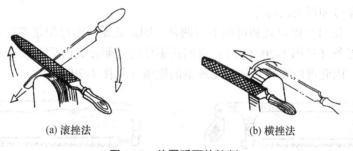

图1-17 外圆弧面的锉削

（2）内圆弧面的锉法（见图1-18）。锉刀要同时完成三个运动：前推运动、左右移动和自身转动。

（3）通孔的锉法（见图1-19）。根据通孔的形状、工件材料、加工余量、加工精度和表面粗糙度等选择所需的锉刀进行通孔的锉削。

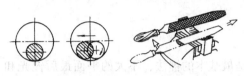

图 1-18 内圆弧面的锉削

图 1-19 通孔的锉削

项目 1.3 锯 割

 能力目标
(1) 培养学生具备正确使用手锯的能力。
(2) 培养学生具备锯割各种材料的能力。

 知识目标
(1) 掌握锯割的概念。
(2) 掌握手锯的组成。
(3) 掌握锯割的方法。

锯割是用锯条，把原材料或工件分割成几个部分的锯削加工。大型工件或原材料通常用机械锯、剪板机、气割、电割等方法切割。汽车维修工一般用手锯来锯割较小的材料或工件。比如在维修现场，锯割锈死或变形的螺栓、开槽、修整零件等。因此，熟练使用手锯是汽车维修工需要掌握的基本功之一。

1.3.1 手锯

手锯包括锯弓和锯条两部分。

(1) 锯弓。锯弓分固定式和可调节式两种。固定式锯弓的弓架是整体的，只能装用一种长度规格的锯条（见图 1-20 (a)）；可调式锯弓的弓架分成前后两段，由于前段在后段套内可以伸缩，因此可以安装几种长度规格的锯条（见图 1-20 (b)）。

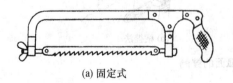 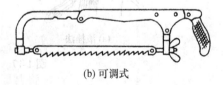

(a) 固定式 　　　　　　　　　　　　　(b) 可调式

图 1-20 锯弓的构造

(2) 锯条。锯弓上所用的锯条一般用碳素工具钢或合金钢制成，并经热处理淬硬。锯条一般长 300 mm，宽 12 mm，厚 0.8 mm。

锯齿的粗细是按锯条上每 25 mm 长度内的齿数来表示的，14～18 齿为粗齿，24 齿为中齿，32 齿为细齿。

锯齿的粗细应根据加工材料的硬度、厚薄来选择。锯割软材料或厚材料时，因锯屑较多，要求有较大的容屑空间；应选用粗齿锯条。锯割硬材料或薄材料时，因材料硬，锯齿不易切入，锯屑量少，不需要大的容屑空间，而薄材料在锯割中锯齿易被工件勾住而崩裂，需要多齿同时工作，使锯齿承受的力量减少，所以这两种情况应选用细齿锯条，一般中等硬度材料选用中齿锯条。

1.3.2 锯割的方法

1. 锯条的安装

手锯是在向前推进过程时才起切削作用的，齿尖的方向朝前，不能反装。

锯条的松紧要适当，太紧锯割过程中锯条会失去应有的弹性，容易折断；太松锯割过程中会发生扭曲，也会折断，且工件锯缝容易歪斜。

2. 工件的夹持

工件尽可能夹持在台虎钳的左面，以方便操作；锯割线应与钳口垂直，以防锯斜；锯割线离钳口不应太远，以防锯割时产生颤抖。工件夹持应稳当、牢固、不可有抖动，以防锯削时工件移动而使锯条折断。同时也要防止夹坏已加工表面和夹紧力过大使工件变形。

3. 起锯的方法

如图 1-21 所示，锯割的站立姿势与锉削姿势相似，起锯时一般采用远起锯或近起锯两种方式进行。起锯的角度适当，以 α 均等于 15 度为好，如果太大，则锯齿易被工件棱边卡住；如果太小，则不易切入材料，且会打滑。

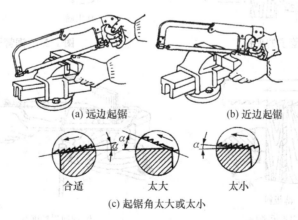

(a) 远边起锯　　(b) 近边起锯

(c) 起锯角太大或太小

合适　　太大　　太小

图 1-21 起锯方法

为了使起锯的位置准确和平稳，可用左手大拇指挡住锯条的方法来定位，也可在锯割位置先用三角锉刀锉出一条槽。

4. 锯割的压力、速度和往复长度

（1）握锯弓时，要舒展自然，右手握稳把手，左手轻挟在弓架前端。运动时右手施力，左手压力不要过大，起锯时压力要小，往复行程短；锯割时朝前施力，而且退时，不但不需要压力，还应把弓锯微微抬起，以减少锯齿磨损；当工件快锯断时，压力应减小。

（2）锯割的速度以每分钟往复20～40次为宜。锯割软材料时可快些，锯割硬材料应慢些。

（3）在锯割时，只要弓架两端不碰工件，应尽可能利用锯条的有效长度。一般往复长度应不小于锯条全长的2/3，只有这样才能减少锯条在锯割中锯齿的磨损，延长使用寿命。

5. 典型工件的锯割方法

（1）圆管。锯薄管时应将管子夹在两块木制的V形槽垫之间，以防夹扁管子（见图1-22）。锯割时不能从一个方向锯到底（见图1-23（b）），其原因是锯齿锯穿管子内壁后，锯齿即在薄壁上切削，受力集中，很容易被管壁勾住而折断。圆管锯割的正确方法是：多次变换方向进行锯割，每一个方向只能锯到管子的内壁处，随即把管子转过一个角度，一次一次地变换，逐次进行锯切，直至锯断为止（见图1-23（a））。

（2）薄板。锯割薄板时应尽可能从宽面锯下去，如果只能在板料的窄面锯下去，可将薄板夹在两木板之间一起锯割（见图1-24（a）），这样可避免锯齿勾住，同时还可增加板的刚性。当板料太宽，不便台虎钳装夹时，应采用横向斜推锯割（见图1-24（b））。

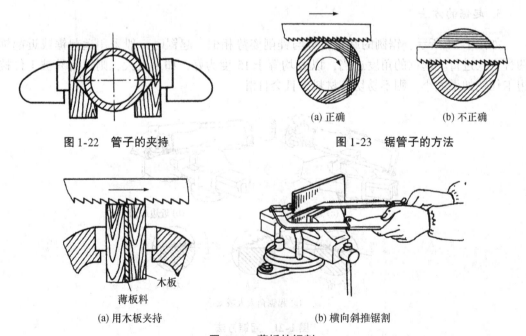

图1-22 管子的夹持　　图1-23 锯管子的方法

(a) 用木板夹持　　(b) 横向斜推锯割

图1-24 薄板的锯割

（3）深缝。当锯缝深度超过锯弓的高度时（见图1-25（a）），应将锯条转过90°重新安装，把锯弓转到工件旁边（见图1-25（b））。锯弓横下来后，若其高度仍然不够，也可按图1-25（c）所示，将锯弓转过180°把锯条锯齿安装在锯弓内进行锯割。

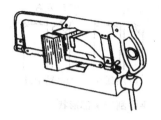 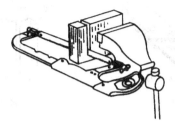 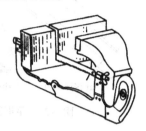

(a) 锯缝高度超过锯弓高度　　　(b) 将锯条转过90°安装　　　(c) 将锯条转过180°安装

图1-25　深缝的锯割方法

项目 1.4　刮　　削

能力目标

（1）培养学生具备正确使用刮刀的能力。
（2）培养学生具备刮削各种零件表面的能力。

知识目标

（1）了解刮削的基本概念。
（2）掌握刮刀的种类。
（3）掌握刮削的方法。

刮削是用刮刀在工件已加工表面上刮去一层很薄金属的操作。汽车维修钳工作业的刮削主要是指刮削曲轴主轴轴承（主轴瓦）、曲轴连杆轴承（连杆瓦）和凸轮轴轴承等。

1.4.1　刮削的工具

1. 刮刀

刮刀一般用碳素工具钢T10A～T12A或轴承钢锻成，也有的刮刀头焊上硬质合金用以刮削硬金属。刮刀分为平面刮刀和曲面刮刀两类。在汽车修理过程中，只使用刮削内曲面的三角刮刀来刮削轴瓦等。

（1）平面刮刀。平面刮刀用于刮削平面，有普通刮刀（见图1-26（a））和活头刮刀（见图1-26（b））两种。

平面刮刀按所刮表面精度又可分为粗刮刀、细刮刀和精刮刀3种（见图1-27）。

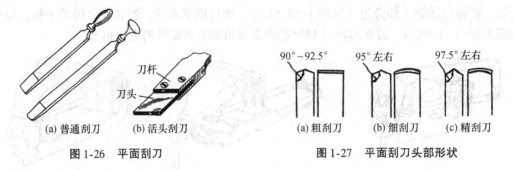

(a) 普通刮刀　(b) 活头刮刀

图 1-26　平面刮刀

(a) 粗刮刀　(b) 细刮刀　(c) 精刮刀

图 1-27　平面刮刀头部形状

（2）曲面刮刀。曲面刮刀用来刮削内弧面（主要是滑动轴承的轴瓦），其种类很多（见图 1-28），其中以三角刮刀最为常见。

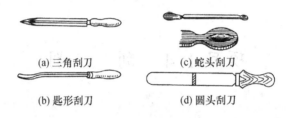

(a) 三角刮刀　(c) 蛇头刮刀
(b) 匙形刮刀　(d) 圆头刮刀

图 1-28　曲面刮刀

2. 校准工具

校准工具有两个作用：一是用来与刮削表面配合，以接触点的多少和分布的疏密程度来显示刮削表面的平整程度，提供刮削依据；二是用来检验刮削表面的精度。

刮削内圆弧面时，常用来与之相配合的轴作为校准工具。例如曲轴瓦用曲轴作为校准工具。

3. 显示剂

显示剂是为了显示刮削表面与标准表面间贴合程度而涂抹的一种辅助材料，常用的有红丹油和蓝油。红丹油用氧化铁或氧化铝加机油调成，前者呈紫红色，后者呈橘黄色，它们多用于铸铁和钢的刮削；蓝油用普鲁士蓝加蓖麻油调成，多用于铜、铝的刮削。

1.4.2　刮削的方法

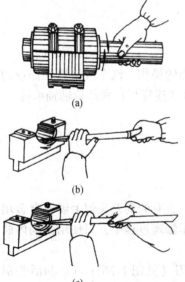

图 1-29　曲面的刮削

（1）曲面刮削。对于要求较高的某些滑动轴承的轴瓦，通过刮削，可以得到良好的配合。刮削轴瓦时用三角刮刀，而研点子的方法是在轴上涂匀显示剂，然后与轴配研（见图 1-29）。

（2）连杆轴承刮配校合。先在连杆轴颈表面上涂上一些极薄的红印油，再将连杆轴承及垫按正确位置装于曲轴上，拧紧螺栓（逐渐拧紧，分次刮削），扳动连杆数圈后，拆下连杆观察轴承内孔表面贴合印痕情况，用刮刀刮去吃有印痕的合金层表面。掌握刮重留轻、刮大留小的原则，如此反复，使轴承接触面积不断增大。最后按规定扭力紧固好螺栓直至每道印痕均匀，其接触面＞85%。

（3）曲轴轴承刮配校合。装配好轴承和曲轴。四道的按2、3、1、4，七道的按4、2、6、3、5、1、7顺序拧紧螺栓少许，每拧紧一道时转动曲轴数圈，稍松该道螺栓，进行另一道，各道都进行完毕后，取下所有曲轴轴承盖，检视印痕，进行修刮。

修刮轴承须反复进行多次，各轴承盖螺栓，应逐渐增加同一扭力旋紧。修刮后的轴承接触面应＞75%，最后一道应＞85%，以防漏油。

项目 1.5 铆 接

能力目标

（1）培养学生具备正确使用铆接工具的能力。
（2）培养学生具备各种铆接的能力。

知识目标

（1）了解铆接的基本概念。
（2）掌握铆接的种类及铆接工具。
（3）了解铆接的形式。
（4）掌握铆接和拆卸的方法。

铆接是用铆钉连接两个或两个以上工件的操作。汽车维修钳工作业的铆接主要是指车架纵梁与横梁铆接，离合器摩擦片与钢片的铆接、制动蹄与摩擦片的铆接、钢板与钢板的铆接等。

1.5.1 铆接的种类

铆接可分为活动铆接和固定铆接两种。

（1）活动铆接。活动铆接又称铰链铆接。它的结合部分可以相互转动，例如，常见的剪刀、长钳、圆规及各种手用钳的铆接。

（2）固定铆接。固定铆接的接合部分不能活动，适用于需要有足够强度的结构。固定铆接广泛应用于车架、车身、制动蹄摩擦片、离合器从动盘的摩擦片等汽车修理项目中。

1.5.2 铆接的形式

铆接的形式是由零件相互结合的位置所决定的，主要有以下3种形式。

(1) 搭接。搭接是铆接中比较简单的连接形式（见图1-30（a）），当两块板铆接后要求在一个平面上时，应把其中一块板先折边，然后搭接。

(2) 对接。对接分单盖板对接和双盖板对接两种（见图1-30（b））。

(3) 角接。按不同要求，角接分单角钢角接和双角钢角接两种（见图1-30（c））。

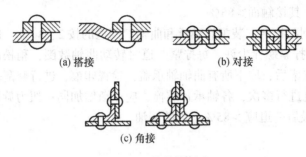

图1-30 铆接的形式

1.5.3 铆钉的种类和铆接工具

1. 铆钉的种类

(1) 按形状的不同可分为半圆头、平头、埋头和空心等铆钉（见图1-31）。
(2) 按材料不同可分为钢质、铜质和铝质等铆钉。
(3) 按用途可分为钢结构、皮带和锅炉等铆钉。

2. 铆接工具

(1) 手锤。一般用圆头手锤，锤的大小按铆钉直径的大小选定，常用0.2～0.5 kg重的小手锤。

(2) 压紧冲头（见图1-32（a））。压紧冲头用来冲击被铆的板料，使其互相压紧。

(3) 罩模和顶模（见图1-32（b）、1-32（c））。它们的顶部都是半圆形的凹球，只是顶模杆部有两个平行的平面，便于夹持稳固。

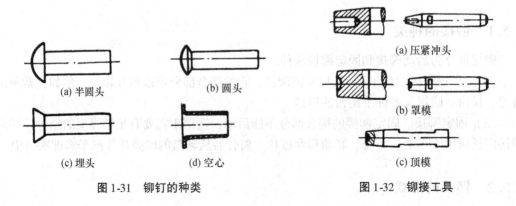

图1-31 铆钉的种类　　　　　图1-32 铆接工具

3. 铆钉直径和长度的确定

（1）铆钉直径的确定与被连接板的最小厚度有关，一般等于板料最小厚度的 1.8 倍，根据标准铆钉直径可确定钻孔直径。标准铆钉直径单位如表 1-1 所示。

表 1-1　标准铆钉直径　　　　　　　　　　　　　　单位：mm

公称直径	2.0	2.5	3.0	4.0	5.0	6.0	7.0	8.0	10.0	13.0	16.0
允差		±0.1			+0.2 -0.1			+0.3 -0.2		+0.4 +0.2	

（2）铆钉长度的确定与伸出部分的长度有关。半圆头铆钉选用长度应为铆接物总厚度加铆钉直径的 1.25～1.5 倍，埋头铆钉选用长度为铆接物总厚度加铆钉直径的 0.8～1.2 倍。

4. 铆接方法

铆接有冷铆、热铆和混合铆 3 种方法。

（1）冷铆铆接时，铆钉不需加热、直接镦出铆合处，因此铆钉材料必须具有较高的延展性，直径在 8 mm 以下的铆钉都可用冷铆的方法铆接。

（2）热铆时，把铆钉加热到一定程度，然后再铆接，铆钉受热后，延展性好、材料也因加热而变软，容易成形，并且在冷缩后铆钉杆收缩，更加大了结合强度。热铆时考虑受热铆钉杆膨胀的因素，应把孔径放大 0.5～1 mm（或更大些），使铆钉在热态时容易插入。直径大于 8 mm 的钢铆钉大多采用热铆的方法。例如，汽车车架铆钉松动时，可采用热铆的方法来修复。

（3）混合铆铆合时，不把铆钉全部加热，而只是把铆钉的铆合头端加热，对铆钉杆比较长的铆钉，采用这种方法，铆钉杆不会弯曲。

汽车维修常用的铆接多为冷铆，在常温下用手工或机械直接镦出铆合头。图 1-33 所示为半圆头铆钉的铆接过程。在很少的情况下，采用混合铆方法铆接数量有限且直径较大的钢料铆钉。

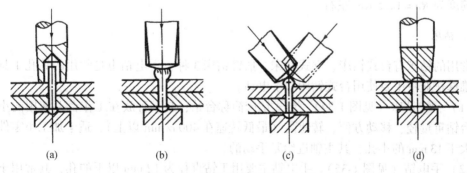

(a)　　　　　(b)　　　　　(c)　　　　　(d)

图 1-33　半圆头铆钉的铆接过程

5. 铆钉的拆卸方法

(1) 对于直径较小的铆钉，可使用锉刀、凿子或手持式砂轮机等工具将铆钉头去除掉，然后用冲头将铆钉冲出。

(2) 对于直径较大或铆合过紧的铆钉，一般拆卸时都采用钻孔的方法，选一略小于铆钉杆直径的钻头，在铆钉中心钻孔后将铆钉拆除。

项目 1.6　钻孔、扩孔和铰孔

能力目标

(1) 培养学生具备钻孔、扩孔和铰孔工具及设备的使用能力。
(2) 培养学生具备在汽车零件上钻孔、扩孔和铰孔的能力。

知识目标

(1) 了解钻孔的工具及设备。
(2) 掌握钻孔的方法。
(3) 了解扩孔的作用。
(4) 掌握扩孔的方法。
(5) 了解铰刀的特点。

钻孔、扩孔和铰孔在汽车维修作业中是经常要做的钳工工作。钻孔、扩孔和铰孔多半是在专用的钻床上进行，但在修理汽车时，由于机件不便拆卸（或就车修理时）有时也要使用手电钻来进行操作。

1.6.1　钻孔

用钻头在实心工件上加工孔叫钻孔，钻孔的加工精度一般在 IT10 级以下，钻孔的表面粗糙度为 $Ra = 12.5\ \mu m$ 左右。

1. 钻床

常用的钻床有台式钻床、立式钻床、摇臂钻床 3 种，手电钻也是常用的钻孔工具，在汽车维修作业中主要使用台式钻床和手电钻。

(1) 台式钻床（见图 1-34）。台式钻床简称台钻，是一种放在工作台上使用的小型钻床。台钻重量轻、移动方便、转速高（最低转速在 400 r/min 以上），适于加工小零件上直径不大于 13 mm 的小孔，其主轴进给是手动的。

(2) 手电钻（见图 1-35）。手电钻主要用于钻直径为 12 mm 以下的孔，其常用于不便使用钻床钻孔的场合。手电钻的电源有 220 V 和 380 V 两种，由于手电钻携带方便，操作简单，使用灵活，所以在汽车修理作业中应用比较广泛。

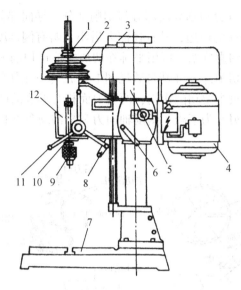

图 1-34 台式钻床
1—塔轮；2—V 带；3—丝杆架；4—电动机；5—立柱；6—锁紧手柄；7—工作台；
8—升降手柄；9—钻夹头；10—主轴；11—进给手柄；12—头架

2. 钻头

钻头是钻孔的主要刀具，用高速钢制造，其工作部分经热处理淬硬至 62 HRC～65 HRC。钻头由柄部、颈部及工作部分组成（见图 1-36）。

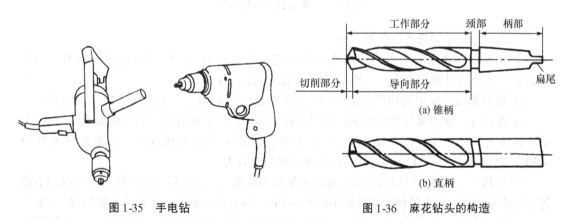

图 1-35 手电钻   图 1-36 麻花钻头的构造

（1）柄部。柄部是钻头的夹持部分，起传递动力的作用，有直柄和锥柄两种。直柄传递扭矩较小，一般用于直径小于 12 mm 的钻头；锥柄可传递较大转矩，用于直径大于 12 mm 的钻头。锥柄的顶部是扁尾，起传递转矩作用。

（2）颈部。颈部是在制造钻头时起砂轮磨削退刀作用的，钻头直径、材料、厂标一般也刻在颈部。

（3）工作部分。工作部分包括导向部分与切削部分。导向部分有两条狭长的、螺旋形的、高出齿背约 0.5～1 mm 的棱边，其直径前大后小，略有倒锥度，这可以减少钻头与孔壁间的摩擦，而两条对称的螺旋槽、可用来排除切屑并输送切削液，同时整个导向部分也是切削部分的后备部分。切削部分（其参数见图 1-37）有三条切削刃；前刀面和后刀面相交形成两条主切削刃，担负主要切削作用；两后刀面相交形成的两条棱刃（副切削刃）起修光孔壁的作用；修磨横刃是为了减小钻削轴向力和挤刮现象并提高钻头的定心能力和切割稳定性。

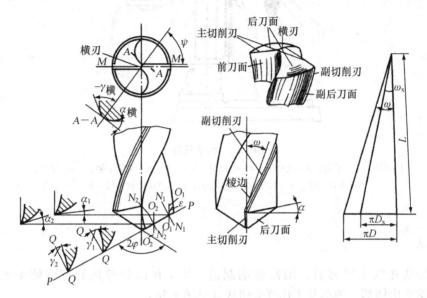

图 1-37　麻花钻的几何参数

切削部分的几何角度有以下几种。

① 顶角，顶角是两个主切削刃之间的夹角。如果顶角大，则钻削时轴向力大；如果顶角小，则钻削时轴向力小。一般常用的顶角为 116°～118°。

② 螺旋角 ω，棱刃的切线和钻头中心线夹角称为螺旋角。一般常用的螺旋角为 30°。

③ 前角 γ，前刀面与切削平面的法平面之间的夹角称为前角，它与螺旋角有很大关系，在钻头外径边缘处前角最大，约 30°左右，自外至中心逐渐减少，如接近横刃处为 -30°，在横刃上为 -54°～-60°，前角越大切削越省力。

④ 后角 α，后刀面与切削平面之间的夹角称为后角。钻头的后角在切削刃上各点都不相等，与前角相反，它在外径边缘处较小约 8°～14°，越近中心越大，通常钻心处约 20°～26°。

⑤ 横刃斜角 ψ，刃与主切削刃在垂直于钻头轴线的平面内所夹的锐角。一般常用的横刃斜角为 50°～55°。

3. 钻头的刃磨

钻头的切削部分对于钻孔质量和效率有直接影响。钻头刃磨的目的，是为了把钝了或损坏的切削部分刃磨成正确的几何形状，保持钻头良好的切削性能。

（1）磨主切削刃，其目的为将磨钝或损坏的主切削刃磨锋利，同时将后角与顶角修磨到所要求的正确角度。其方法为：用手捏住钻头，将主切削刃摆平，钻头中心和砂轮面的夹角等于 1/2 顶角。刃磨时右手使刃口接触砂轮，左手使钻头柄向下摆动，所摆动的角度是钻头的后角。当向下摆动时，左手捻动钻头绕自身的中心线旋转，这样磨出的钻头钻心处的后角会大些、有利于切削。磨好一条主切削刃后，再磨另一侧主切削刃。

（2）修磨横刃，其目的为把横刃磨短，并使钻心处的前角增大，使钻头便于定位，减少轴向抗力，利于切削。磨好的钻头切削性能怎样，往往横刃部位起很大作用。如果材料软，可多磨去些。一般把横刃磨短到原来的 1/3～1/5。一般小直径的钻头（5 mm 以内）可不修磨横刃。修磨横刃的方法为：磨削点大致在砂轮的水平中心面上。钻头与砂轮相对位置如图 1-38 所示，钻头与砂轮侧面构成 15°角（向左侧）、与砂轮中心面约构成 55°角，刃磨时钻头刃背与砂轮圆角接触，磨削是逐渐向钻心处移动，直至磨出内刃前角。修磨时钻头略有转动，磨量由小到大，当磨至钻心处时，应保证内刃前角和内刃斜角，横向长度要准确，磨时动作要轻，防止刃口退火或钻心过薄。

（3）修磨钻薄板钻头，在汽车维修时常常会遇到在薄钢板上钻孔。用普通钻头钻孔，会出现孔不圆，孔口飞边，孔被撕破、毛刺大，甚至使板料变形和发生事故，因此必须把钻头磨成如图 1-39 所示形状，通常也叫平钻头。钻孔时，钻心先切入工件，定住中心，起钳制工件作用，然后两个锋利外尖迅速切入工件，使其切离。如果将锋刃磨平，并低于钻心，还可用于钻一般的沉孔或划孔的平面。

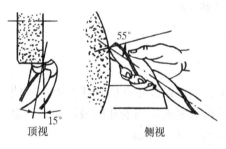

图 1-38　修磨横刃

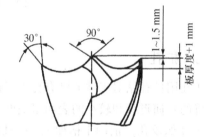

图 1-39　薄板钻头的形状

（4）钻头刃磨的要求，刃磨时，钻头切削部分的角度应符合要求，两条主切削刃等长，顶角应被钻头的中心线平分，可做顶角样板，边磨边检查。在实际工作中，一般都用目测来检查，即可将钻头转动 180°目测，经过几次反复后，可鉴定出两刃是否高低一致。钻头刃磨时，钻柄摆动不可离出水平面，以防止磨出负后角。为防止刃口退火，必须经常浸入水中冷却。

4. 钻孔的方法

（1）工件的夹持（见图 1-40）。钻 $\Phi 6$ mm 以下的孔，如工件可用手握牢，可以用手拿住工件。手不能拿的小工件或钻孔直径超过 $\Phi 6$ mm，必须用手虎钳夹持；圆形工件上钻孔，用 V 型铁配以螺钉、压板夹持，使工件在钻孔时不会转动。

（2）钻孔的方法。一般钻孔前要用中心冲冲出需钻孔的中心。如在斜面上钻孔，可用立铣刀先铣出一个平面，或在斜面钻孔处用錾子錾出一个小平面，打上样冲眼；钻较大直径的孔时要分两次钻出，每一次钻出直径一般为要求直径的 0.5～0.7 倍；钻孔时，钻头会发热而失去原有的硬度,因此在钻孔时需用液流进行冷却,在钻孔快要钻穿时还应减少进给量,以保证孔的质量,钻头也不易损坏。

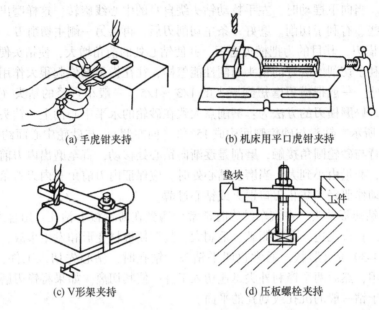

图 1-40 工件夹持方法

1.6.2 扩孔

扩孔用扩孔钻对工件上已有孔进行扩大加工,它可以校正孔的轴线偏差,并使其获得较正确的几何形状和较小的表面粗糙度。扩孔可作为要求不高的孔的最终加工,也可作为精加工(如铰孔)前的半精加工,扩孔加工余量为 0.5～4 mm。

汽车维修中一般用麻花钻作扩孔钻。在扩孔精度要求较高时,还采用专用扩孔钻扩孔。扩孔钻和麻花钻相似,所不同的是它有 3～4 条切削刃,但无横刃,其顶端是平的,螺旋槽较浅,故钻芯粗实,刚性好,不易变形,导向性能好。图 1-41 所示为扩孔钻及用扩孔钻孔时的情形。

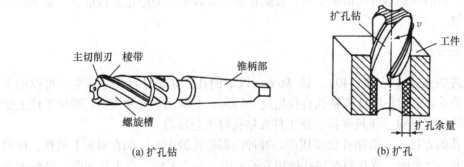

图 1-41 扩孔钻与扩孔

1.6.3 铰孔

铰孔是用铰刀从工件壁上切除微量金属层,以提高其尺寸精度和表面质量的加工方法,铰孔的加工精度可高达 IT7～IT6 级,铰孔的表面粗糙度 $Ra = 0.8 \sim 0.4\ \mu m$。

铰孔的工具是铰刀,铰刀有 4～12 个切削刃,铰孔时其导向性好。由于刀齿的齿槽很浅,铰刀的横截面积大,因此铰刀的刚性好。铰刀按使用方法分为手用和机用两种,按所铰孔的形状分为圆柱形和圆锥形两种(见图 1-42)。

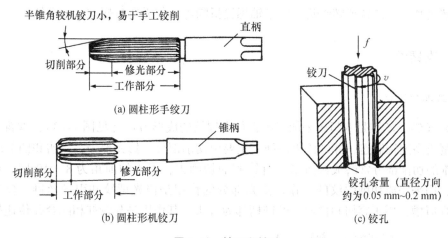

图 1-42　铰刀和铰孔

铰孔因余量很小,而且切削刃的前角 $\gamma = 0°$,所以铰削实际上是修刮过程。特别是手工铰孔时,由于切削速度很低,不会受到切削热和振动的影响,故铰孔是对孔进行精加工的一种方法。铰孔时铰刀不能倒转,否则,切屑会卡在孔壁和切削刃之间,从而使孔壁划伤或切削刃崩裂。铰削时如采用切削液,孔壁的表面粗糙度将更小。

铰孔在汽车修理中是经常碰到的工作,如铰削连杆的套、活塞孔、转向节主销衬套孔等,这也是汽车修理工的基本功,只有练好基本功,才能保证基本的维修质量。

项目 1.7　攻螺纹和套螺纹

🔧 能力目标
(1) 培养学生具备正确使用丝锥和铰杠的能力。
(2) 培养学生具备正确使用板牙和板牙架的能力。
(3) 培养学生具备攻螺纹和套螺纹的能力。

知识目标

(1) 了解攻螺纹和套螺纹的基本概念。
(2) 掌握攻螺纹和套螺纹的方法。
(3) 掌握攻螺纹和套螺纹的注意事项。

攻螺纹是用丝锥在孔壁上切削出内螺纹。套螺纹是用板牙在圆柱体上切削出外螺纹。

在汽车维修作业中攻螺纹和套螺纹是经常发生的，很多零件或部件的连接都采用螺纹连接，当外螺纹或内螺纹损伤时（乱扣），都要采用攻螺纹或套螺纹来修复。例如：汽缸体上的螺纹乱扣、滑位或螺纹折断、半轴螺栓折断等，都需要攻螺纹或套螺纹。

1.7.1 攻螺纹

1. 丝锥和铰杠

(1) 丝锥。丝锥是专门用来加工小直径内螺纹的成形刀具（见图1-43），丝锥是用合金工具钢或高速钢制造，并经淬火淬硬。主要由切削部分、修光部分、屑槽和柄部组成。

丝锥的切削部分常磨成圆锥形，有锋利的切削刃，刀刃的前角为8～10度，后角为4～6度，用来完成切削螺纹的工作。修光部分的作用是修光螺纹和引导丝锥。丝锥上有3～4条容屑槽，用于容屑和排屑。丝锥柄部为方头，其作用是与铰杠相配合并传递扭矩。

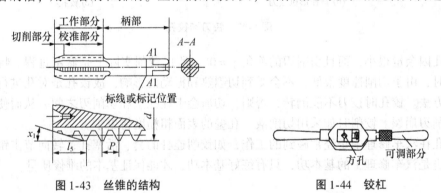

图1-43 丝锥的结构　　　　　图1-44 铰杠

丝锥分手用丝锥和机用丝锥两种。原先用的丝锥一般是两支或三支组成一套，分头锥、二锥或三锥，它们的圆锥斜角各不相等，修光部分的外径也不相同，其所负担的切削工作量分配是，头锥为60%、二锥为30%、三锥为10%。现在由于制造丝锥材料质量的提高，一般M10以下的大部分为一组一支，M10以上的为一组两支。

(2) 铰杠。铰杠是用来夹持丝锥的工具（见图1-44）。常用的可调式铰杠，通过旋动右边手柄，即可调节方孔的大小，以便夹持不同尺寸的丝锥。铰杠长度应根据丝锥尺寸大小进行选择，以便控制攻螺纹时的旋力（扭矩），防止丝锥因施力不当而折断。

2. 底孔直径的确定

丝锥主要是切削金属，但也有挤压金属的作用，在加工塑性好的材料时，挤压作用尤其显著。攻螺纹前工件的底孔直径必须大于螺纹标准中规定的螺纹小径,确定其底孔钻头直径 d_0 的方法,可采用查表法(见有关手册资料)确定,或用下列经验公式计算:

钢材及韧性金属 $d_0 \approx d - p$

铸铁及脆性金属 $d_0 \approx d - (1.05 \sim 1.1) p$

式中 d_0——底孔直径,mm;

d——螺纹公称直径,mm;

p——螺距,mm。

3. 攻螺纹的方法及注意事项

(1) 攻螺纹开始前,先将螺纹钻孔端面孔口倒角,以利于丝锥切入。

图 1-45 攻螺纹的操作方法

(2) 攻螺纹时,先用头锥攻螺纹。首先旋入 1~2 圈,检查丝锥是否与孔端面垂直(可用目测或直角尺在互相垂直的两个方向检查),然后继续使铰杠轻压旋入,当丝锥的切削部分已经切入工件后,可只转动而不加压,每转一圈后应倒转 1/4 圈,以便切屑断落(见图 1-45)。

(3) 攻完头锥再继续攻二锥、三锥,每更换一锥,仍要先旋入 1~2 圈,扶正定位,再用铰杠,以防乱扣。

(4) 改钢料工件时,可加机油润滑使螺纹光洁并延长丝锥使用寿命,对铸铁件,可加煤油润滑。

1.7.2 套螺纹

1. 板牙和板牙架

(1) 板牙。板牙是加工外螺纹的刀具,由碳素工具钢或高速钢制成,并经淬火淬硬,其外形像一个圆螺母,只是上面钻有几个排屑孔,并形成刀刃(见图 1-46)。

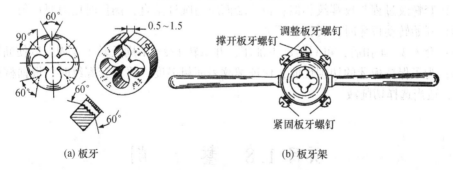

(a) 板牙 (b) 板牙架

图 1-46 板牙与板牙架

板牙的种类有圆板牙、可调式圆板牙、方板牙、活络管子板牙和圆锥管螺纹板牙。

板牙由切削部分、定径修光部分、排屑孔组成。排屑孔的两端有 60°的锥度,起着主要的切削作用,定径部分起修光作用。板牙的外圆有一条深槽和四个锥坑,锥坑用于定位和紧固板牙。

（2）板牙架。板牙是装在板牙架上使用的，板牙架是用来夹持板牙、传递转矩的工具。工具厂按板牙外径规格制造了各种配套的板牙架，供使用者选用。

圆杆外径太大，板牙难以套入；太小，套出的螺纹牙形不完整。因此，圆杆直径应稍小于螺纹公称尺寸。

圆杆直径可采用经验公式计算：

$$d \approx D - 0.13p$$

式中　　d——螺纹外径，mm；
　　　　D——圆杆直径，mm；
　　　　p——螺距，mm。

2. 套螺纹的操作方法

（1）套螺纹的圆杆端部应倒30°角（见图1-47），倒角锥体小头应小于螺纹内径，这样容易切入。

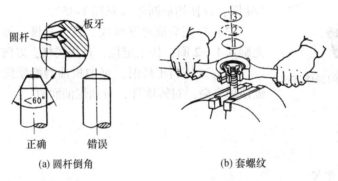

(a) 圆杆倒角　　(b) 套螺纹

图1-47　圆杆倒角和套螺纹

（2）在不影响螺纹要求长度的前提下，工件伸出钳口的长度应尽量短些。
（3）套螺纹过程与攻螺纹相似；板牙端面应与圆杆垂直，操作时用力要均匀。
（4）开始转动板牙时，要稍加压力。
（5）套入3～4扣后，可只转动不加压，并每转1/2～1周反转1/4周，以便断屑。
（6）为了保持板牙的切削性能，保证螺纹表面粗糙度，要在套螺纹时，根据材料性质的不同，适当选择切削液。

项目1.8　錾　削

能力目标
（1）培养学生具备正确使用錾子和手锤的能力。
（2）培养学生具备錾削各种零件表面的能力。

知识目标

(1) 了解錾削的基本概念。
(2) 了解錾子的结构和种类。
(3) 了解手锤的使用方法。
(4) 掌握錾削的方法。

錾削是用手锤打击錾子对金属进行切削加工的操作。錾削的作用就是錾掉或錾断金属，使其达到所要求的形状和尺寸。

在汽车维修作业中錾削经常使用，由于錾削有较大的灵活性，它不受设备、场地的限制，多在机床上无法加工的情况下使用，例如：在汽车维修业中锈死的螺栓螺母，薄板垫圈的制作等。

錾削是汽车修理工需要掌握的基本技能之一，通过錾削的训练，可提高操作者敲击的准确性，为拆卸、装配和修理奠定基础。

1.8.1 錾削工具

錾削工具主要是錾子和手锤。

1. 錾子

錾子刃部的硬度必须大于工件材料的硬度，并且必须制成楔形，这样才能顺利地分割金属，达到錾削加工的目的。

錾子由切削刃、斜面、柄部和头部4个部分组成，其柄部一般制成棱形，全长170 mm左右，直径18～20 mm（见图1-48）。

錾子的种类有以下几种（见图1-49）。

(1) 扁錾。扁錾有较宽的切削刃，刃宽一般在15～20 mm左右，可用于錾大平面、较薄的板料、直径较细的棒料、清理焊件边缘的铸件与锻件上的毛刺、飞边等。

(2) 尖錾。尖錾的刀刃较窄一般为2～10 mm左右，用于錾键槽和铆钉等。

(3) 油槽錾。油槽錾的刀刃很短并呈圆弧状，其斜面做成弯曲形状，可用于錾削曲轴轴瓦和机床润滑面上的油槽等。

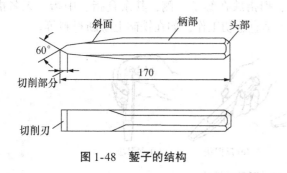

图1-48 錾子的结构

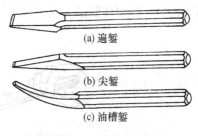

图1-49 錾子的种类

2. 手锤

手锤（见图1-50）是錾削、切断、矫正、铆接和装配等敲击的工具，用錾子錾削工件时必须靠手锤的锤击力才能完成錾削。

手锤由锤头和木柄两部分组成，手锤分为硬手锤和软手锤两类，软手锤的锤头用硬铝、铜、硬橡胶或硬木制成，硬手锤的锤头用碳素工具钢制成，两端经淬火硬化、磨光等处理，顶面稍稍凸起。锤头的另一端形状可根据需要制成圆头、扁头、鸭嘴和其他形状。手锤的规格以锤头的重量大小来表示，其规格有 0.25 kg（约 0.5 lb）、0.5 kg（约 1 lb）、0.75 kg（约 1.3 lb）、1 kg（约 2 lb）等几种。木柄需用坚韧的木质材料（檀木、桦木、榆木）制成，其截面形状一般呈椭圆形。木柄长度要合适，过长操作不方便，过短则不能发挥锤击力量。木柄长度一般约 300～350 mm，木柄装入锤孔中必须打入楔子（见图1-51），以防锤头脱落伤人。

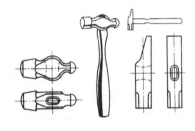

图1-50　钳工用手锤

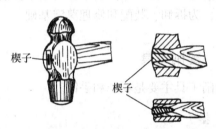

图1-51　锤柄端部打入楔子

1.8.2　錾削方法

1. 錾子的握法（见图1-52）

（1）正握法。手心向下，用虎口夹住錾身，拇指与食指自然伸开，其余中指、无名指、小指自然弯曲靠拢并握住錾身。这种握法适于錾削平面。

（2）反握法。手心向上，手指自然捏住錾柄，手心悬空。这种握法适用于小的平面或侧面錾削。

（3）立握法。这种握法是虎口向上，拇指放在錾子一侧，其余食指、中指、无名指、小指放在另一侧捏住錾子。这种握法用于垂直錾切工作，如在铁砧上錾断材料等。

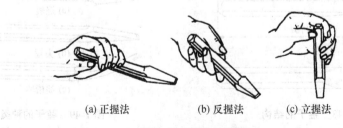

(a) 正握法　　(b) 反握法　　(c) 立握法

图1-52　錾子的握法

2. 手锤的握法

（1）紧握法（见图 1-53）。右手五指紧握锤柄，大拇指合在食指上，虎口对准锤头方向，木柄尾端露出 15～30 mm，在锤击过程中五指始终紧握。初学者多用此法。

（2）松握法（见图 1-54）。在锤击过程中，大拇指与食指仍紧握锤柄，其余中指、无名指、小指稍有自然松动并压着锤柄，锤击时中指、无名指、小指随冲击逐渐紧握，挥锤时按相反顺序放松手指，这种握法的优点是轻便自如，锤击有力，不易疲劳，故常在操作中使用。

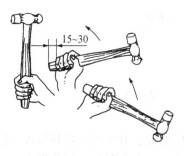 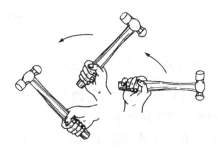

图 1-53　手锤紧握法　　　　　图 1-54　手锤松握法

3. 挥锤方法

挥锤方法有腕挥、肘挥、臂挥 3 种（见图 1-55）。

(a) 腕挥　　　(b) 肘挥　　　(c) 臂挥

图 1-55　挥锤方法

（1）腕挥。腕挥是指依靠腕部的动作，挥锤敲击。这种方法锤击力小，适用錾削的开始与收尾，或錾油槽，打样冲眼等用力不大的地方。

（2）肘挥。肘挥是靠手腕和肘部一起做锤击运动。挥锤时，手腕和肘向后挥动，上臂不大动，然后迅速向錾子顶部击去。肘挥的锤击力较大，应用最广。

（3）臂挥。臂挥靠的是腕、肘和臂的联合动作。锤击力大，适用于锤击力大的场合。

4. 錾削时的步位和姿势

錾削时，操作者身体的重心偏于右腿、挥锤要自然，眼睛应正视錾刃，錾削时的步位和姿势如图 1-56 所示。

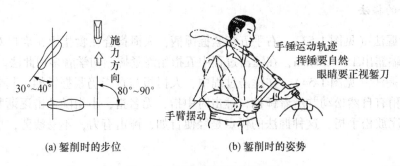

图 1-56　錾削时的步位和姿势

5. 錾削时的主要角度对錾削的影响

在錾削过程中錾子需与錾削平面形成一定的角度（见图 1-57）。

各角度主要作用如下。

(1) 后角 α 的作用是减少后刀面与已加工面间的摩擦，并使錾子容易切入工件。

(2) 前角 γ 的作用是减少切屑变形并使錾削轻快，前角愈大，切削愈省力。

(3) 切削角 δ 的大小对錾削质量，錾削工作效率有很大关系。由 $\delta=\beta+\alpha$ 可知，δ 的大小由 β 和 α 确定，而楔角 β 是根据被加工材料的软、硬程度选定的，在工作中是不变的，所以切削角的大小取决于后角 α。后角过大，使錾子切入工件太深，錾削困难，甚至损坏錾子刃口和工件（见图 1-58）。

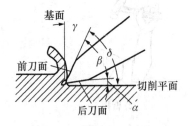
图 1-57　錾削时的角度

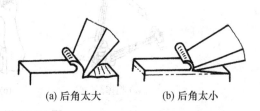
图 1-58　后角大小对錾削的影响

后角太小，錾子容易从材料表面滑出，或切入很浅，效率不高，所以，錾削时后角是关系角度，α 一般以 $5°\sim 8°$ 为宜。在錾削过程中，应掌握好錾子，以使后角保持稳定不变，否则工件表面将錾得高低不平。

6. 錾削方法

起錾时，錾子尽可能向右倾斜约 45° 左右（见图 1-59），从工件尖角处向下倾斜 30°，轻打錾子，这样錾子便容易切入材料，然后按正常的錾削角度，逐步向中间錾削。

当錾削到距工件头约 10 mm 左右时，应调转錾子錾掉余下的部分，这样可以避免单向錾削到终了时边角崩裂。

在錾削过程中每分钟锤击次数在 40 次左右。刃口不要老是顶住工件，每錾二、三次后,可将錾子退回一些,这样可观察錾削平面的平面度,保证錾削质量。

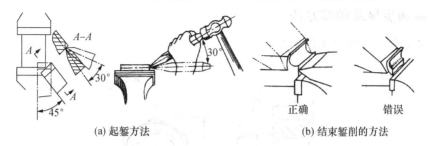

(a) 起錾方法　　　　　　　(b) 结束錾削的方法

图 1-59　起錾和结束錾削的方法

项目 1.9　实训一　制作六角螺母

能力目标

(1) 培养学生具备正确使用钳工各种工具的能力。
(2) 培养学生具备钳工的各种操作能力。

知识目标

(1) 掌握划线的方法。
(2) 掌握锉削的方法。
(3) 掌握钻孔的方法。
(4) 掌握攻丝的方法。

1.9.1　实训要求

(1) 了解汽车维修钳工作业的内容和工具的使用方法。
(2) 掌握汽车维修钳工作业的步骤和方法。
(3) 掌握汽车维修钳工的基本技能。

1.9.2　实训设备及工具和量具

(1) 台虎钳(每组 1 台);直径 30 mm、长度 16 mm 的 45 号钢棒(每组 1 件)。
(2) 划针、划规、样冲、手锤、锉刀、M12 丝锥、铰杆,每组一套。
(3) 钢直尺、90°角尺、120°样板、游标卡尺,每组一套。

1.9.3　课时及分组人数

4 课时,每组 2～3 人。

1.9.4 实训步骤及操作方法

（1）六角螺母图样（见图1-60）。

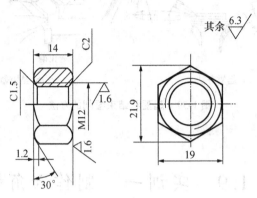

图1-60 六角螺母

（2）制作方法（见表1-2）。

表1-2 制造六角螺母的操作步骤

操作序号	加工简图	加工内容	工具、量具
1. 备料		下料： 45钢、Φ30棒料、高度16	钢直尺
2. 锉削	（φ26，11）	锉两平面： 锉平面端面，高度$H=14$，要求平面平直，两面平行	锉刀、钢直尺
3. 划线	（φ12，21，24.2）	划线： 定中心和划中心线，并按尺寸划出六角形边线和钻孔孔径线，打样冲眼	划针，划规，样冲，小手锤，钢直尺
4. 锉削	（六角形1~6）	锉六个端面： 先锉平一面，再锉与之相对平行的端面，然后锉其余四个面。在锉某一面时，一方面参照所划的线，同时用120°样板检查相邻两平面的交角，并用90°角尺检查六个角面与端面的垂直度。用游标卡尺测量尺寸，检验平面的平面度、直线度和两对面的平行度。平面要求平直，六角形要求均匀对称，相对平面要求平行	锉刀，钢直尺，90°角尺，120°样板，游标卡尺

续表

操作序号	加工简图	加工内容	工具、量具
5. 锉削	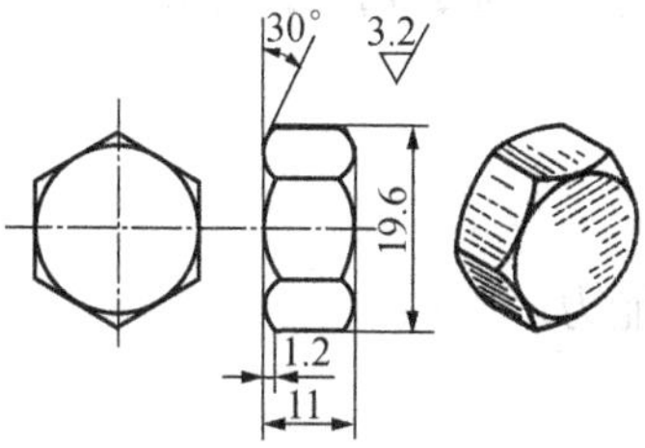	锉曲面（倒角）： 按加工界线倒好两面三刀端圆弧角	锉刀
6. 钻孔	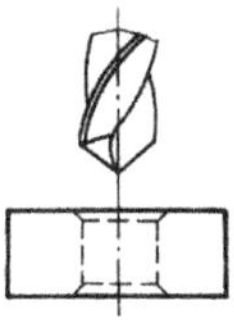	钻孔： 计算钻孔直径。钻孔，并用大于底孔直径的钻头进行孔口倒角，用游标卡尺检查孔径	钻头，游标卡尺
7. 攻螺纹	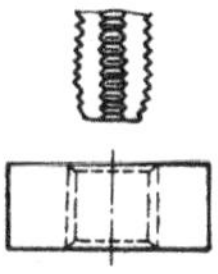	攻螺纹： 用丝锥攻螺纹	丝锥，铰杠

1.9.5 考核

1. 实训报告

（1）描述实训过程。

（2）描述实训方法。

2. 实训考核

考核内容及评分标准见表1-3。

表1-3 制造六角螺母的考核内容及评分标准

序　号	考核内容	分　值	评分标准	考核记录	得　分
1	正确使用钳工各种工具	20	错误操作一项扣4分		
2	按照正确的操作步骤完成	40	每错误一步扣5分		
3	成品尺寸符合图纸要求	20	不符合每项扣5分		
4	成品的形状和装配要求符合图纸要求	20	不符合每项扣5分		

项目 1.10　实训二　制作手锤

能力目标
(1) 培养学生具备正确使用钳工各种工具的能力。
(2) 培养学生具备钳工的各种操作能力。

知识目标
(1) 掌握划线的方法。
(2) 掌握锉削的方法。
(3) 掌握钻孔的方法。
(4) 掌握攻丝的方法。
(5) 掌握錾削的方法。
(6) 掌握锯割的方法。

1.10.1　实训要求

(1) 了解汽车维修钳工作业的内容和工具的使用方法。
(2) 掌握汽车维修钳工作业的步骤和方法。
(3) 掌握汽车维修钳工的基本技能。

1.10.2　实训设备、工具及量具

(1) 台虎钳，每组一台；直径 32 mm，长 100 mm 的 45 号钢棒料每组一根。
(2) 划针，样冲，錾子，手锤，锯弓，锯条，粗、中平锉，圆锉，10 钻头，小方锉，8″中圆锉，细平锉，砂布每组一套。
(3) 钢直尺、90°角尺，游标卡尺，每组一套。

1.10.3　课时及分组人数

16 课时，每组 2～3 人。

1.10.4　实训步骤及操作方法

(1) 手锤图样（见图 1-61）。
(2) 制作手锤操作步骤见表 1-4。

模块一　汽车维修钳工基础知识

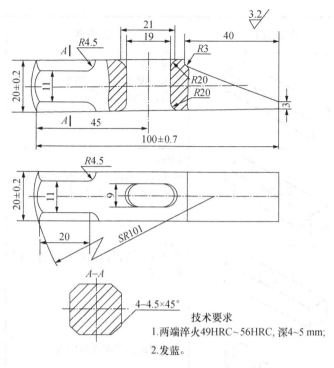

技术要求
1. 两端淬火49HRC~56HRC,深4~5 mm;
2. 发蓝。

图 1-61　手锤

表 1-4　制造手锤的操作步骤

操作序号	工艺	加工简图	加工内容	工具、量具
1	备料		下料: 45钢、Φ30棒料、长度103 mm	钢直尺
2	划线		划线: 在Φ30圆柱两端表面上划22×22的加工界线,并打样冲眼	划线盘,90°角尺,划针,样冲,手锤
3	錾削		錾削一个面: 要求錾削宽度不小于20 mm,平面度、直线度1.5	錾子,手锤,钢直尺
4	锯削		锯削三个面:要求锯痕整齐,尺寸不小于20.5 mm,各面平直,对边平行,邻边垂直	锯弓,锯条

续表

操作序号	工艺	加工简图	加工内容	工具、量具
5	锉削		锉削六个面：要求各面平直，对边平行，邻边垂直，断面成正方形	粗，中平锉刀，游标卡尺，90°角尺
6	划线		划线：按工件（见图1-61）尺寸全部划出加工界线，并打样冲眼	划针，划规，钢尺，样冲，手锤，划线盘（游标高度尺）等
7	锉削		锉削五个圆弧面圆弧半径符合图纸要求	圆锉
8	锯削		锯削斜面：要求锯痕整齐	锯弓、锯条
9	锉削		锉削四圆弧面和一球面，要求符合图纸要求	粗、中平锉刀
10	钻孔		钻孔：用Φ9钻头钻两孔	Φ9钻头
11	锉削		锉通孔：用小方锉或小平锉锉掉留在两孔间的多余金属，用圆锉将椭圆孔锉成喇叭口	小方锉或小平锉，8″中圆锉
12	修光		修光：用细平锉和砂布修光各平面，用圆锉和砂布修光各圆弧面	细平锉，砂布
13	热处理		淬火：两头锤击部分49 HRC～56 HRC，心部不淬火	由实习指导教师统一编号进行，学生自检硬度

1.10.5 考核

1. 实训报告

（1）描述实训过程。
（2）描述实训方法。

2. 实训考核

考核内容及评分标准见表1-5。

表1-5 制造手锤的考核内容及评分标准

序号	考核内容	分值	评分标准	考核记录	得分
1	正确使用钳工各种工具	20	错误操作一项扣4分		
2	按照正确的操作步骤完成	40	每错误一步扣5分		
3	成品尺寸符合图纸要求	20	不符合每项扣5分		
4	成品的形状和装配要求符合图纸要求	20	不符合每项扣5分		

思 考 题

1. 划线的作用是什么？
2. 划线工具有几类？如何正确使用？
3. 什么叫锉削？
4. 锉刀的种类有哪些？钳工锉刀如何分类？
5. 根据什么原则选择锉刀的粗细？
6. 锉平工件的操作要领是什么？
7. 怎样正确采用顺向锉法、交叉锉法和推锉法？
8. 什么叫锯割？怎样安装锯条？锯割时如何起锯？
9. 粗、中、细齿锯条如何区分？怎样正确选用？
10. 如何锯割圆管？
11. 什么叫刮削？刮削工具有哪些？
12. 怎样进行连杆轴承的刮配？
13. 怎样进行曲轴轴承的刮配？
14. 什么叫铆接？铆接的种类有哪些？各有何特点？
15. 铆接工具有哪些？有几种铆接的方法？

16. 如何进行铆钉的拆卸？
17. 什么是钻孔？如何进行钻孔操作？
18. 钻头各组成部分的名称及作用是什么？
19. 钻头有哪几个主要角度？标准顶角是多少度？
20. 怎样进行钻头的刃磨？
21. 钻孔、扩孔与铰孔各有什么区别？
22. 什么叫攻螺纹？什么叫套螺纹？
23. 简述丝锥和板牙的构造？
24. 如何确定攻螺纹前底孔的直径？
25. 如何确定套螺纹前圆杆的直径？
26. 如何进行攻螺纹及套螺纹的操作？
27. 什么是錾削？
28. 錾子的种类有几种？各有什么用途？
29. 錾削时有几种挥锤方法？
30. 如何进行錾削操作？

模块二　汽车常用材料

汽车常用的材料，主要是金属材料，非金属材料和汽车运行材料3类。金属材料又分为黑色金属材料和有色金属材料。非金属材料主要有橡胶、塑料、玻璃、石棉等。汽车运行材料包括燃料、润滑油，其他油液等。掌握汽车材料的性能、用途是汽车运用与维修的基础。

项目2.1　金属材料

能力目标
（1）培养学生具备分析金属材料性能的能力。
（2）培养学生具备金属材料的热处理的能力。

知识目标
（1）了解黑色金属和有色金属的类别。
（2）了解金属材料的分类、牌号及用途。
（3）掌握金属材料的主要性能。

2.1.1　金属材料的主要性能

1. 强度

强度是指在外力作用下，金属材料抵抗永久变形和断裂的能力。强度分为抗拉强度、抗压强度、抗弯强度、抗剪强度和抗扭强度等5种。一般以抗拉强度作为金属强度最基本的强度指标。

强度的大小用应力来表示。金属材料受到外力作用时，必然在材料内部产生与外力相等的抵抗力，即内力。单位截面上的内力称为应力，用符号 σ 表示，单位为Pa。

$$\sigma = \frac{F}{S_0}$$

式中　F——载荷，N；
　　　S_0——试样原始横截面积，m^2。

用试样伸长量除以试样原始标距为应变，用 ε 表示。

$$\varepsilon = \frac{\Delta l}{L_0}$$

式中 Δl——试样伸长,mm;
L_0——试样原始标距,mm。

通过拉伸试验测得强度指标有:弹性极限、屈服强度、抗拉强度。

(1) 弹性极限

弹性极限是试样能保持弹性变形的最大应力,用符号 σ_e 表示,单位为 Pa。

$$\sigma_e = \frac{F_e}{S_0}$$

式中 F_e——试样产生弹性变形的极限载荷,N;
S_0——试样原始横截面积,m^2。

弹性极限是材料发生弹性变形的最大承载能力。对一些弹性元件(如汽车钢板弹簧、螺旋弹簧),σ_e 是重要的性能指标。

在工程上,零件或构件抵抗弹性变形的能力称为刚度。

(2) 屈服强度

在拉伸过程中拉伸力不再增加,试样仍能继续伸长时的应力称为屈服强度(简称屈服点),用符号 σ_s 表示,单位为 MPa。

$$\sigma_s = \frac{F_s}{S_0}$$

式中 F_s——试样屈服时的载荷,N;
S_0——试样原始横截面积,m^2。

(3) 抗拉强度

试样拉断前所能承受的最大应力,用符号 σ_b 表示,单位为 Pa。

$$\sigma_b = \frac{F_b}{S_0}$$

式中 F_b——试样拉断前承受的最大载荷,N;
S_0——试样原始横截面积,m^2。

对于塑性材料,抗拉强度表示材料抵抗大量均匀塑性变形的能力;对于低塑性材料如铸铁等,由于拉伸过程中无屈服阶段,断裂前也不出现颈缩现象,在变形很小时即发生突然断裂,因此抗拉强度表示材料抗断裂破坏的能力。抗拉强度也是评定金属材料强度的重要指标之一。

(4) 屈强比

屈服强度与抗拉强度的比值称为屈强比。

$$屈强比 = \frac{\sigma_s}{\sigma_b}$$

屈强比越小,零件的可靠性越高。例如某材料屈强比小于 0.55,材料在断裂之前会出现大量的塑性变形,有利于人们警惕零件断裂。但屈强比较低的材料,要求其在弹性范围内承受较大载荷时,则必须加大零件的横截面积,以致增加金属用量,不符合经济性要求。相反,如果屈强比过大,比如大于 0.95,说明材料的屈服强度接近于抗拉强度,这样虽然在弹性范围内可以增大承载能力,但材料在断裂前的塑性变形极小,易于突然脆断。因此,在设计时应综合考虑安全性,可靠性与经济性之间的关系。在材料手册上对于各种牌号的金属通常同时标出 σ_s、σ_b 或 σ_s/σ_b 值，以备设计者按零件的工作条件选用。在常用材料中，碳钢的屈强比一般为 0.6 左右，低合金钢一般为 0.65～0.75，合金结构钢一般为 0.85 左右。

2. 塑性

塑性是指金属材料在外力作用下，产生塑性变形而不破坏的能力。塑性指标也是通过抗拉伸试验测得。常用的塑性指标有延伸率和断面收缩率。

（1）延伸率。试样拉断后、标距的伸长量与原始标距的百分比称为延伸率，用符号 δ 表示。其计算公式如下：

$$\delta = \frac{L_1 - L_0}{L_0} \times 100\%$$

式中　L_0——试样原始标距长度，mm；

　　　L_1——试样拉断后的标距长度，mm。

应当注意，同一种材料，短试样与长试样所测得的延伸率值不同，长试样的延伸率小于短试样的延伸率。因此，不同长度试样测定的延伸率不能比较，只有相同长度试样测定的延伸率才能进行比较。为便于区别，将长、短比例试样的延伸率分别用符号 δ_{10} 和 δ_5 表示。习惯上 δ_{10} 也常写成 δ。对于定标距试样的延伸率，则应在符号的右下角注标距数值，如 δ_{100} 或 δ_{200}，分别表示 $L_0 = 100$ mm 或 $L_0 = 200$ mm。

（2）断面收缩率。试样拉断后，颈缩处横截面积的最大缩减量与原始横截面积的百分比，用符号 ψ 表示。

$$\psi = \frac{S_0 - S_1}{S_0} \times 100\%$$

式中　S_0——试样的原始横截面积，mm^2；

　　　S_1——试样拉断后颈缩处的最小横截面积，mm^2。

金属材料的延伸率 δ 和断面收缩率 ψ 也是重要的机械性能指标，其数值越大，表明材料的塑性越好。金属材料塑性的好坏，对零件的加工和使用都具有十分重要的意义。比如，有色金属、低碳钢等材料具有良好的塑性，宜于进行轧制和锻造等成型加工，而铸铁的塑性很差，通常不能进行压力加工，只可铸造。同时，材料具有一定的塑性，能保证零件在使用过程中虽稍有超载而不致突然断裂，这就增加了材料使用的安全可靠性。因此，对汽车零件通常都有一定的塑性要求。

强度和塑性是矛盾的两个力学指标，一般强度高的材料，塑性较差。

3. 硬度

硬度是指材料表面抵抗局部塑性变形、压痕或划痕的能力。硬度测试应用最广的是压入法，即在一定载荷作用下，将比工件更硬的压头缓慢压入被测工件表面，使金属局部塑性变形而形成压痕，然后根据压痕面积大小或压痕深度来确定硬度值。

硬度是金属材料的一个重要力学性能指标，由于硬度可以间接地反映金属材料的强度，加之与拉伸试验相比，硬度试验简便易行，且属非破坏性试验，因此在实际生产中，对一般机械零件，大多通过测试硬度来检测力学性能，零件图中对材料力学性能的要求往往标注硬度值。

硬度的表示方法很多,生产中常用的是:布氏硬度、洛氏硬度、维氏硬度。

(1) 布氏硬度。用一定载荷 F,将直径为 D 的球体(淬火钢球或硬质合金球),压入被测材料的表面,保持一定的时间后卸去载荷,根据压痕面积 S 确定硬度大小。

试验力 F 除以压痕球形面积 S 为所测材料的布氏硬度值,用符号 HB 表示。

$$HB = \frac{F}{S} = 0.102 \frac{2F}{\pi D(D - \sqrt{D^2 - d^2})}$$

式中　F——试验力,N;

　　　S——压痕球形面积,mm^2。

布氏硬度广泛用于测定各种退火状态下的钢材及铸铁和有色金属等的硬度,布氏硬度又分为 HBS 和 HBW 两种。HBS 是用淬火钢球压头测定布氏硬度在 45°以下的材料硬度,HBW 是用硬质合金压头测定布氏硬度值在 65°以下 35°以上的材料硬度。

(2) 洛氏硬度。用一定的载荷,把直径为 1.588 mm 淬硬钢球或顶角 120°圆锥形金刚石压在金属材料表面,以压痕深度来判定硬度值大小。根据采用载荷大小的不同,洛氏硬度又分为 HRC(采用 1 500 N 载荷)、HRB(采用 1 000 N 载荷)和 HRA(采用 600 N 载荷)三种。

洛氏硬度 HRA 适用于测定硬质合金、表面淬火钢等的硬度;HRB 适用于测定软钢、退火钢和铜合金等的硬度;HRC 适用于测定淬硬钢和调质钢的硬度。HRC 应用最为广泛。

在汽车维修工作中,可用锉刀大致检验硬度:用七八成新的中齿平锉锉削零件表面,若开始锉削时有明显的阻力,并锉下较多的铁屑,说明硬度不高,约在 35~40 HRC 以下;若没有明显的阻力,锉刀又有些打滑,只锉下少许铁屑,说明硬度高,约在 40~50 HRC 左右;若锉刀在零件表面打滑、没有铁屑锉下,说明硬度更大,约在 50 HRC 以上。

(3) 维氏硬度。维氏硬度是根据压痕单位面积所承受的载荷大小来计量硬度值。所不同的是维氏硬度试验采用的压头不是球体,而是相对面夹角为 136°的金刚石四棱锥体。维氏硬度用符号 HV 表示。

维氏硬度试验法主要用于测定金属镀层、薄片金属以及化学热处理后的表面硬度,维氏硬度试验除在生产上应用外,还广泛用于材料科学的研究中。

4. 冲击韧性

金属材料的强度、塑性、硬度等指标都是通过对被测材料施加静载荷的试验测定。实际生产中,许多机器零件和工具在工作时往往要受到突然作用的外力,即冲击载荷的作用。如车辆在启动、制动或改变速度时,车辆间的挂钩、发动机的连杆、曲轴和活塞销,变速器的齿轮、驱动桥的齿轮,传动轴等零件都要受到冲击,制动越猛,冲击力越大。冲击载荷的破坏能力要比静载荷的破坏能力大得多,因此对承受冲击载荷的零件,不仅需求有较高的强度和一定的硬度,还必须具有在冲击载荷作用下抵抗破坏的能力,即冲击韧性。

目前,在工程技术上,常用金属夏比冲击试验方法来测定金属材料的冲击韧性。

5. 疲劳强度

许多汽车零件，如发动机曲轴、连杆、气门弹簧、变速器的齿轮和轴，在工作过程中往往受到大小或大小及方向随时间呈周期性变化的应力作用，此应力称为交变应力。金属材料在交变应力的作用下，虽然应力远小于材料的抗拉强度 σ_b，甚至小于材料的屈服点 σ_s，也会发生突然断裂，这种现象叫做金属的疲劳，这种断裂方式叫做疲劳断裂。

金属的抗疲劳性能用疲劳强度（疲劳极限）指标衡量。所谓疲劳强度是指金属材料在无数次交变应力作用下，而不发生破坏的最大应力，当交变应力循环对称时，疲劳强度用符号 σ_{-1} 表示。σ_{-1} 值的测定一般在旋转对称弯曲疲劳试验机上进行。实际上，对试样不可能作无数次应力循环试验，工程上通常规定一个应力循环基数 N，一般对钢铁材料 $N = 10^7$ 次，对有色金属 $N = 10^8$ 次，把材料经受的应力循环次数达到基数 N 时不发生断裂的最大应力作为材料的疲劳强度。

疲劳断裂是一个逐渐发展的过程。通过实验证实，零件在交变应力的作用下，一般首先在材料最薄弱的区域如零件的表面划痕，内部夹渣、空洞处，产生极微小的裂纹，然后随着应力循环次数的增加，裂纹逐渐扩展，使零件的有效承载面积不断减少，当承载面积减小到不能承受外加载荷的作用时，便突然断裂。

疲劳断裂的危害性极强，因此，要进行正确的设计，保证零件的安全运转，对于承受交变应力的零件，必须进一步掌握材料的抗疲劳性能。

2.1.2 金属材料的热处理

在汽车制造和修理中，为使金属材料获得良好的使用性能和加工工艺性能，必须采用热处理方法。

热处理是将金属材料在固态下，通过加热、保温和冷却的有机配合，使其内部组织改变，以获得所要求的机械、物理和化学性能的一种工艺。热处理的工艺过程是：加热—保温—冷却3个阶段，这是所有热处理的共同特点。根据热处理的不同目的要求，其方法也不同，可分为退火、正火、淬火、回火、调质处理、表面热处理和时效处理等。

（1）退火。退火是将工件或坯料加热到临界温度（材料在加热或冷却时，内部组织开始终了的温度）以上 30～50℃，并保温一定时间，然后随炉温缓冷或埋在砂石或石灰中缓慢冷却至 500℃ 左右，再在空气中冷却的热处理方法。

退火的目的是降低钢件的硬度，改善切削加工性，细化晶粒，改善组织，以调整钢的力学性能，为以后的加工和处理做好组织和性能准备。

（2）正火。正火是将工件加热到临界温度以上 30～50℃，并保温一定时间，然后在空气中冷却的热处理方法。

正火的目的是细化晶粒，减少内应力，增加强度和韧性，以改善其加工性能。

正火和退火的明显区别是正火冷却速度快。

（3）淬火。淬火是将工件加热到临界温度以上 30～50℃，并保温一定时间，然后以急剧的速度进行冷却的热处理方法。例如各种工具、模具、滚动轴承的淬火可提高硬度和耐磨性。

淬火的目的是提高工件的硬度和强度,与回火相配合以获得良好的机械性能。

(4) 回火。回火是将淬火后的工件加热到临界温度以下的某一所需温度,并保温一定时间,然后在空气中(碳钢)或油中(合金钢)缓冷或快速冷却的热处理方法。

回火的目的是减少和消除工件淬火后的内应力,稳定组织,调整硬度和强度,减少脆性,提高塑性和韧性。

(5) 调质处理。调质处理是利用淬火和高温回火的双重热处理方法,借以得到良好的综合机械性能,尤其是好的冲击韧性。

调质处理的目的是满足零件在动载荷下工作的要求。

(6) 表面热处理。表面热处理是工件通过表面淬火或化学热处理,使其表面和心部达到不同性能的一种热处理方法。

表面热处理的目的是为满足受动载荷并在摩擦条件下工作的零件,对材料表面和心部性能的不同要求。

(7) 时效处理。时效处理是零件不加热,靠长时间存放或加热到较低温度(如淬火钢加热到120～150℃)进行长时间保温,再缓慢冷却至室温,而使其性能、形状和尺寸趋于稳定的一种处理方法。前者为自然时效,后者为人工时效。自然时效处理起来较缓慢,工厂常用人工时效。

2.1.3 金属材料的分类、牌号及用途

金属材料分为黑色金属和有色金属两大类。黑色金属是以铁为基本元素的合金,如铸铁、钢等。有色金属是指黑色金属以外的金属,如铜、锡、铅、铝合金和轴承合金等。

1. 黑色金属

(1) 铸铁。铸铁是含碳量大于2.11%的铁碳合金。与钢相比,铸铁中含碳及含硅量较高,工业上常用铸铁的化学成分范围:2.5%～4.0%的碳(C),1.0%～3.0%的硫(S),0.5%～1.4%的锰(Mn),磷(P)和硫(S)含量较小。

铸铁是由铸造生铁熔炼而成的,有良好的可铸性,耐磨性,切削性和消震性,且价格低廉。因此,凡是机械性能要求不高,形状复杂,锻造困难的零件,都由铸铁制成。在汽车中铸铁件占总重量60%以上。

铸铁分为白口铸铁、灰口铸铁、球墨铸铁、可锻铸铁和合金铸铁等。

① 白口铸铁。铸铁中的碳以化合物状态(Fe_3C)存在,其断面呈银白色,故称为白口铸铁。它的硬度高、脆性大,一般不能进行机械加工,也不能锻造,通常用来铸造一些不需再加工的耐磨零件,以及用来作炼钢原料或可锻铸铁的毛坯件。

② 灰口铸铁。铸铁中的碳,全部或大部分以片状石墨的形式存在,其断面呈暗灰色,故称为灰口铸铁。

灰口铸铁的牌号用汉语拼音字母"HT"后面加最低抗拉强度组成。例如HT 100、HT 150等。HT 200、HT 250是在汽车中应用最广泛的铸铁材料,应用情况见表3-1。

表 3-1 灰口铸铁的特性及用途

牌 号	主要特性	用 途
HT 200 HT 250	强度、耐磨性、耐热性均较好，减振性也良好，铸造性能好，需进行人工时效	汽缸体、汽缸盖、飞轮、减振器壳体、离合器壳、排气管、活塞、制动鼓、联轴器盘、活塞环、气门、导管等

③ **球墨铸铁**。在铁水中加入少量球化剂（纯镁或稀土镁合金）和墨化剂（硅铁或硅钙合金），使铸铁中的片状石墨变为球状石墨，即可得球墨铸铁。

球墨铸铁的牌号用汉语拼音字母"QT"表示。例如 QT 400-17、QT 420-10 等，后面两组数字分别表示最低抗拉强度和最低的延伸率。

球墨铸铁的特性及用途见表 3-2。

表 3-2 球墨铸铁的特性及用途

铸铁牌号	主要特性	用 途
QT 400-17 QT 420-10	焊接及切削加工性能好，韧性高，脆性转变温度低	轮毂、离合器壳、差速器壳
QT 500-05	中等强度与塑性、切削加工性好	机油泵齿轮
QT 600-02 QT 700-02 QT 800-02	中高强度、低塑性、耐磨性较好，有较高的强度和耐磨性、韧性较低	曲轴、汽缸套、连杆进排气门座、凸轮轴等
QT 1200-01	有高的强度和耐磨性，较高的弯曲疲劳强度和接触疲劳强度，有一定的韧性	螺旋伞齿轮、转向节、传动轴、曲轴、凸轮轴等

④ **可锻铸铁**。将一定成分的白口铸铁，经过长时间的高温退火，使渗碳体分解，而获得团絮状石墨的铸铁，称为可锻铸铁。可锻铸铁并不能锻造，其名字只是表示比灰口铸铁有较高的强度、塑性和韧性。

可锻铸铁的牌号用汉语拼音"KT"后面加最低抗拉强度和最低延伸率表示。例如，KTH 和 KTZ，其中"H"表示"黑心"，即铁素体可锻铸铁；"Z"表示"白心"，即珠光体可锻铸铁。

可锻铸铁常用来制造截面较薄，形状复杂，承受冲击而强度要求较高的零件如后桥壳、轮壳、转向机壳体、弹簧钢板支座、曲轴、连杆、齿轮、凸轮轴、摇臂、活塞环等。

⑤ **合金铸铁**。在铸铁中加入一种或数种元素，可显著提高其机械性能或具有某些特殊性能（如耐高温、耐腐蚀性和耐磨等），即为合金铸铁。

在汽车零件中，应用合金铸铁较多，如在铸铁中加入硅、铬、镍、铝和铜，可得到耐高温合金铸铁；在铸铁中加入镍、铬和铜，可得耐腐蚀合金铸铁；在铸铁中加入镍和铬，可得到耐磨合金铸铁。汽缸活塞环和气门座圈、凸轮轴、挺柱等，都用合金铸铁。

（2）钢。钢是生铁冶炼而成的。钢和铁一样，也是铁碳合金，其区别是含碳量不同。钢的含碳量在 2.11% 以下。

在机械性能方面钢与铸铁有较大差别。钢是硬而韧的金属，它能承受各种冷热加工。由于钢在加热后具有一定的可塑性。所以它能良好地被锻造、焊接和延展，同时还可进行热处理。钢也可以铸造，钢的熔化温度大约在 1 400～1 500℃。因此钢是汽车制造中应用最广泛的一种金属材料。

钢的分类方法较多，但主要分为碳素钢和合金钢两大类。

① 碳素钢。此类钢中除铁和碳外，还含有硅、锰、磷、硫等元素，这些元素的含量要比生铁中含的少。

碳素钢按含碳量的多少分为：低碳钢（含碳量小于 0.25%）、中碳钢（含碳量 0.25%～0.60%）、高碳钢（含碳量大于 0.60%）。按用途分为：结构钢（渗碳钢、调质钢和弹簧钢等）、工具钢（量具钢、刃具钢和模具钢等）和特种钢（锅炉钢、容器用钢和易切削钢等）。按冶炼方法和脱氧程度可分为：平炉钢、碱性转炉钢（代号为 J）、酸性转炉钢（代号为 S）、沸腾钢（代号为 F）等。按钢的质量等级分为：普通钢、优质钢和高级优质钢。

我国现行的碳素钢编号命名是以钢的质量和用途为基础来进行的，常分为普通碳素结构钢、优质碳素结构钢和碳素工具钢。

a. GB 700—1988 将原来的普通碳素结构钢改名为碳素结构钢。由代表钢材屈服点的指标进行编号。如 Q 235AF，Q 代表屈服点"屈"字汉语拼音首写字母；235 表示屈服点数值（MPa）；A 表示含硫、磷量（冶金质量等级共分 A、B、C、D 四级，其中 A 级硫、磷含量最高，D 级硫、磷含量最低）；F 为沸腾钢"沸"字汉语拼音首写字母（脱氧不完全的钢）。

碳素结构钢适合做一般结构件，如高压线塔、车辆构架、起重机械构架等或用于热轧钢板、钢带、型钢、棒钢用材。还可供焊接、铆接、螺栓连接构件使用。

b. 优质碳素结构钢既保证一定的机械性能又保证一定的化学成分，含碳量在 0.05%～0.90% 范围内，硫、磷等杂质含量少（硫含量不大于 0.045%、磷含量不大于 0.040%）。它的强度、塑性和韧性都比较好，常用于制造较重要的零件。

优质碳素结构钢的钢号，用两位数字表示，是指钢的平均碳量（万分之几），即以 0.01% 为单位，例如，45 表示平均含碳量为 0.45%。数字后面加上锰（Mn）表示含锰量较高（0.7%～1.2% Mn）的优素碳素结构钢，例如，16Mn、65Mn 等。

优质碳素结构钢中，08F、10、15、20 和 25 号钢属于低碳钢。这类钢强度、硬度较低；塑性、韧性、焊接性和冷冲性均较好。一般适用于制作冲压件，低负荷零件和渗碳零件，如离合器盖、油底壳、螺钉、螺母和活塞销（经渗碳处理）等。

优质碳素结构钢中，30、35、40、45、50 和 55 号钢属于中碳钢，这类钢强度、硬度较高，并有一定的塑性和韧性，冷、热加工的工艺性好。若经过适当热处理，钢的综合性能更好，其中 45 号钢应用最广泛，如汽缸盖螺栓、螺母、正时齿轮、气门推杆、键和销等。

优质碳素结构钢中，60、65、70、75 和 80 号钢属于高碳钢，这类钢的强度和硬度高，塑性和韧性差，经过热处理后有良好的弹性和耐磨性，常用来制作钢板弹簧、螺旋弹簧和耐磨零件等。

c. 碳素工具钢属于高碳钢，有良好的加工性能。

碳素工具钢的牌号用"碳素工具钢"汉语拼音首写字母"T"表示，其后用数字表示平均含碳量的千分数。如 T9 表示含碳量为 0.9% 的碳素工具钢。

钢号尾部用"A"表示高级优质。如 T12A 表示含碳量为 1.2% 的高级优质碳素工具钢。

碳素工具钢在质量上都是优质或高级优质的。广泛用于制造刃具、工具、量具、模具等。

② 合金钢。为了获得某种特定性能，在碳钢中适量加入一种或数种合金元素所得的钢即称合金钢。目前常用的合金元素有：锰（Mn）、硅（Si）、铬（Cr）、镍（Ni）、钛（Ti）、硼（B）、钼（Mo）、钨（W）、钒（V）和稀土元素（Re）等。

合金钢按用途分为合金结构钢、合金工具钢、特殊性能钢。

合金钢有较好的耐磨、耐酸、防锈能力，能提高硬度、塑性和韧性。常用的合金钢有锰钢、铬钢等。

a. 合金结构钢用于制造重要工程构件，是合金钢中用途最广，用量最大的一种钢。合金结构钢除了具有较好的强度外，更重要的是它具有较高的淬透性。因此，可使零件在整个截面上得到均匀而良好的综合力学性能，从而保证零件的安全使用。

合金结构钢按用途可分为普通低碳合金高强度钢、渗碳钢、调质钢、弹簧钢、滚动轴承钢等。

合金结构钢的编号采用"两位数字 + 合金元素 + 数字"的表示方法。前面的数字表示钢的平均含碳量，以万分之一为单位；合金元素直接用化学元素符号（或汉字）表示；后面的数字表示合金元素平均含量的百分数，若平均含量低于 1.5%，只标元素符号，而不标其含量。例如，25Mn2V 表示含碳量为 0.25%，含锰量为 2%，并含有少量（低于 1.5%）钒的合金结构钢。对于高级优质钢，则在钢的最后加符号"A"表示，例如，12CrNi3A 表示含碳量为 0.12%，含铬少于 1.5%，含镍为 3% 的高级优质合金结构钢。

普通低合金高强度钢主要用于制造桥梁、船舶、车架、锅炉等；渗碳钢主要用于制造工作中表面受到强烈磨损，同时承受较高冲击负荷的零件，如汽车变速器中的齿轮，内燃机中的齿轮轴等；调质钢主要用于制造承受较大循环载荷与冲击载荷或各种复合应力下工作的零件，如曲轴、连杆、发动机螺栓等；弹簧钢主要用于制造弹簧和弹性元件，如气门弹簧、离合器的压紧弹簧、螺旋弹簧等；轴承钢用来制造液动轴承的滚动体，内外套圈等。

b. 合金工具钢多数为高碳钢，在质量等级上都是优质钢或高级优质钢。合金工具钢的编号与合金结构钢基本相同，所不同的是含碳量的表示方法；平均含碳量≥1.0% 时不标出，<1.0% 时用一位数字以千分之几表示。例如，9SiCr 表示平均含碳量为 0.9%，硅、铬的平均含量 <1.5%。

合金工具钢按用途分为刃具钢、模具钢和量具钢。

刃具钢具有高硬度（60 HRC 以上），高耐磨性，高的热硬性、足够的强度和韧性等基本性能，主要用于制造铣刀、车刀、钻头等各种刀具；模具钢具有高硬度（58～62 HRC），高耐磨性，足够的强度和韧性，同时还要求具有较高的淬透性，抗疲劳能力和较小的热处理变形倾向，主要用于制造各种模具，如冷冲模、冷挤模、热锻模、压铸模等；量具钢具有高的硬度以及尺寸稳定性，同时还要求具有良好的磨削加工性，主要用于制造游标卡尺、块规、卡规、千分尺、样板等各种工具。

c. 特殊性能钢是用于制造特殊工作条件或特殊环境下具有特殊性能要求的构件和零件的钢材。特殊性能钢包括不锈钢、耐热钢、耐磨钢。

不锈钢是指能抵抗大气或酸等化学介质腐蚀的钢。按其金相组织不同，分为马氏体不锈钢、铁素体不锈钢和奥氏体不锈钢3类。马氏体不锈钢的钢号有1Cr13、2Cr13、3Cr13等。主要用于制造对力学性能要求相对较高而对耐蚀性要求不太高的零件，如汽轮机叶片、医疗器械等；铁素体不锈钢的钢号有1Cr17等，主要用于对耐蚀性要求高而对强度要求不太高的化工容器、管道等；奥氏体不锈钢的钢号有1Cr18Ni9等，主要用于制造各种腐蚀介质使用的设备零件、容器、管道等，在不锈钢中应用最广泛。

耐热钢是在高温下保持足够强度和抗氧化性的钢，分为马氏体型、奥氏体型、铁素体型。马氏体型耐热钢，主要钢号有1Cr13、4CraSi2、4Cr10Si2Mo等，常用于气门等；奥氏体型耐热钢主要钢号有4Cr14Ni14W2Mo、0Cr19Ni13Mo3、1Cr18Ni9Ti等，常用于气门、活塞槽护圈等；铁素体耐热钢，主要钢号有2Cr25Ti、0Cr13、1Cr17等，常用于喷油嘴等。

耐磨钢一般是指在冲击载荷下发生冲击硬化的高锰钢，具有良好的韧性和耐磨性，由于其难以切削加工，因此常采用铸造的方法，如铸钢锰13，记为ZGMn13，其含碳量为1.0%～1.3%，含锰量为13%。主要用于坦克、拖拉机的履带板、碎石机板、防弹钢板及保险箱等。

2. 有色金属

有色金属具有许多特殊性能，如良好的导电性、导热性、比重小、摩擦系数小、质软和在空气、海水及酸碱介质中耐蚀，同时还有良好的可塑性和铸造性等。所以在汽车制造和维修中是不可缺少的材料。

（1）铝及铝合金。铝具有良好的物理性能、加工性能、力学性能等综合特性，使其及其合金成为最有竞争力的有色金属材料。纯铝的密度仅为 $2.7\ g/cm^3$，只有钢、铜的1/3，这对于要求质量轻、强度高的零件最为合适，因此，铝合金一直是航空工业的主要材料。随着汽车节能降耗和轻量化的迫切要求，铝在汽车上的用量迅速增加。纯铝的强度很低，一般不作为结构材料使用，当在铝中加入其他元素使之合金化后，便能获得高的强度比。根据铝合金的成分和生产工艺特点，可将其分为变形铝合金和铸造铝合金两大类。

① 变形铝合金，是指采用压力加工方法制成的各种型材或锻件的铝合金。按照性能和用途可分为工业纯铝（L）、防锈铝（LF）、硬铝（LY）、超硬铝（LC）、锻铝（LD）和特殊铝（CT）等。

a. 防锈铝合金是铝-锰、铝-镁系合金。这类合金具有较好的耐蚀性、塑性及焊接性，但切削加工性差，因此适于压力加工或焊接。这类合金不能进行热处理强化，只能用变形加工的方法提高合金强度，其主要用于制造低载荷零件或焊接件，如汽车防锈蒙皮、铆钉、飞机油箱等。

b. 硬铝合金是铝-铜-镁系合金。在硬铝中加入镁可获得较好的时效强化效果，这类合金具有良好的切削加工性，但由于存在晶间腐蚀倾向，故这类合金耐蚀性差，为此，多数硬铝板材表面蒙有一层纯铝，以提高耐蚀性。硬铝合金常用来做锻压和冲压零件。如飞机螺旋桨叶片，大型高载荷铆钉等。

c. 超硬铝合金是在铝-铜-镁系硬铝合金的基础上加入一定量的锌获得的，该合金的强度和硬度高，常用来做飞机上的结构件。但这类合金的耐蚀性及焊接性差，并且有较高的缺口敏感性。

d. 锻铝合金是铝-铜-镁-硅系和铝-镁-镍-铁系合金。由于其热塑性好，故称锻铝合金。其机械性能与硬铝相近，通常用于做形状复杂的锻件，如叶轮、导风轮、操作系统中的摇臂、支架等。

变形铝合金在汽车制造方面主要用于空调系统零件（换热器、冷凝器）、压缩机件、行驶部分零件、发动机冷却系统散热器以及车身零件和装饰件等。变形铝合金的牌号、成分、性能和应用，可查有关材料。

② 铸造铝合金是在铝中添加其他金属或非金属元素所熔制的合金。铸造铝合金有铝-硅、铝-铜、铝-镁、铝-锌合金等。铸造铝合金代号采用汉语拼音"ZL"加上3位数字表示。第一位数表示合金系列：1 为铝-硅系、2 为铝-铜系、3 为铝-镁系、4 为铝-锌系。第二、三位数表示合金序号，如 ZL102 表示 2 号铝-硅系铸造铝合金。

a. 铝-硅系合金又称硅铝明，分为简单铝硅合金和复杂铝硅合金两种，这类合金流动性极好，且铸造时收缩率及线性膨胀系数小，并具有良好的抗蚀性及焊接性。我国常用 ZL105、ZL108 为铝活塞材料。目前在国内外汽车、拖拉机及各种内燃机上获得广泛使用。

b. 铝-铜系合金有较好的耐高温性，但铸造性能差，其主要用作高强度或高温下工作的汽车、摩托车、内燃机的汽缸盖等。

c. 铝-镁系合金具有良好的耐蚀性、强度高、密度小，多用于制造在腐蚀性介质中工作的铸件如氨用泵体、泵盖以及海轮配件等。

d. 铝-锌系合金具有良好的铸造性和较高的强度，但耐蚀性差，热裂倾向大，常用于工作温度小于 200℃的汽车、拖拉机及飞机的复杂零件的制造。

（2）铜及铜合金。铜是指纯铜，铜合金是指黄铜和青铜等。

① 纯铜是用电解的方法制造出来，称为电解铜。纯铜呈紫红色，常称紫铜。其熔点为 1083℃，相对密度 8.94 g/cm^3。纯铜具有良好的导电性、导热性及耐蚀性，尤其具有极好的塑性和韧性。可以碾压成极薄的板材，拉成铜丝，因而广泛应用于电气工业方面。用来制造电缆、电动机、变压器、通信器材和配制铜合金的原料。

在汽车上还被广泛用于制造汽缸垫、进排气歧管垫、轴承垫片和其他冲压、密封件材料。

纯铜的牌号用汉语拼音字母"T"后面加上序号数字表示，如有 T1、T2、T3 和 T4 等牌号。

② 黄铜是指铜锌的合金。它的颜色随含锌量的增加由黄红色变到淡黄色，其机械性能比纯铜好，耐腐蚀、塑性好、可进行各种冷、热加工。

在汽车上黄铜主要用来作散热器、汽油滤清器滤芯、油管和油管接头，转向节衬套、钢板弹簧衬套、变速器同步器锥环等。

黄铜分为普通黄铜和特殊黄铜。黄铜的牌号是以"黄铜"的汉语拼音首字母"H"后面加数字表示的，数字表示铜的平均含量百分数。如 H60，表示含铜为 60%，其余为锌的普通黄铜。

③ 青铜原指铜锡合金，随着科学技术的发展，出现了无锡青铜，如铅青铜，铍青铜等。青铜通常是铸造而成，其强度、硬度、韧性和耐磨性均优于黄铜。

在汽车上青铜用于制造轴承、轴套、重要的齿轮、蜗轮、弹簧及其他耐磨耐蚀零件。

青铜代号是以"青铜"的汉语拼音首字母"Q"后面标注主要合金元素符号及其含量

数字表示的。如 QSn4-3，表示为含锡 4.0%、含锌 3.0%，其余为铜的锡青铜。又如铝青铜的代号为"QAl"、锰青铜的代号为"QMn"、铅青铜的代号为"QPb"。若是铸造青铜，则在"Q"的前面加上"Z"，如 ZQPb30 等。

项目 2.2　非金属材料

能力目标
（1）培养学生具备分析汽车玻璃应用与性能的能力。
（2）培养学生具备非金属材料的分类及分析性能的能力。

知识目标
（1）了解非金属材料的用途。
（2）了解常用的非金属材料的应用。
（3）掌握非金属材料的主要性能。

在汽车制造和维修中，常用的非金属材料种类很多，主要有塑料，橡胶、玻璃、石棉、人造革等。它们主要作为耐腐蚀件、密封件、摩擦件、装饰件、隔热件和绝缘件的材料。

2.2.1　塑料

塑料是以合成树脂为基材，加入适量的添加剂制成，塑料的品种很多，机械和物理化学性能各异，如有的塑料坚韧如钢，连枪弹也难打穿，有的像海绵一样多孔，有的像棉花一样柔软和富有弹性，有的像玻璃一样透明等。

汽车轻量化使塑料在汽车上的应用范围不断扩大，20 世纪 90 年代，发达国家汽车平均用塑料量 100～130 kg/辆，占整车自重的 7%～10%，至 2000 年汽车中塑料用量占整车自重 20%。我国平均用塑料 14～28 kg/辆，占整车自重 0.35%～0.7%；桑塔纳 46 kg/辆，占整车自重 3.7%。

1. 塑料的性能

（1）质量轻。一般塑料的密度在 0.83～2.2 g/cm^3 之间，仅为钢的 1/8～1/4，铝的 1/2 左右。有的塑料，如聚丙烯，密度只有 0.9～0.91 g/cm^3，可以浮在水面上，至于泡沫塑料，其密度仅为 0.3 g/cm^3 左右。因此，用塑料制作汽车零部件，可以大幅度减轻汽车的质量，降低油耗。汽车本身改用塑料后一般可比钢制的轻 15%～30%，使汽车自重减轻。

（2）比强度高。所谓比强度是指单位质量的强度。工程塑料的强度比钢低，但它的质量却比钢要小得多，从单位质量的强度来看，工程塑料可以说是材料中最高的，如玻璃纤维增强的环氧树脂（玻璃钢），它的比强度要比钢高两倍左右。

（3）化学稳定性好。一般塑料对酸、碱、盐、溶剂等化学物品具有良好的抗蚀能力，如聚四氟乙烯能抵抗"王水"的腐蚀。

（4）绝缘性能好。塑料是良好的绝缘体。它的绝缘性能与陶瓷相当，是汽车电器设备中不可缺少的绝缘材料。

（5）摩擦系数差异大。有的塑料摩擦系数很高，如石棉酚醛塑料，其摩擦系数在0.3以上，可作离合器的摩擦片、制动蹄片。有的塑料具有很低的摩擦系数，可用来制造密封件、齿轮、轴承等。

（6）吸振和消声效能好。塑料对于吸振与消声有良好的效果，使用时可以减少振动与噪声，这一特点在汽车车身上的作用尤为突出。

（7）导热性差。塑料的导热系数只有金属的1/200～1/600，这对散热不利，使用塑料零件时要考虑散热，一般塑料只能100℃以下工作。

（8）易老化。塑料在日光、大气、长期负荷或某些介质作用下，会发生"老化"现象，表现为缓慢氧化、变色、开裂及机械强度下降等。

2. 塑料的组成

塑料按其组成不同，分为单组分和多组分塑料。

单组分塑料只由树脂组成，如有机玻璃等。多组分塑料是以树脂为基材，加各种添加剂组成。

树脂占塑料全部组成成分的40%～100%，它将添加剂等其他组分黏合起来，是决定塑料工艺性能和使用性能的基本成分。目前使用的树脂主要是各类合成树脂，如聚乙烯、聚氯乙烯、聚苯乙烯等合成树脂可直接用作塑料；酚醛树脂，氨基树脂等合成树脂，须加入添加剂才能制成塑料。

合成树脂的主要成分有：填充剂、增塑剂、固化剂、稳定剂、润滑剂、抗静电剂、阻燃剂、着色剂等。

填充剂又叫填料，加入填料的主要目的是改善塑料的某些性能。如加铝粉可提高塑料对光的反射能力及防老化；加入二硫化钼可提高塑料的自润性；加入石棉粉可提高耐热性；在酚醛树脂中加入木屑可提高强度（即常用的胶木板）。填料的用量可达20%～50%，是改善塑料性能的主要成分。

增塑剂用以提高树脂的可塑性和柔韧性，并使热变形温度降低。如聚氯乙烯树脂中加入邻苯二甲酸二丁酯，可变为橡胶一样的软塑料。

阻燃剂可使塑料难于燃烧或不燃烧。

抗静电剂可减少静电荷积聚，保证安全和使制品不易吸尘。

润滑剂可防止塑料对设备或模具的黏附。常用的润滑剂为硬脂酸及其盐类。

稳定剂主要提高树脂在受热和光作用时的稳定性，用以抑制老化速度，延长塑料的使用寿命。如加入少量的酚类及胺状有机物，可使塑料的抗氧能力提高。

固化剂是热固性塑料不可缺少的组分，它在塑料加工过程中使树脂硬化，从而达到使用性能要求。

3. 塑料的分类

按塑料的用途分为通用塑料和工程塑料两类。

通用塑料又叫常用塑料，是指应用范围广、产量大、成本低广泛用于日用品和农用的塑料，主要品种有聚乙烯、聚氯乙烯、聚苯乙烯、聚丙烯、ABS塑料、酚醛塑料等。

工程塑料是工程结构和设备中应用的塑料。一般强度、刚度和韧性较好，且耐高温、耐辐射、耐腐蚀，绝缘性能良好，因而能代替金属制作汽车零件。

4. 工程塑料的应用

在汽车上用塑料制作结构件的数量日益增多，常用来制作的零件有：一般结构件、耐磨传动件、自润滑减磨件、耐蚀件、耐热件、透明构件等。

(1) 聚乙烯（代号PE）。聚乙烯分低压聚乙烯和高压聚乙烯两种。低压聚乙烯能在 $-70 \sim 80$℃内使用，可制作轻载荷齿轮、轴承、油箱、车厢内饰件、轮毂防尘盖、发动机罩、手柄、空气导管等。高压聚乙烯透明性好，常吹制成塑料薄膜用于工业包装或农业育秧。

(2) 聚苯乙烯（代号PS）。聚苯乙烯是无色透明的塑料，透光性能仅次于玻璃，表面光泽，耐蚀性能、绝缘性能好，着色性佳，易于成型，适宜制作各种仪表外壳、汽车灯罩、贮酸槽、电绝缘材料等。

(3) 聚丙烯（代号PP）。聚丙烯耐热性好，机械性能比聚乙烯高，可制作汽车上的冷却风扇、风扇罩、蓄电池盖、接线板、转向盘、保险杆、分电器盖、调节器盖等。

(4) ABS树脂（代号ABS）。由丙烯腈（A）、丁二烯（B）、苯乙烯（S）3种组成，兼有3种成分的性能。具有较高的强度和冲击性，良好的耐热性、耐磨性、耐蚀性，易于加工成型。在汽车工业上用于制造散热器护栅、仪表板、控制箱、装饰件、灯壳、挡泥板、变速杆头。

(5) 有机玻璃（代号PMMA）。具有良好的透光性，强度较高，耐蚀性，绝缘性好，易成型，但性脆，易表面擦毛。在汽车上用于制造油标、镜片、遮阳板、标牌、灯罩等。

(6) 聚酰胺（代号PA）。聚酰胺又称尼龙或绵纶，常温下的拉伸、冲击、疲劳性能及耐油性较好，摩擦系数小、耐热、自润滑性能良好。在汽车上用于制造散热器、副油箱、冷却风扇、横拉杆、衬套、滤网、半轴齿轮耐磨衬套、把手、齿轮轴、正时齿轮、钢板弹簧销衬套等。

(7) 聚四氯乙烯（代号F-4）。具有良好的化学稳定性，耐强酸、强碱，化学稳定性超过玻璃、陶瓷、不锈钢，阻燃性好，但机械强度低，尺寸不稳定，在汽车上用于制造密封圈、填圈、阀座、活塞环等。

(8) 聚砜（代号PSF）。具有良好的机械性能，耐热性、绝缘性好，化学稳定性高。在汽车上用于制作电器盖、仪表盘、阻流板、保险杠、挡泥板、风扇罩。经镀铬、镀铝的聚砜还可做车灯反光镜等。

(9) 聚甲醛（代号POM）。具有良好的综合性能，如很高的刚性和硬度，优良的耐疲劳性和耐耗性，较小的蠕变性和吸水性，化学稳定性和电气性能也较好。但收缩率大，成型困难，在汽车上用于制造钢板弹簧销衬套及隔热板，转向器衬套，万向节轴承，行星齿轮耐磨垫片等。

(10) 聚苯醚（代号PPO）。具有良好的拉伸强度、刚性、抗蠕变、耐热、耐磨、绝缘。在汽车上用于制造齿轮、轴承、凸轮及其他减磨传动件等。

（11）聚酰亚胺（代号PI）。具有良好的耐热性和耐磨性。在汽车上用于制造压缩机活塞环、密封圈、汽车液压系统轴承等。

（12）聚氯乙烯（代号PVC）。具有良好的耐化学性，阻燃、耐磨、消声减振且强度较高，电绝缘性较好，但热稳定性差。在汽车上用于制造仪表板表皮、地板隔热垫、坐垫套、车门装饰条、方向盘、车门内饰、操纵杆盖板等。

（13）聚苯硫醚（代号PPS）。具有良好的耐热性、阻燃性、耐化学性和综合机械性能且尺寸稳定。在汽车上用于制造信号灯座、接线端子、控制开关等。

（14）聚芳脂（代号U）。具有密度小、耐热性好、弹性好、阻燃性好、韧性好、热膨胀系数小等特点。在汽车上用于制造前灯反射镜、熔断丝盒及透明仪表罩壳等。

（15）聚氨酯树脂（代号PU）具有弹性好、机械强度高、化学稳定性好、容易改变形态。在汽车上用于制造仪表板、方向盘、车门扶手、座椅缓冲件、遮阳板、密封条等。

2.2.2 橡胶

橡胶属于高分子材料，是高聚物中具有高弹性的一种物质。橡胶制品在汽车工业中应用很广泛，汽车上的橡胶制品约300多种，分布于汽车发动机及附件、传动系、转向系、行驶系、制动系、电器设备及车身系统。如胶管、缓冲垫、制动皮碗、油封、门窗密封、胶带等，如果包括聚氨酯发泡体在内，其质量超过车辆总重的10%。

1. 橡胶的性能

（1）高弹性。橡胶及橡胶制品的弹性高，其延伸率可达800%～1000%，是普通钢材的数百倍，并且开始受力时延伸率很大，随后又具有很强的抗强变形的能力、刚性好，因此橡胶是一种优良的减振、抗冲击材料。

（2）耐磨性。橡胶具有良好的耐磨性，因此橡胶是一种优良的耐磨材料。

（3）绝缘性。橡胶是良好的绝缘体，它的绝缘性与塑料相当，因此是汽车电器设备不可缺少的绝缘材料。

橡胶还具有耐油、耐热、耐寒、耐化学腐蚀等性能。

2. 橡胶的组成

橡胶制品以生胶为基础，并加放适量的配合剂和增强材料组成。

生胶是未加配合剂的天然或合成橡胶，是橡胶制品的主要成分。

配合剂是为了改善橡胶制品的使用性能和工艺性能而加入的硫化剂、硫化促进剂、增塑剂和防老化剂等。

增强材料是为了提高橡胶的强度、硬度、耐磨性等力学性能而加入的添加剂。

3. 橡胶的分类

橡胶按来源不同分为天然橡胶和合成橡胶。天然橡胶是用橡胶树流出的液汁经采集后适当加工而成。合成橡胶是由某些低分子化合物做原料，经过复杂的化学反应制取。

橡胶按用途分为通用橡胶和特种橡胶。通用橡胶包括丁苯橡胶、氯丁橡胶和丁腈橡胶等，特种橡胶是用于高温、低温、酸、碱、油和辐射介质下的橡胶制品，它包括乙丙橡胶、硅橡胶和氟橡胶等。

4. 橡胶的应用

（1）天然橡胶（NR）强度高，耐磨性、加工性和抗撕性良好，易于其他材料黏和，但耐高温、耐油和耐溶剂性差，易老化，工作温度在 $-50\sim120℃$。在汽车上用于制造轮胎、胶带、胶管及通用橡胶制品等。

（2）丁苯橡胶（SRR）耐磨性优良，耐老化和耐热性比天然橡胶好，机械性能与天然橡胶相近。但加工性能较天然橡胶差，特别是自黏性，工作温度在 $-50\sim120℃$。在汽车上用于制造轮胎、胶板、胶布、胶带、胶管及通用橡胶制品等。

（3）氯丁橡胶（CR）机械性能、耐光照的老化性能好，耐磨蚀、耐油性及耐溶剂性较好。但密度大、电绝缘性差，加工时易粘辊、粘膜，工作温度在 $-35\sim150℃$，在汽车上用于制造胶带、胶管、减振零件、胶黏剂、油封、车门密封嵌条、密封件等。

（4）丁腈橡胶（NBR）有良好的耐油性、耐热性、耐磨性、耐老化性、耐气体介质优良，阻燃性好，但耐寒、耐臭氧较差、加工性不好。在汽车上用于制造输油管、耐油密封圈、皮碗、O形圈、耐油制品等。

（5）乙丙橡胶（EPDM）有良好的耐气候性、绝缘性、耐油性、耐化学性，冲击弹性好，但黏着性很差。在汽车上用于制造散热管及发动机部分零件，耐热胶管、胶带，绝缘制品等。

（6）硅橡胶（Q）有良好的耐气候性、耐臭氧性、优的电绝缘性，但强度低、耐油性不好，工作温度在 $-70\sim275℃$ 之间。

（7）氟橡胶（FRM）耐高温、耐油、耐高真空、耐腐蚀性高于其他橡胶，抗辐射性能优良。但加工性能差。在汽车上用于制造发动机耐热、耐油制品，高级密封件，垫圈、垫片等。

2.2.3 汽车玻璃

玻璃是将各种原料熔融、冷却、固化的非结晶（特定条件下也可成为晶态）的无机非金属材料。玻璃的使用量占汽车自重的3%左右（轿车）。

1. 玻璃的性能

（1）力学性能。玻璃是一种脆性材料，有较好的抗压强度和较高的硬度，抗弯强度和抗拉强度都不高，使普通玻璃在应用上受到一定的限制。

（2）热稳定性。玻璃的热稳定性是指温度突然改变时玻璃抵抗破坏的能力，玻璃的膨胀系数愈小，玻璃的热稳性愈大。

（3）透光性。玻璃具有抵抗水、空气以及酸、碱、盐等溶液的耐腐蚀性能。

2. 玻璃的组成

玻璃由各种氧化物为原料，如石黄沙、石灰石、长石、强碱、硼酸、铝化合物、钡化物等，加入辅助原料（以使玻璃获得某些必要的性质）和加速熔制过程的原料，如澄清剂、着色剂、脱色剂、乳浊剂、氧化剂和助熔剂等制成。

3. 玻璃的分类

汽车玻璃按用途分为普通平板玻璃、钢化玻璃和夹层玻璃。

4. 玻璃的应用

（1）普通平板玻璃主要成分是 SiO_2、NaO、石灰，有较好的透明性和耐气候性，脆性大，质量为塑料的 1.5~2.5 倍，因在频繁的交通事故中，普通平板玻璃极易造成人身伤亡事故，因而逐渐被淘汰。

（2）钢化玻璃，将普通玻璃加热到一定温度后急剧冷却就能大大提高玻璃的强度，这种淬火玻璃就称为钢化玻璃。钢化玻璃抗弯曲、抗冲击强度高，破碎时先成蜂窝网络形磷片，内应力均匀。早期在汽车上用于制造驾驶室风挡玻璃和门窗玻璃等。

（3）夹层玻璃，夹层玻璃是两片玻璃中间夹一片安全膜，从而牢固地将两层玻璃结合起来。当汽车碰撞时，即使玻璃破碎，其碎片仍能黏附在安全膜上，而且这层薄膜片还有弹性吸收作用，使玻璃低能量破碎，且无碎屑脱落，因此夹层玻璃的安全性比钢化玻璃又提高一步。目前汽车上的风挡玻璃、门玻璃和窗玻璃均采用夹层玻璃。

2.2.4 其他非金属材料

1. 石棉

石棉是一种天然的矿物纤维，质地柔软，不易燃烧，导热性差，有良好的吸附性和防腐性。主要作用是密封、保温和绝缘等。

（1）石棉板又称纸柏板，因为石棉作垫料时，不能耐压和抵抗流体的渗透作用，因此一般将石棉同金属（紫铜）结合使用，如内燃机的汽缸垫就是用紫铜片包石棉制成的。

（2）橡胶石棉板又称纸柏，是以石棉、橡胶等混合压制而成。使其使用范围分为高、中、低压橡胶石棉板等。高压橡胶石棉板用于密封高温和高压下的水、气中金属零件接头及连接面上的衬垫。中、低压橡胶石棉板，用于制造汽车上的水、气系统管路的衬垫。耐油橡胶石棉板是以石棉、丁腈橡胶和天然橡胶为主制成的板材。在汽车上用于制造接触汽油、柴油和润滑油的管道连接头密封垫材料。

2. 人造革

在汽车制造和维修中，常用的是聚氯乙烯人造革，它是由聚氯乙烯树脂和其他添加剂经机械研磨，搅拌混合后，用刮胶机涂制于棉布织物上，再经热处理，熔融和压纹加工制得的。在汽车上主要用于制造汽车床垫，水箱保温罩、车门遮封件及其他覆盖和内饰之用。

3. 复合材料

复合材料是近 30 年发展起来的新型工程材料。它由两种或两种以上物理和化学本质不同的固体材料通过人工复合而成。复合材料可改善或克服组成材料的弱点，充分发挥材料的综合性能，塑料和玻璃的强度和韧性都不高，而其复合而成的材料（玻璃纤维塑料）却有很高的强度与韧性，而且质量小。

在汽车制造中所采用的复合材料是纤维增强塑料（FRP），纤维增强陶瓷（FRC），纤维增强金属（FRM）。

纤维增强塑料中玻璃纤维增强塑料（GFRP）是汽车上应用最广的复合材料。在汽车上用于制造空调器壳、发动机罩、车顶导流板、前大灯箱、车轮盖、车门、车身装饰物嵌饰条、保险杠、顶盖、车架、转向机、挡泥板等。

纤维增强金属在汽车上用于制造活塞、活塞销、连杆、摇臂、起柱、汽缸体等。

项目 2.3 汽车运行材料

能力目标
(1) 培养学生具备划分汽车燃料牌号的能力。
(2) 培养学生具备正确选用汽车各种运行材料的能力。

知识目标
(1) 了解汽车运行材料的分类。
(2) 了解润滑油的种类及其性能。
(3) 掌握汽车燃料的性能指标。
(4) 掌握选用汽车润滑油的方法。

汽车运行材料主要包括燃料、润滑油、工作液等。

2.3.1 燃料

汽车运行使用的燃料有汽油、柴油、醇类、液化气、天然气等。

1. 汽油

汽油是汽油机的燃料，是在 40～205℃ 的温度范围内由石油中提炼而得到的比重小、易挥发的无色液体。它是碳氢化合物，由 85% 的碳和 15% 的氢组成。过去曾采用在汽油中添加四乙铅来提高汽油的抗爆性。国外一些国家调查发现，空气中大部分游离铅微粒都来自汽车的排气，铅微粒中又含有大量的四乙铅或四甲铅，对人体和动物有较大危害。目前广泛使用的是无铅汽油。无铅汽油不以四乙铅为抗爆剂，而是添加抗爆性能好的含氧化合物（甲基叔丁醚 MTBE）。

(1) 汽油的性能指标。

① 汽油的挥发性，是指汽油由液体状态转化为气体状态的性能。汽油挥发性好就易汽化，与空气混合均匀，燃烧速度快，燃烧完全，发动机易启动、加速及时，各工况转换灵敏柔和。但挥发性太好则可能会在油管中形成气泡，产生"气阻"、妨碍汽油流通，导

致供油不畅，甚至中断，造成发动机熄火停车。挥发性不好的汽油汽化不完全，造成燃烧不完全，增加油耗及排放污染，没有完全燃烧的油滴还可能破坏润滑油膜，增加磨损。

② 汽油的抗爆性，是指汽油在发动机的汽缸内燃烧时防止产生爆燃的能力。爆燃是汽油机的一种不正常燃烧。它是在特定的情况下，当混合气燃烧了 2/3～3/4 时，由于受到汽缸温度、压力上升的影响，在部分的混合气中产生大量不稳定的过氧化物，在正常火焰前锋未到达前，由于剧烈氧化而自燃，产生许多火焰中心，火焰传播极快，形成压力脉冲，使汽缸内产生清脆的金属敲击声。爆燃使机件过快磨损，热负荷增加，噪声增大、功率下降、油耗上升。影响爆燃的因素很多，如发动机结构与工作条件等，其中最主要的是压缩比，高压缩比发动机易产生爆燃。抗爆性好的汽油允许发动机采用较高的压缩比，从而提高了动力性和经济性。

汽油的抗爆性用辛烷值评定。辛烷值是代表点燃式发动机燃料抗爆性的一个约定数值。在规定条件下的标准发动机试验中，通过和标准燃料进行比较来测定，用和被测定燃料具有相同抗爆性的标准燃料中异辛烷的体积百分数表示。

③ 汽油的安定性，是指汽油在正常储存和使用条件下，保持其性质不发生永久变化的能力。安定性不好的汽油，容易发生氧化反应，生成胶状物质和酸性物质，使辛烷值降低，酸值增加，颜色变深。使用这种汽油，易堵塞电喷发动机的喷嘴，气门黏结关闭不严，积炭增加，汽缸散热不良，火花塞积炭导致点火不良等。

评定汽油安定性的指标主要有实际胶质和诱导期。

实际胶质是指在规定的条件下测得的车用汽油蒸发残留物的正庚烷不溶部分。测定时按 GB/T 8019《车用汽油和航空汽油实际胶质测定法（喷射蒸气法）》，使已知量的汽油在控制温度和空气流的条件下蒸发，再在残留物中加一定量正庚烷，按规定除去正庚烷溶液后剩余部分便为实际胶质，用 100 ml 试样中所含毫克数（mg/100 ml）表示。它可用来判断汽油在汽油机中生成胶质的倾向。国家标准规定实际胶质不超过 50 mg/100 ml。

诱导期是指在规定的加速氧化条件下，油品处于稳定状态所经历的时间周期，可评定汽油在储存时间产生氧化和形成胶质的倾向。诱导期越长，汽油越不易被氧化。测定时，按 GB/T 256《汽油诱导期测定法》，把试样置于大气压为 68.8kPa 的密闭氧气中，在 100℃ 下，保持压力不下降所经历的时间，以 min 计，要求车用汽油的诱导期不小于 480 min。

④ 汽油的防腐性，是指汽油阻止其相接触的金属被腐蚀的能力。用下列指标评定。

硫含量，是指存在于油品中硫及衍生物的含量，以质量的百分数表示。汽油中的硫燃烧后生成 SO_2 和 SO_3，遇到冷凝水或水汽时，会生成亚硫酸和硫酸，对金属有强烈的腐蚀作用，所以应严格控制硫含量。测定时按 GB/T 380《石油产品硫含量测定法（燃灯法）》，将试样放在灯中燃烧，用硫酸钠水溶液吸收生成的二氧化硫，并用容易分解法计算硫含量。国家标准规定车用汽油的硫含量不大于 0.15%。

铜片腐蚀试验，是在规定条件下，测定油品对于铜的腐蚀倾向，测定时按 GB/T 5096《石油产品铜片腐蚀试验法》，把一块已磨光的铜片浸没在一定量的试样中，并按要求维持（50 ± 1）℃的温度，保持 3 h ± 5 min，待试验周期结束时取出铜片，经洗涤后与腐蚀标准色板进行比较，如铜片只有轻度变色为 1 级，中度变色为 2 级，深度变色为 3 级，4 级为腐蚀。

酸度，是指中和 100 ml 油品中酸性物质所需的氢氧化钾毫克数，以 mg KOH/100 ml 表示。测定时按 GB/T 379《含乙基液汽油酸度测定法》，用 85% 乙醇溶液抽出汽油中的有机酸，再用氢氧化钾与醇溶液进行中和滴定。国家标准规定，车用汽油的酸度不大于3 mg KOH/100 ml。

水溶性酸和碱，水溶性酸是指无机酸和低分子有机酸。水溶性碱是指氢氧化钠和氢氧化钾等。它们是石油炼制过程中残留下来的，对金属有强烈腐蚀作用，汽油中不允许存在。测定时按 GB/T 259《石油产品水溶性酸及碱测定法》，用蒸馏水或乙醇水溶液抽提试样中水溶性酸和碱，然后分别用甲基橙或酚酞指示剂检查抽出液的颜色变化情况，或用酸度计测定其 pH 值，以判定有无水溶性酸或碱的存在。

机械杂质和水分，机械杂质和遇冷而冻结的水分，会堵塞滤清器，甚至可能中断供油。机械杂质如进入汽缸，还会增加积炭和加重机件的磨损。精确测定机械杂质和水分，按 GB/T 511《石油产品和添加剂机械杂质测定法（重量法）》和 GB/T 260《石油产品水分测定法》进行。

(2) 汽油的牌号和规格

汽油（车用）的牌号是按其辛烷值的高低来划分的。例如90号汽油，辛烷值为90。辛烷值越高，其抗爆性能越好。其牌号有90、93和95等。

各国都根据本国汽车发动机的结构改进，使用要求的变化和石油炼制技术的进步，制订并不断修改本国的汽油规格。大多数国家汽油分为优质汽油和普通汽油两种，英国、美国和法国另有一种超级汽油。美国的超级汽油、优质汽油和普通汽油的辛烷值分别为100.5、97.5和90.5；日本分为1号和2号汽油，辛烷值分别大于95和85。国外根据其环保法规，绝大多数用无铅汽油。为了保证电喷汽油机性能的充分发挥和长寿命运行，以及符合美国1990年颁布的清洁空气法的要求，国外开始生产新配方汽油（RFG）。这种汽油除辛烷值符合发动机要求外，为了保护环境，还需严格控制芳香烃、苯和烯烃的含量，不准使用含金属的添加剂等，同时要求增加氧含量并必须加有适量的抗沉积物的添加剂等，这是因为电喷发动机的喷嘴易被沉积物堵塞。美国联邦清洁空气法修正案规定自1993年1月起，全美国的汽油必须加有含抗沉积物的添加剂。日本优质汽油中均含有这种添加剂。同时在汽油中大量调入甲基叔丁醚（MTBE）一类含氧化合物。目前我国市场销售的车用汽油的质量与发达国家相比，还有一定的差距。

(3) 汽油的选择及使用注意事项

① 汽油的选择，按汽车使用说明书的要求，以在正常运行条件下不发生爆燃为原则，选用适当辛烷值牌号的车用汽油，在没有使用说明书时，也可根据发动机压缩比等因素来选择汽油牌号。一般说来，压缩比高的，爆燃倾向严重，应选用辛烷值较高的汽油，压缩比在7.0到8.0之间应选用90号汽油，压缩比在8.0以上的应选择93号到95号汽油。但爆燃还受其他因素的影响，如气道结构，燃烧室形状、火花塞及气门布置、发动机冷却强度，以及是否安装爆燃传感器等。如果选用不当，即会造成浪费，增加汽车运输成本或使发动机产生爆燃，功率下降，耗油量增加。

② 汽油使用注意事项

发动机长期使用后，由于燃烧室积炭，水套水垢等原因，使压缩比发生变化，爆燃倾向增加，此时应及时维护发动机。

在炎热夏季和高原地区，由于气温高，气压低，易发生气阻，应选用饱和蒸气压较低的汽油。

汽车从平原到高原地区后，可换用较低辛烷值汽油。

汽油不能掺煤油或柴油，后者挥发性和抗爆性差，会引起爆燃导致发动机损坏。

不要使用长期存放变质的汽油，否则结胶，积炭严重，会产生爆燃现象。

汽油是易燃、易爆、易产生静电的物质，使用中要注意安全。

2. 柴油

柴油是在270~350℃的温度范围内从石油中提炼出来的，它是由87%的碳，12.6%的氢和0.4%的氧组成的茶黄色液体碳氢化合物。柴油分为轻柴油和重柴油，轻柴油用于1 000 r/min以上的高速柴油机；而重柴油用于1 000 r/min以下的中、低速柴油机。车用柴油为轻柴油。

（1）柴油的性能指标

① 柴油的发火性，是指其自燃能力。柴油机是靠喷入汽缸的柴油与压缩后的高温空气接触而自行燃烧的，因此，要求柴油应具有良好的发火性能。柴油工作时，柴油从喷油器被喷入燃烧完后，并非立即着火，而要经过一段时间进行燃烧前的准备，这个准备过程所经历的时间称为着火落后期。着火落后期过长，则可能在燃烧开始时燃烧室内积存的柴油较多，以致燃烧开始后汽缸内压力升高过快，使曲柄连杆机构受较大的冲击力，加速磨损，同时汽缸内发出很响的敲击声，即工作粗暴。发火性好的柴油由于自燃能力强，所需要的准备时间短，则柴油机工作比较柔和，且可在较低的温度下发火，有利于启动。

柴油的发火性可用十六烷值评定。与汽油辛烷值类似，也是用两种发火性差异很大的作为基准物对比得出的数值。一种为正十六烷，发火性好，定其十六烷值为100；另一种一甲基萘，发火性差，定其十六烷值为0，按不同比例将它们混合在一起，可获得十六烷值0~100的标准燃料。

② 柴油的挥发性，是指柴油由液态转化为气态的性能。柴油的挥发性好，对混合气的形成有利，特别对高速柴油机来说，由于混合气的形成时间短，更需要柴油有较好的挥发性，以便迅速挥发形成混合气。这样可以缩短着火落后期。但是，挥发性太好也不利，因为蒸发性太好时，在着火落后期中喷入汽缸的柴油，会形成过多的蒸气，当火焰出现时，几乎喷入的柴油都参加燃烧，从而出现工作粗暴现象。

柴油的挥发性用馏程和闪点等指标表示。

馏程的测定是按GB/T 6536《石油产品馏程测定法》的规定进行的。柴油的测定项目有50%、90%和95%馏出温度。

50%馏出温度越低，说明柴油中轻质馏分越多，柴油机越容易启动。

90%和95%馏出温度越低，说明柴油中的重质馏分越少，燃烧越完全，不仅可以提高柴油机的动力性，减少机械磨损，避免发动机过热现象，而且可以降低油耗。

闪点是石油产品在一定试验条件下加热后，当油料蒸汽与周围空气形成的混合气接近火焰时，开始发出闪火的温度。闪点根据测定方法和仪器不同，可分为开口闪点和闭口闪点，一般轻质油（燃料油）多用闭口闪点而重质油（润滑油）多用开口闪点。闭口闪点测定时按GB/T 261《石油产品闪点测定法（闭口杯法）》，将试样放在闭口闪点测定器内再加盖连续搅拌，以很慢的恒定速率加热，当油中温度计读数达到预期的闪点前10℃时，按规定每隔1 s或2 s，中断搅拌，同时将火焰引入杯内，引起杯内油蒸气闪火时的最低温度为闪点。

③ 柴油的黏度，是表示油料稀稠的一项指标。黏度是随温度的变化而变化的。温度高时油料变稀，黏度变小；温度低油料变稠，黏度变大。轻柴油的黏度是指20℃时的黏度。柴油的黏度会影响柴油的流动性、雾化性、燃烧性和润滑性等。黏度过大、流动性差，影响供油量。喷入汽缸内的油黏度较大，影响雾化，不易与空气均匀混合，这样燃烧不完全，燃料耗油量增加。但黏度也不应过小，如黏度过小，在喷射时，因油粒细小，射程太短，同样不能很好地均匀分布，以致燃烧不完全，排气冒黑烟。此外，黏度过小的柴油，除了不能保证高压油泵和喷油器精密偶件的润滑而增加磨损外，还会在高压油泵和喷油器的不密合处漏掉，使喷入燃烧室的油量不足，从而降低发动机的功率。

④ 柴油的低温流动性，该性能影响柴油能否可靠地供给，发动机能否正常工作。评定柴油低温流动性的指标有凝点、浊点和冷滤点。

凝点，是将柴油装在规定的试管内，冷却到预期的温度，将试管倾斜45°，若经过1 min液面不移动则此时的温度，便是柴油凝点。我国轻柴油按凝点划分牌号。

浊点，是柴油中开始析出石蜡晶体，柴油失去透明时的最高温度。柴油达到浊点后虽未失去流动性，但易造成油路堵塞。

冷滤点，是指在规定条件下，1 min 内通过过滤器的柴油不足 20 ml 的最高温度，冷滤点与柴油实际使用的最低温度有对应关系，可作为根据气温选用轻柴油的依据。一般冷滤点要高于凝点4～6℃，比浊点略低。

⑤ 柴油的安定性，是指其在运输、储存和使用过程中保持外观颜色，组成和使用性能不变的能力，评定柴油安定性的指标有催速安定性沉渣，碘值，10% 蒸余物残炭，实际胶质。

催速安定性沉渣，用 70 ml 试样在规定条件下，100℃、16 h 加速储存后，测定其沉渣量和透光率，来判断柴油储存安定性，其沉渣量越少越好。

碘值，是在规定条件下与 100 g 油品起反应时所消耗的碘的克数。从测得的碘值的大小可以说明油品中的不饱和烃含量的多少，不饱和烃越多，碘值就越高，油品安定性越差。

10% 蒸余物残炭，是指柴油的 10% 蒸余物经强烈加热后一定时间即进行裂化和焦化反应，在规定加热时间结束后，称重计量残炭值，以原试样质量的存分数表示。柴油馏分轻，精制程度深，残炭值就小。一般来说，残炭值越大，在燃烧室内生成积炭倾向也越大。

实际胶质，是指柴油在规定的试验条例下，油中烃类经热空气流蒸发、氧化、聚合和缩合所生成的深棕色、黄色或黑色残留物，以 mg/100 ml 表示。柴油中不安定组分越多，实际胶质就越大。

⑥ 柴油的防腐性可用硫含量、硫醇硫含量、酸度铜片腐蚀、水溶性酸或碱等指标评定，其试验方法和要求与车用汽油大致相同，但柴油中硫和硫醇硫含量，对柴油机使用影响更大。国家标准规定各号轻柴油的优级品、一级品和合格品中硫含量分别不大于0.2%、0.5% 和 1.0%，并要求硫醇硫含量不大于 0.01%。

此外，柴油中的灰分、机械杂质、水分的含量也不能超过规定。

(2) 柴油的牌号和规格

轻柴油按质量分为优级品、一级品和合格品 3 个等级，每个等级的柴油按凝点分为10、

0、-10、-20、-35、-50共6种牌号。一般各号轻柴油都是由直馏馏分和二次加工馏分调和而成。在低凝点轻柴油中，还要根据使用性能的要求，适当调入煤油馏分。通常，凝点高的10号和0号轻柴油中，调入直馏馏分的比例较大，煤油的比例较小；凝点低的-10、-20、-35和-50号轻柴油中，调入直馏馏分的比例较小，煤油的比例较大。轻柴油的牌号是按其凝固点的高低来划分的，例如，-35号轻柴油，表示其凝固点不高于-35℃。

(3) 柴油的选择及使用注意事项

① 柴油的选择应根据不同地区气温和季节选用不同牌号的轻柴油。为了保证柴油发动机燃料系统在低温下正常供油，一般选用柴油的凝固点比使用时的最低气温低5℃。

② 轻柴油使用注意事项

不同牌号的柴油，可以掺兑使用，并可根据气温情况酌情适当调配，以充分利用资源，降低高凝点柴油的凝点。例如，某地区最低温度为-13℃，不宜使用-10号柴油，但使用-20号柴油又浪费。此时可将-10号柴油与-20号柴油按适当比例掺兑，便可充分发挥低凝点柴油的作用，如将凝点为-10℃的柴油同凝点为-20℃的柴油各50%掺兑，掺兑后柴油的凝点不是-15℃，而是高于-15℃，约在-13～-14℃之间（注意：掺兑时要搅拌均匀）。

不能在柴油中掺入汽油，因为汽油发火性能很差，掺入汽油会导致启动困难，甚至不能启动。在寒冷的地区低凝点柴油缺乏时，也可在高凝点柴油中掺入10%～40%的灯用煤油，混合均匀，以降低其凝点使用。

低温启动时可以采取预热措施，对进气管，机油及蓄电池等预热有利于启动；也可采用馏分轻、蒸发性好、自燃点低，又有一定十六烷值的低温启动液。使用时可附加一套启动液使用装置，也可以用注射器将10～20 ml低温启动液直接注入进气管，一般工作1 min，发动机即可顺利启动。低温启动液的主要成分是乙醚，自燃点仅190～210℃很容易在柴油机内自燃，低温启动液不能加入油箱与柴油混用，否则会造成气阻。

3. 醇类燃料

醇类燃料主要是甲醇和乙醇。

(1) 甲醇。甲醇是一种无色易挥发的液体，有毒，饮后能致失明，甲醇自燃点为464℃，热值较汽油低，辛烷值较高。甲醇作为汽车燃料可单独使用，也可与汽油混合使用。如果单独使用，需要对发动机做某些改进，用提高压缩比的办法来提高发动机的性能；混合使用时，甲醇可占15%～20%，无需对发动机做大的改动。

(2) 乙醇。乙醇俗称酒精，常温下是液体，很容易挥发燃烧。乙醇相对密度为0.789，自燃点为423℃，热值较汽油低，辛烷值较高。乙醇的使用方法与甲醇类似。

醇类燃料特点是来源广泛，价格较低，甲醇与乙醇均可由植物发酵得到，甲醇还可以从天然气和煤中制取；辛烷值高，抗爆性好，醇类燃料热值较低，但配制成混合气与汽油混合气的热值差不多。

4. 液化石油气（LPG）

液化石油气是石油炼制过程中副产品或对油田伴生气处理过程中的轻烃产品。LPG的主要成分为丙烷、丁烷，另外含有少量丙烯、丁烯及其他烃类物质。LPG大部分组分在常温下为气态，经过加压处理后，气态 LPG 可被液化，加压的大小取决于各组分的含量。虽然不同的厂家生产的 LPG 的组成有差异，但在常温下，都能在 1.6 MPa 的压力下被液化，因此 LPG 具有储存容器压力等级低，重量轻，便于储存等优点。

LPG 的主要成分为丙烷和丁烷，因此丙烷和丁烷决定了 LPG 的主要性质。

(1) LPG 的性能指标

① 比重

液态比重：15℃时液态丙烷、丁烷的比重分别为 0.508 kg/L 和 0.584 kg/L，LPG 的比重约为 0.508 kg/L，而汽油的比重在 0.66～0.75 kg/L 之间。

气态比重：15℃时气态丙烷、丁烷的比重分别为 1.458 kg/m^3 和 2.07 kg/m^3，均大于空气比重。因此，当 LPG 从储存容器中泄漏出来后，将挥发成气态，在地表面积聚，缓慢扩散。

② 沸点

汽油的沸点为 25～232℃，常温下呈液态。丙烷和丁烷的沸点分别为 -42.7℃ 和 -0.5℃，因此丙烷和丁烷以气态存在。LPG 有较好的挥发性，更容易和空气混合。

另外，可将 LPG 冷却到沸点以下，转变成液体储存在隔热的容器内，既经济又方便。

③ 蒸发潜热

液体燃料蒸发成气体时，将从周围吸收热量，这就是蒸发潜热。在沸点时，丙烷和丁烷的蒸发潜热分别约为 101.8 cal/kg 和 92.09 cal/kg。LPG 汽车在工作时，LPG 在蒸发器内蒸发、气化成气态，将使 LPG 温度急剧下降，严重时将使 LPG 凝固，冻结蒸发器。为此，需要利用具有较高温度的发动机循环水为蒸发过程提供热量。

④ 蒸气压

LPG 被注入密闭容器后，其中一部分液体蒸发成气体，同时，少部分气体转变成液体，随着密闭容器内压力的升高，蒸发量逐渐减少、液化量逐渐增多，最终蒸发和液化达到平衡，容器内压力稳定在固定值，此时的蒸气压力即为蒸气压。20℃时汽油的蒸气压几乎为零，丙烷、丁烷的蒸气压分别为 8.0 kg/cm^2 和 2.0 kg/cm^2。

⑤ 自燃温度

自燃温度是与空气接触的燃料在此温度下将会点燃并连续燃烧的温度，这对一种燃料来说并不是物理常数。汽油的自燃温度约为 220℃，丙烷和丁烷的自燃温度分别约为 470℃ 和 365℃。

⑥ 热值

热值又称发热量，是燃料燃烧时发出的热量。热值分为高热值和低热值，高热值包括燃烧生成物冷却到原始温度后放出的全部热量，低热值则不包括这部分热量。由于燃烧后排出的水蒸气所含热量无法利用，因此发动机热力计算时一般用低热值。

按质量计算，丙烷和丁烷的低热值分别为 45.77 MJ/kg 和 46.39 MJ/kg，而汽油为 43.90 MJ/kg；按体积计算，丙烷（液态）、丁烷的低热值分别为 27.00 MJ/L 和 27.55 MJ/L，汽油为 32.05 MJ/L。因此单位重量 LPG 的热值高于汽油，而单位体积的 LPG 的热值只是汽油的 80%～90%。

⑦ 点火极限

燃料和空气混合后形成的混合气的浓度过浓（燃料过多）或过稀（燃料不足），都使混合气难于被点燃。只有浓度在一定的范围内，燃料与空气混合气才能够被点燃，这一浓度范围的上、下限值分别是燃料的点火极限的上限和下限。按照燃料在空气中的容积比、汽油的点火极限的上下限分别为 1.3% 和 7.6%，丙烷为 2.2% 和 9.5%，丁烷为 1.9% 和 8.5%。点火极限之间的浓度范围为燃料的范围。LPG 的燃烧范围比汽油宽，可在大范围内改变混合比。采用稀薄燃烧技术后，可提高发动机的经济性、改善排放性能。

⑧ 理论空燃比

燃料和空气混合后形成可燃性混合气，其中所含空气和燃料质量比称为空燃比。理论上 1 kg 燃料完全燃烧需要空气的公斤数称为理论空燃比。实际的空燃比和理论空燃比的比值称为过量空气系数。

汽油的理论空燃比为 14.7，丙烷、丁烷的理论空燃比分别为 15.65 和 15.43，可以看出，使相同质量的燃料完全燃烧，LPG 需要的空气量稍多于汽油。按照体积计算，丙烷、丁烷的理论空燃比分别为 23.81 和 30.95。

⑨ 辛烷值

燃料的抗爆性是指燃料在发动机汽缸内燃烧时避免产生爆燃的能力，是燃料的一个重要指标。抗爆性用燃料的辛烷值表示，辛烷值越高，燃料的抗爆性越好，LPG 的辛烷值高于汽油，可适应更高的压缩比。

⑩ 腐蚀性

LPG 对天然橡胶，油漆等有腐蚀作用，因此，LPG 的储存、输送、减压等设备中的膜片，密封圈、软管等必须采用耐腐蚀的橡胶。

(2) LPG 汽车的特点

LPG 是一种高效、安全、清洁的燃料，非常适合汽车使用，汽油车通过加装 LPG 供给系统，成为汽油/液化石油气两用燃料汽车。和使用汽油相比，在使用 LPG 时，汽车的排放性能、经济性、动力性能等具有以下特点。

① 排放性能

液态 LPG 经供给系统减压、蒸发后转变成气态，在混合器内和空气混合成可燃混合气。气态的 LPG 和空气能够充分、均匀混合，在燃烧室内得到充分燃烧，因此排出尾气中的一氧化碳（CO）、碳氢化合物（HC）含量大幅度降低。和使用汽油相比，使用 LPG 后，排放物中 CO、HC 化合物的含量下降可达 80% 和 60%。除了排放法规规定的排放物（CO、HC、NO_x）外，汽车排放物中还含有一些未受到法规制约的成分，如对区域环境造成影响的毒性物、烟雾、酸性物等。据有关分析报告，在产生对环境有影响的物质方面，LPG 与汽油、柴油相比，在夏季烟雾上的差别系数为 2，酸性物质的差别系数为 5。同时，LPG 燃烧后产生的 CO_2 含量比汽油、柴油少 10%~15%。

② 经济性

LPG 汽车的经济性优于汽油车。一方面，LPG 不会稀释润滑油，燃烧后没有积碳，可减少发动机磨损，延长润滑油的使用周期，发动机使用寿命长，维护保养费用低；另一方面，LPG 燃料价格低于汽油、燃料经济性好。

③ 安全性

LPG 经过加工后储存在密闭容器内，储存压力一般不超过 1.6 MPa。为了安全、可靠地使用，LPG 系统的每个部件都经过了严格的检验，设计上充分考虑了安全性的要求。

LPG 钢瓶、管线、组合阀、截止阀、接头等均能承受数倍的压力，安全系数高。钢瓶生产经过多道工序严格检验，从材料加工直到产品出厂的每个环节均有严格的质量保证，在经过严格的压力试验，密封性试验及壁厚，焊缝等项目检查后，才能投入使用。

此外，根据 LPG 燃料的特点，在 LPG 供给系统中设计了多种安全装置，如限量充装阀、压力释放阀（安全阀）、过流量自锁阀、手动截止阀、电磁截止阀等，确保 LPG 汽车的安全使用。国内外多年的使用经验表明，在同样的条件下 LPG 比汽油更安全。

④ 动力性

在对汽油车加装 LPG 供给系统时，考虑到使用汽油的需要，没有对发动机进行改动。在使用 LPG 燃料时，LPG 的气态形式在混合器中与空气同时进入发动机进气管，因此使发动机进气量降低（空气吸入量减少）。和使用汽油时相比，发动机每个工作循环中，燃料燃烧产生的热量较少，功率有所下降。采用在汽车上加装 LPG 供给系统的 LPG 汽车，和使用汽油时相比，其功率下降约为 5% 左右（符合法规的要求），在使用过程中基本上没有明显的感觉。

(3) LPG 的使用

汽油车通过加装 LPG 供给系统，就成为汽油/LPG 两用燃料汽车。改装后的两用燃料汽车即可使用 LPG，又可和改装以前一样使用汽油燃料，使用时能够方便地实现两种燃料的转换。LPG 供给系统包括 LPG 钢瓶、LPG 截止电磁阀、电喷模拟调节器、蒸发减压器、功率调节阀、混合器、油气转换开关等。

5. 天然气（CNG）

天然气是由多种烃类物质和少量的其他成分组成的混合气体。天然气中最主要的成分是甲烷，由于甲烷在所有的碳氢化合物中具有最大的氢/碳比，因此甲烷燃烧后产生的二氧化碳要低于使用汽油或甲醇的发动机所产生的二氧化碳量。甲烷的分子结构极其稳定，能够有效地防止发生爆燃现象，这就使得天然气成为一种非常适宜的汽车燃料，它可以产生比传统汽油发动机更高的热效率。

(1) CNG 的性能指标

① 密度。通常状态下，甲烷是一种非常轻的气态物质。常温、常压下，甲烷的密度只相当于空气密度的 55%，天然气的密度约相当于空气密度的 60%。由于天然气的密度远远小于空气，当天然气从输送管道或储存容器中泄漏到空气中，天然气向上运动，迅速扩散到空气中。由于这一特点，天然气的安全性优于汽油等大多数燃料。

② 热值。甲烷是最简单的碳氢化合物，一个甲烷分子中含有一个碳原子和 4 个氢原子。在碳氢化合物中，分子中含有的碳和氢原子数越多，燃烧后产生的能量越多。因为气体状态，在相同的环境条件下，相同的体积中含有的分子数是相同的，因此分子中含碳和氢原子越多的物质，燃烧产生的能量越多，因此每立方米理论天然气混合气热值要比汽油混合气低。其中甲烷含量越高，相差越大，纯甲烷理论混合气热值比汽油低 10% 左右。

③ 沸点。在常温常压下，天然气是一种气态物质，当温度达到 −162℃ 时，天然气转换成液态，以液态形式存在，天然气的沸点为 −162℃。由于天然气沸点低，天然气难于液化，储存液态天然气的也非常困难，因此，一般以气体状态储存和运输天然气。

④ CNG 的发火界限。燃料和空气混合形成混合气，混合气的浓度在一定范围内，才

能够被点燃并产生能量。混合气过浓或过稀都难于被点燃，被点燃的混合气浓度范围的上、下限分别是燃料点火极限的上限和下限。天然气的点火极限的上限为15%，下限为5%。其过量空气系数的变化范围为0.6~1.8之间，可在较大范围内改变混合比。可见天然气有很宽的发火界限。

⑤ 自燃温度。自燃温度是燃料和空气接触会点燃并连续燃烧的温度。汽油的自燃温度为220℃，天然气的自燃温度为630℃。天然气的自燃温度很高，可见天然气有良好的使用安全性。

⑥ 点燃方式。由于天然气有很低的沸点和很宽的发火界限，因而适宜于点燃式。而天然气又有很高的自然温度又适用于在较高的压缩比下点燃，因而也适宜于压燃式。可见天然气既可用于汽油/天然气双料车上，也可用于柴油/天然气车上。

⑦ 辛烷值。燃料的抗爆性用辛烷值表示，燃料辛烷值越大，表示抗爆性越好。汽油的辛烷值一般在81~90之间，而天然气的辛烷值在115~130之间，与汽油相比、天然气具有较高的抗爆性能。

天然气是没有颜色、气味和毒性的物质。基于安全的原因，在生产过程中，在天然气中加入了具有独特臭味的加臭剂。在使用和运输过程中，当天然气泄漏时，由于独特的臭味，可以很容易检测出泄漏。

（2）CNG汽车的特点。

天然气汽车一般分为两类：一是压缩天然气，它是将天然气压缩到储气瓶内，其压力大约为20MPa，在汽车上经过减压设备减压后供内燃机燃烧；二是液化天然气汽车，它是将天然气液化处理后，储存于高压瓶中，在汽车上经过减压设备转化为气态供内燃机燃烧。

① 排放性能。使用天然气的汽车，排放的CO、HC、NO_x和CO_2等将分别比汽油/柴油汽车低90%、70%、40%和20%，可见天然气汽车是理想的"绿色汽车"之一。

② 经济性。使用天然气的汽车燃料经济性能好，1立方米的天然气相当于1.13L的汽油量，根据市场价格，使用天然气汽车费用要比使用汽油的费用低的多。运行总能耗下降14.6%。

发动机寿命延长。与传统汽油相比，天然气对发动机润滑油破坏较小，汽缸不积炭，可减少发动机磨损，从而节约维修费用，延长发动机使用寿命。

③ 安全性。天然气汽车的安全性较好。汽油的挥发性较强，燃点为220℃，在普通环境下遇到火源都极易着火；而天然气的燃点达到650℃，其比重又比空气小，加上天然气汽车安全技术的发展已经非常成熟，其安全性较好。

④ 动力性。使用天然气的汽车中，天然气的气态形式与空气混合，同时进入发动机进气歧管，因此使发动机进气效率降低（空气吸入量减少）。和使用汽油时相比，发动机每一个工作循环中，燃料燃烧产生的热量较少，其功率下降约5%左右（符合法规的要求），在使用过程中基本没有明显感觉。

（3）天然气的使用

天然气汽车有两种：一种是单纯的天然气汽车，它对汽车的发动机进行了重新设计，燃料只用天然气；二是在汽油发动机上加装一套CNG供给系统，即可用汽油又可用CNG的双燃料汽车，CNG供给系统包括气瓶、减压阀、燃料计量装置、混合器、油气转换开关等。

6. 几种未来可用燃料

氢燃料，氢可以燃烧，而且它在地球上的蕴藏量极为丰富，是一种极有前途的能源。氢用作汽车燃料具有热值高、热效率高、排放污染小、发动机磨损小等特点。用氢气做燃料存在的主要问题是生产成本极高，而具携带和储存非常困难，因此，氢目前尚难用作汽车代用燃料，仅是一种未来可用的燃料。

电能和太阳能也是未来汽车的能源，影响电动汽车发展的主要问题是电池，必须找到一种容量高，循环次数多而且价格又不昂贵的电池，电动汽车才能真正发展起来；太阳能汽车的主要问题是太阳能电池效率低，体积大、成本高，短期内难有实用价值。

2.3.2 润滑油

汽车使用的润滑油有内燃机油、齿轮油和润滑脂等。

1. 内燃机油

内燃机油是将石油蒸馏出汽油、煤油和柴油后的重油再进行残压蒸馏，切割成很多窄馏分，然后精制加工加入多种添加剂而制成的。内燃机油分为汽油机机油和柴油机机油两种，目前已有通用机油。

（1）内燃机油的性能指标

内燃机的性能指标有黏度与黏温性、低温黏度及低温泵送性、起泡性、防腐性等。

① 黏度及黏温性。任何液体当其一部分相对另一部分发生相对运动时都要遇到阻力，这种阻力是由液体分子或微粒的内摩擦产生的，黏度就是液体流动时内摩擦力的量度。黏度有不同的表示方法，一种是绝对黏度，一种是相对黏度，绝对黏度又有动力黏度和运动黏度之分。

黏度对发动机工作有很大影响。黏度过小，在高温高压下容易从摩擦面流出，不能形成足够厚的油膜，摩擦和磨损加剧；密封作用不好，汽缸漏气，功率下降，机油受到稀释和污染；黏度小的油蒸发性大，加上机油容易窜入燃烧室，不仅增大机油消耗量，而且造成发动机工作不良。但是黏度也不能过大，过大时，低温启动困难，油的泵送性能差，此时容易出现干摩擦，或液体摩擦。试验表明，汽缸、活塞环和轴瓦等零件的磨损量有 2/3 是启动时造成的，这是发动机磨损的主要原因；因此，使用中要求润滑油的黏度要适当。

黏温性是润滑油随温度变化而改变黏度的性质，温度升高黏度降低。

② 润滑油的低温黏度及低温泵送性。润滑油的低温黏度对发动机冷启动性能有重要影响，如果润滑油低温黏度太大，曲轴转动时的阻力矩也随之增大，致使发动机达不到所需的最低转速而不能启动；或者勉强启动，由于摩擦力太大，零件磨损加剧。所以要求润滑油能适应很宽的温度范围，即不仅要求有适当的高温黏度，而且要限制低温下的黏度界限，一般要求在 3 000~5 000 MPa·s 之间。

润滑油的低温泵送性是指低温条件下通过油泵送至发动机各摩擦面的能力。它是冬用润滑油及多级油的重要质量指标之一，也是润滑油按黏度分类的一个依据。为了确定润滑油的低温泵送性，首先要制定判断泵送是否正常的标准。按美国材料及试验学会（ASTM）

的标准,边界泵送条件是在发动机运转 1 min 后,油道压力总是等于或低于 138 kPa,但高于 4.1 kPa,能不能达到上述条件又受温度的影响,所以边界泵送温度可作为表示低温泵送性的指标。在油中加入降凝剂,能改善其低温流动性。在严寒条件下使用的润滑油,都加有降凝剂。

③ 润滑油的起泡性。起泡性是指油品生成泡沫的倾向及生成泡沫的稳定性。

内燃机润滑油由于快速循环和飞溅,必然会产生泡沫。如果泡沫太多,或泡沫不能迅速消除,将会造成摩擦表面供油不足以致破坏正常的润滑,所以要对起泡性进行控制,方法是在润滑油中加抗泡沫添加剂。起泡性按 GB/T 12579—1990《润滑油泡沫特性测定法》测定。

④ 润滑油的安定性。安定性是指在正常储存和使用条件下,石油产品保持其性质不发生永久变化的能力。包括蒸发损失,剪切安定性,氧化安定性与热氧化安定性。

蒸发损失,是指内燃机油在使用过程中受热蒸发的损失。如果蒸发过快,会引起油品性质的变化,如油耗过大,机油变稠及排气污染等问题。蒸发损失试验时采用 SH/T 0059《润滑油蒸发损失测定法(诺亚克法)》。

剪切安定性,是指内燃机油抵抗剪切作用,保持黏度以及和黏度有关的性质不变的能力。试验时采用 SH/T 0505《含聚合物油剪切安定性测定法(超声波剪切法)》。

氧化安定性,是指内燃机油抵抗大气的作用而保持性质不发生变化的能力。

热氧化安定性,是指内燃机油抵抗氧和热的共同作用而保证其性质不发生永久变化的能力。

⑤ 润滑油的防腐性。润滑油在使用过程中不可避免被氧化而生成各种有机酸,在高温、高压和有水存在的条件下,将对金属起腐蚀作用。通常用质量标准的"酸值"(即以中和 1 克机油所需苛性钾的毫克数)和腐蚀度大小来表示机油的腐蚀性,腐蚀性越低越好。

(2) 我国内燃机油的分类、牌号和规格

我国参照采用 API(美国石油学会)的分类,制订了 GB/T 7631.3—1995(《内燃机油分类》),规定了汽车及其他固定式内燃机润滑油(汽油机油和柴油机油)的详细分类。每一个品种由两个大写英文字母及数字组成的代号表示。该代号的第一个字母"S"代表汽油机油,"C"代表柴油机油,第一个字母与第二个字母或第二个字母及数字相结合代表质量等级。汽油机油档次由低到高为:SC、SD、SE、SF、SG、SH。柴油机油档次由低到高为:CC、CD、CD-Ⅱ、CE、CF-4。每个特定品种代号应附有按 GB/T 14806 规定的黏度等级。产品按统一的方法命名,例如,SE30(汽油机油),CC10W/30(多级柴油机油)和 SE/CC15W/40(多级汽油机/柴油机通用油)。

汽油机油和柴油机油规格分别见 GB 11121—1995 和 GB 11122—1997。

(3) 内燃机机油的选择

汽油机油工作条件的苛刻程度与汽车生产年份有关。早期生产的汽车要求较低,后生产的汽车要求较高,如解放 CA1091、EQ1092 要求用 SD 级油。1989 年以前中外合资生产的轿车如上海桑塔纳、北京切诺基、广州标致等,改进型 492Q 发动机,以及同时期进口轿车,大多要求使用 SE 或 SF 级油;1989 年后生产的进口轿车及中外合资生产的改进型轿车(用电喷燃油系统),则要求使用 SG 或 SH 级油。在国外,汽车生产年份决定发动机有无排气净化装置及净化装置的类型。净化装置一般会使机油工作条件恶化,可按净化装置的类型选用适当使用级的机油。如有三元催化装置的汽油机必须选用 SF 级以上的机油；有废气再循环系统（EGR 系统）的要选用 SE 级油；有闭式曲轴箱通风装置（PGV 阀）的要求选用 SP 级油；没有净化装置的则可选用 SC 级油。

柴油机机油可按柴油机的强化程度选用。柴油机的强化程度一般用强化系数表示，强化系数越大、机械负荷越高，机油工作条件越苛刻，要求选用级高的柴油机油。根据强化系数不同，我国黄河 JN1171、跃进 NJ1061 等柴油车，要求用 CC 级油；斯太尔重型汽车，东风 EQ1141G（康明斯）和南京依维柯等柴油车均使用 CD 级柴油机油。根据地区季节气温，结合发动机的性能和技术状况，选用适当的机油牌号——黏度级，在黄河以北及其他气温较低，但不低于 -10℃ 的地区，冬季使用 20 号等级油，可保证国产中型载货汽车顺利启动和正常润滑；但在夏季应换用黏度稍大的 30 或 40 号油，15W/40 在上述地区则可全年通用。在长江流域的华东、中南和西南，以及华南冬季气温不低于 -5℃ 的广大地区，30 号单级油可全年通用。两广和海南等气温炎热地区，应选用 40 号油。在长城以北或其他气温低于 -10℃ 的寒区，应选用 10W/30 多级油。黑龙江、内蒙古和新疆等严寒地区，应选用 5W/30 和 5W/20 多级油。

详细的选择可参阅 GB/T 7631.3—1995（《内燃机油分类》）。

(4) 内燃机机油使用注意事项

① 在保证发动机各种规定的良好润滑条件下，其黏度选择应尽可能小些。

② 不同牌号的内燃机油一般不可混用。

③ 在保管、运输和使用中严防水分混入，否则油品将乳化变白不能使用。

④ 机油中有降凝、抗氧、抗磨、浮游性等多种效能添加剂，使用不久油色变深，此为正常现象。

⑤ 在换油时应将用过的旧油放净。

⑥ 加强曲轴箱通风和保持发动机温度正常，防止油气、水汽冷凝污染。

⑦ 机油温度不要过高，以免机油变得过稀加速氧化变质；油温也不宜过低，过低易产生油泥污物。

⑧ 机油应按规定，定期更换。

2. 齿轮油

齿轮油是指汽车传动所用的润滑油，它主要用于手动变速器，驱动桥和转向器等传动机件的摩擦处。齿轮油和其他润滑油一样，具有减磨、冷却、清洗、密封、防锈和降噪等作用。

(1) 齿轮油的性能指标

① 黏度。齿轮油的黏度应使传动机构工作时消耗于油内摩擦的能量很少，同时又能保证齿轮及轴承摩擦面不发生擦伤及产生噪音，油封及接合面不漏油。使用高黏度齿轮油对防止齿轮及轴承损伤，减少噪声及漏油有利；而在传动效率、冷却和清洗作用及油的传送方面，低黏度较好。

② 低温流动性。车辆起步时，齿轮油的温度几乎和环境温度一样。保持良好的低温流动性，对冬季使用有重要意义。齿轮油的低温流动性用沟点来评定，测定时按 SH/T 0030《车辆齿轮油成沟点测定法》。

③ 抗磨性。抗磨性是指齿轮油保持在运动部件间的油膜,防止金属对金属相接触的能力。在齿轮油里加入油性添加剂,能增加吸附油膜的强度,减少摩擦系数,提高抗磨性能。

齿轮油其他性能指标与内燃机油相同或相似。

(2) 齿轮油的分类、牌号

国外齿轮油广泛采用 API 使用分类法,按齿轮油负荷承载能力和使用场合不同,分为 GL-1、GL-2、GL-3、GL-4、GL-5 和 GL-6 等 6 个级别。

我国参照 API 分类法,把齿轮油分为普通车辆齿轮油(GL-3)、中负荷车辆齿轮油(GL-4)和重负荷车辆齿轮油(GL-5)。参照 SAE 黏度分类,普通车辆齿轮油的 3 个牌号是:80W/90、85W/90 和 90 号;中负荷车辆齿轮油的 5 个牌号是:75W、80W/90、85W/90、90 和 85W/140 号。这些牌号是等效地采用了 SAE 黏度分级号,它不是油品的黏度,只表示黏度等级。但牌号越大,黏度越大。其中"W"字样表示冬季用油,两个号连在一起表示多级油,其性能要满足两个黏度等级的要求。如 80W/90 号油既要满足 80W 号的低温性能要求,又要满足 90 号油的高温黏度要求。

(3) 齿轮油的选择

车辆齿轮油的选择应按使用说明书的规定选择与该车型相适应的齿轮油品种和牌号,还可参照下列原则选择。

① 根据汽车运行条件。解放 CA1091 采用普通螺旋锥齿轮驱动桥,可使用普通车辆齿轮油;东风 EQ1090 等驱动桥采用双曲面齿轮,使用条件不太苛刻,中负荷车辆齿轮油可满足要求;最近几年进口和中外合资生产的轿车及部分载货汽车,工程车辆的驱动桥双曲面齿轮,接触压力大,工作条件苛刻,必须使用重负荷车辆齿轮油。

② 根据当地季节气温条件。齿轮油最高温度下的黏度要求不低于 $10\sim15\ mm^2/s$,一般地区,车辆 40 号油可满足其使用要求,只有在天气特别热或负荷特别重的车辆上使用 140 号油。长江流域及其他冬季气温不低于 $-10℃$ 的广大地区,可全年使用 90 号油;长江以北及其他气温不低于 -128 的地区,一般车辆可全年使用 85W/90 号油,负荷特别重的车辆,可全年使用 85W/140 号油;长城以北及其他冬季气温不低于 $-26℃$ 的寒区,可全年使用 80W/90 号油;黑龙江、内蒙古、新疆等冬季最低气温在 $-26℃$ 以下的严寒区,冬季应使用 75W 号,夏季则换用 90 号等单级油。

(4) 齿轮油使用注意事项

① 不能将使用级较低的齿轮油代替使用在要求较高的车辆上,但使用级较高的齿轮油可以使用在要求较低的车辆上。

② 选用齿轮油的黏度等级要适当,使用黏度等级太高的齿轮油,将使燃料消耗显著增加,特别是高速轿车影响更大,应尽可能使用合适的多级齿轮油。

③ 加注齿轮油的平面应与加油口平齐,不能过高或过低,油面过高会造成发动机功率损失过大,或搅起气泡影响润滑,引起漏油等。油面过低会造成润滑不良,零件过早磨损。

④ 应按规定的换油指标换用新油,国外一般汽车厂推荐的换油周期为 5~12 万公里,我国汽车一般换油周期在 4~5 万公里,换油时应趁热放出旧油,并清洗齿轮箱。

⑤ 在使用和储存中,不要同水分、机械杂质和其他油液相混淆。

3. 润滑脂

润滑脂，俗称黄甘油。它是由润滑油加入稠剂和添加剂制成。实际上是一种稠化了的润滑油，在常温下是黏稠的半固体膏状。它在金属表面具有良好的黏附性，不易流失，在不易密封的部位使用；抗碾压性好，在高负荷和冲击负荷下，仍有良好的润滑能力；润滑周期长，不需要经常补充，可以降低维护费用；具有良好的密封和防护作用；使用温度范围较宽。

在汽车上用于轮毂轴承，各拉杆球节、发电机、水泵、离合器轴承，传动轴花键及轴承等部位。

(1) 润滑脂的性能指标

① 稠度，稠度是指润滑脂的浓稠程度。稠度用锥入度表示，锥入度是指在规定时间，温度条件下，规定质量的标准锥体中刺入润滑脂的深度，以 1/10 mm 表示。测定时按 GB/T 269《润滑脂和石油脂锥入度测定法》。锥入度反映润滑脂在低剪切速率下变形和流动阻力的性能。锥入度越大，润滑脂越软，即稠度越小，越易变形和流动；锥入度越小，则润滑脂越硬，即稠度越大，越不易变形和流动。

② 高温性能，温度对润滑脂的流失性影响很大。温度上升润滑脂变软，熔融时会从摩擦表面流失而失去润滑作用。润滑脂的高温性能可用滴点指标评定。滴点是按 GB/T 4929《润滑脂滴点测定法》规定的条件下加热到滴下第一滴润滑脂的温度。它是表示润滑脂耐热性的。根据滴点的高低，可以判定润滑脂的使用温度，滴点越高，耐热性能越好。润滑脂的使用温度一般要比滴点低 20~30℃，甚至更低才合适。

③ 抗磨性，润滑脂的抗磨性的意义与润滑油一样。为了使润滑脂具有更好的润滑性能，可在润滑脂中加入二硫化钼等减磨剂和极压剂，由于加入这些添加剂，其抗磨性能要比普通润滑脂好，这种润滑脂被叫做极压型润滑脂。

④ 抗水性，汽车在雨天和涉水行驶时，底盘各摩擦点可能与水接触，因此要求使用抗水性良好的润滑脂。抗水性是用 SH/T 0109《抗水淋性能测定法》测定。

⑤ 防锈性，防锈性是指润滑脂抵抗与其相接触的金属生锈的能力。防锈性采用 GB/T5018《润滑脂防腐蚀性试验法》测定。

⑥ 胶体安定性，胶体安定性是指润滑脂在储存和使用中避免胶体分解，防止液体润滑油被析出的能力。

⑦ 防腐性，润滑脂的防腐性是保护金属不受腐蚀，要求润滑脂有效地黏附在金属表面，隔绝空气、水分同金属表面接触，以防外界因素对金属腐蚀。同时要求润滑脂本身对金属不腐蚀，并且不含游离水，因为水分对金属有腐蚀作用。

(2) 润滑脂的品种及选用

汽车常用润滑脂品种有：钙基润滑脂、钠基润滑脂、汽车通用锂润滑脂、极压复合锂基润滑脂和石墨钙基润滑脂等。

① 钙基润滑脂，钙基润滑脂（GB 491—1987）是由动植物脂肪与石灰制成的钙皂稠化矿物润滑油，并以水作为胶溶剂而制成。其特点是不溶水，抗水性较强，适用于潮湿环境或与其接触的摩擦部位。钙基润滑脂耐热性较差，使用温度一般不超过 60℃，适合转速在 3 000 转以下的各种轴承。例如，汽车底盘的摩擦部位，水泵轴承和分电器凸轮处轴承等。

② 钠基润滑脂，钠基润滑脂（GB 492—1989）是以动植物脂肪酸钠皂稠化矿物润滑油制得的耐高温但不耐水的普通润滑脂。适用于低速高负荷的汽车轴承处。

③ 汽车通用锂基润滑脂，汽车通用锂基润滑脂（GB/T 5671—1995）是用天然脂肪酸锂皂稠化低凝点润滑油，并加抗氧、防锈剂制得的。它具有良好的机械安定性、胶体安定性、防锈性、氧化安定性和抗水性，适用于工作温度在 –30～120℃ 范围内汽车轮毂轴承、底盘和水泵等摩擦部位润滑。在寒区汽车底盘上使用，不但能保证可靠的润滑，也易于启动。进口汽车和国产新车普遍推荐使用这种润滑脂。

④ 极压复合锂基润滑脂，极压复合锂基润滑脂（SH 0335—93）与汽车通用锂基润滑脂的区别是有更高的极压耐磨性，可适用于 –20～160℃ 范围内，高负荷机械设备的齿轮和轴承润滑，部分高性能进口汽车推荐使用极压润滑脂。

⑤ 石墨钙基润滑脂，石墨钙基润滑脂由动植物油钙皂稠化 68 号机械油制得，其中包括 10% 的鳞片石墨，具有良好的抗水性和抗碾压性能，适合于重负荷、低转速和粗糙的机械润滑。汽车钢板弹簧、起重机齿轮转盘及半拖拉货车的转盘等承压部位使用石墨钙基润滑脂。

（3）润滑脂使用注意事项

① 各种润滑脂不能互相掺混，否则可能破坏其胶体结构而失去原有的性能。

② 在保存、分装和使用过程中，严格防止灰、砂和水分等外界杂质污染，注脂工具必须干燥清洁。

③ 作业场所要清洁无风砂，尽可能减少脂与空气接触。

④ 作业完毕盛脂容器和加注管口应立即加盖或封帽。

2.3.3 工作液

1. 液力传动油

液力传动油（也叫自动变速器油，简称 ATF），是液力传动装置的工作介质。

国外液力传动油参照美国材料与试验学会（ASTM）和石油学会（API）的分类方案将液力传动油分为 PTE-1、PTE-2 和 PTE-3 三类。

PTE-1 类油主要用于轿车和轻型卡车的液力传动系统，其特点是低温启动性好，对油的低温黏度及黏温性有很高的要求；PTE-2 类油主要用于重负荷的液力传动系统。如重型卡车、大型客车、越野车和工程机械的自动变速器，其特点是适于在重负荷下工作，对极压抗磨性的要求很高；PIE-3 类油是随着全液压拖拉机的发展而生产的，主要功能是作传动、变速器和最后驱动齿轮的润滑，以及液压转向、制动、分动箱和悬挂装置的工作介质。

我国目前液力传动油现有的产品，按中国石化总公司企业标准有 6 号普通液力传动油和 8 号液力传动油两种；另有一种拖拉机传动、液压两用油。

6 号普通液力传动油（Q/SH 003、01、112—88）是以深度精制的石油馏分，加入抗氧、抗磨、防锈、降凝、抗泡等添加剂调成的液力传动油，适用于内燃机车、载货汽车的液力变矩器，它接近于 PTF-2 级油；8 号液力传动油（Q/SH 003、01、072—88）是以润滑油馏分经脱蜡、深度精制并加上增黏、降凝、抗氧、防腐、防锈、油性、抗磨、抗泡等多种添加剂而制成的液力传动油,它外观呈红色透明体,适用于各种具有自动变速器的汽车。它接近于 PTF-1 级油;拖拉机传动施压两用油是由深度精制的中性油加多种添加剂调制而成,按40℃运动黏度值划分有68、100和100D 三个牌号,适用于国产及进口拖拉机、工程机械和车辆作为液压系统的工作介质和齿轮传动机构的润滑油。

2. 制动液

制动液是用于汽车制动系统中传递压力的工作介质,是液压油中的一个特殊品种,其性能对汽车行驶安全性有很大影响。制动液要求具有优良的高温气阻性,良好的低温流动性和黏温性,良好的与橡胶的配合性,对金属的腐蚀性要小等特点。

GB 10830—1989《汽车制动液使用技术条件》参照国际上通行的制动液分类规格,把我国现有的制动液都包括在内,主要根据其高温抗气阻性和低温流动性的不同,分为JG0、JC1、JG2、JG3、JG4、JG5 等6级,并明确规定了各级制动液应达到的规格要求和使用范围。根据制动液的组成,一般分为醇型、醇醚型、脂型、矿油型和硅油型等5种,其中醇醚型和脂型统称为合成型,是目前广泛应用的主要品种,醇型制动液已被淘汰,矿油型制动液我国未被推广应用,硅油制动液的价格昂贵,目前难以推广应用。合成制动液常用的有 HZY2、HZY3 和 HZY4 等 3 个牌号,它们与 GB 10830—1989 的对应关系是:HZY2→JG2、HZY3→JG3。

制动液的选择主要是根据气温、湿度和道路条件决定,如在炎热的夏季,在山区多坡或高速公路上行驶,车辆制动强度大,制动液工作温度高,特别是在湿热条件,一般要求选用 JG3 或 JG4 级(HZY3、HZY4 等合成制动液);非湿热条件则可选用 JG2 级(HZY2 等合成制动液);在车速不高的平原地区,除冬季外,可使用 JG1 级制动液;在严寒的冬季,应选用 JG0 级制动液;高级轿车的工作温度比货车高,应选用级别较高的制动液。

各种制动液原则上不能混用,更换制动液要按照使用说明书的要求,更换期一般为2~4万千米或一年。换液时应彻底清洗制动系(严禁用汽油、煤油等作清洗液),特别要防止水分、矿物油和机械杂质混入。当换用不同品种制动液时,应用新液清洗一次,制动液应密封存放,特别是醇醚型制动液,以免吸收大气中的水分后使沸点降低。制动液多以有机密液制成,易挥发、易燃,应注意防火,存放时避免阳光直射。

3. 防冻液

水冷式发动机可以用清洁水作冷却液,但水的冰点较高,在0℃就要结冰,若冬季冷却水结冰,只要体积膨胀9%,就可以使缸体、散热器等破裂。为防止在冬季室外停车时冷却水冻结,在最低气温下保持其流动性,须加注防冻冷却液,简称防冻液。

防冻液具有较低的冰点,传热效果好,对金属的腐蚀小,不损坏橡胶制品,低温黏度不太大,化学安定性好,泡沫少,蒸发损失小等特点。

防冻液是在水中加入防冻剂,在保持水具有良好传热效果的同时,降低冷却液的冰点,常用的防冻剂有酒精、甘油和乙二醇等。按一定的比例分别与水混合成防冻冷却液。

(1) 酒精与水可按任何比例混合,组成不同冰点的冷却液。酒精的含量越多,冰点越低。酒精型防冻液优点是流动性好,散热快,酒精来源广,配制较方便;缺点是易燃,使用不安全,易挥发,挥发后冰点升高过快。

（2）甘油（丙三醇）与水可按任何比例混合，它的沸点高，不易蒸发和着火，对金属腐蚀小，但降低冰点的效率低、成本高。

（3）乙二醇（甘醇）是目前最好的防冻剂。乙二醇的沸点高（197.4℃），与水混合后，混合液的冰点可显著降低，最低可达-68℃，用不同比例的乙二醇和水可以配制不同冰点的防冻液，有-25、-30、-35、-40、-45和-50℃等6个牌号。乙二醇防冻液的优点是：沸点高，蒸发损失少；冰点低、配制成相同冰点的防冻液，所需的乙二醇要比用酒精和甘油少；热容量大，冷却效率高；黏度小，流动性好；乙二醇防冻液的缺点是：有毒，对金属有腐蚀作用，并对橡胶有较高侵蚀。由于其优点突出，目前防冻液多属乙二醇，其中多加有防腐剂和染色剂，可长期使用，故被称为长效冷却液。乙二醇型发动机冷却液的规格参见 SH 0521—92。

防冻液的选择应根据当地冬季最低气温选用适当冰点牌号的冷却液，冰点应至少低于最低气温5℃；如浓缩液，应按产品说明书规定的比例加入蒸馏水或去离子水（不能使用开水和自来水），如浓缩液（SH0521）和水各半（体积），可调成冰点不低于-37℃的冷却液。

防冻液使用注意事项：乙二醇冷却液不仅有较低的冰点，防止冬季冻结，而且可提高沸点，防止在夏季沸腾，因此可四季使用；乙二醇对人体有毒性，使用中应严防入口；乙二醇型冷却液（一级品）只要使用维护得当，可连续使用3～5年，但要求每年检测一次，检测其密度是否符合规定，并将冷却液的冰点调到该牌号的最高冰点；乙二醇的沸点很高，使用后冷却液液面下降，在无渗漏的条件下，主要是水蒸发引起的。因此只需加少量水即可；乙二醇冷却液价格较高，应注意节约使用，有的地区车辆夏季不用时可将其换下密封保存，在避免污染的条件下，可在冬季再次使用；冷却液在使用保管时，应保持清洁，特别注意防止石油产品混入，以免受热后产生泡沫。

4. 制冷剂

汽车空调器制冷剂有R12和R134a两种。R12是属于弗利昂系的制冷剂，会严重破坏大气臭氧层，引起严重的环保问题，目前各国已陆续开始禁止使用，取而代之的是R134a。R134a的沸点低于R12，蒸发潜热也比R12大，传热性优于R12，但其中管压高，温度和负荷大。用R134a取代R12后，空调系统的输入功率与制冷量同时增大，空调装置的体积比R12小，是一种理想的R12代用品。

使用注意事项：制冷剂极易蒸发，在保管时应避开日光直射、火炉及其他热源。添加制冷剂应在低温下进行；制冷剂在大气压力下会急剧蒸发制冷，会冻伤皮肤，在加注制冷剂时，要避免其进入眼睛；R12排到大气中会造成氧气浓度急剧下降，严重时会使人窒息，因此在检查及填充时，要在通风良好处进行。

5. 减振器液

减振器液是汽车减振器的工作介质。主要要求是有适当的黏度，较高的黏度指数，良好的氧化安定性，防腐性和抗磨性。其特点是凝点很低，有良好的黏温性，适合在寒区使用。

减振器液的规格参见 Q/XJ 2009—1987（克拉玛依炼油厂的减振器液规格）。

缺乏减振器液时，还可用 5%汽轮机油 HU-22 和 50%25 号变压器油（按质量）的混合油代替，也可用 10 号机械油代替。

使用注意事项：使用中应注意减振器密封是否良好，有无渗漏现象，在行驶 40 000～50 000 km 后定期维护拆检减振器，同时更换油液，油量不能过多或过少，例如，东风 EQ1090E 型汽车为 0.44L，解放 CA1091 型汽车为 0.32L。

思 考 题

1. 金属材料的主要性能有哪些？
2. 何谓金属材料的热处理？有哪几种常用的热处理方法？
3. 何谓黑色金属？主要包括哪些？
4. 有色金属有哪些？
5. 常用的非金属材料有哪些？
6. 汽车常用的燃料有哪些？
7. 汽油的性能指标有哪些？
8. 汽油的牌号是如何划分的？牌号有哪些？
9. 如何选用汽油？
10. 使用汽油的注意事项有哪些？
11. 柴油的性能指标有哪些？
12. 柴油有哪些牌号？它们是如何划分的？
13. 如何选用柴油？
14. 使用柴油的注意事项有哪些？
15. 醇类燃料有哪些？
16. 液化石油气的性能指标有哪些？
17. 天然气的性能指标有哪些？
18. 润滑油的种类有哪些？
19. 我国内燃机油是如何分类的？
20. 选择内燃机油的方法有哪些？
21. 使用内燃机油的注意事项有哪些？
22. 齿轮油的性能指标有哪些？
23. 选择齿轮油的方法有哪些？
24. 使用齿轮油的注意事项有哪些？
25. 润滑油的性能指标有哪些？
26. 使用润滑油的注意事项有哪些？
27. 如何选择制动液？
28. 如何选择防冻液？

模块三　汽车检测与维修设备及工具

项目 3.1　概　　论

能力目标
（1）培养学生具备掌握汽车检测与维修设备发展趋势的能力。
（2）培养学生具备掌握汽车检测与维修设备行业发展趋势的分析能力。

知识目标
（1）了解汽车检测与维修设备行业发展现状。
（2）掌握汽车检测与维修设备行业发展规划。
（3）掌握汽车检测与维修设备发展趋势。

汽车检测与维修设备是指汽车维护、修理、检测、诊断所需要的仪器和设备，其主要作用是保持汽车性能完好，使汽车能够安全运行。

随着汽车工业的迅速发展，汽车保有量不断增长，特别是轿车数量迅速上升。因此，对汽车技术性能的要求越来越高。如何保证汽车运行安全，降低能源消耗，减少汽车排放对环境的污染等，已成为当今世界迫切需要解决的课题。而提高汽车检测与维修设备的水平，合理运用先进的检测与维修设备，则是提高维修质量至关重要的一环。

3.1.1　汽车检测与维修设备发展现状

新中国成立之初，我国还没有一个专业的汽车检测与维修设备制造企业，汽车维修靠手工操作或用简单的机具进行作业，基本上是采用耳听、眼观、手摸和拼体力劳动的落后方法。

改革开放以来，汽车工业得到了迅速的发展，因而带动了汽车检测与维修设备行业的发展，生产能力和技术水平得到大幅度提高，汽车检测与维修设备生产企业由最初几家发展到 1 000 多家，生产的品种也由不满百种发展到 2 000 多种，逐步形成了系列化、标准化。如汽车检测与维修设备有：汽车安全性能检测线，汽车综合性能检测线，汽车流动检测站；发动机检测与诊断设备有：发动机台架自动测试仪，发动机综合检测仪，电涡流测功器，水力测功器，汽缸漏气量检测仪，燃油消耗量检测仪，润滑油质量分析仪，曲轴箱窜气量检测仪；底盘检测与诊断设备有：底盘测功机，汽车制动检测台，汽车轴重检测台，汽车车速表检测台，汽车底盘间隙检测台，噪声计，灯光检测仪，汽车排放分析仪，柴油烟度计，车轮平衡机等；汽车维修专用设备有：汽车电器万能试验台，喷油泵试验台，各种充电机，整形机，轮胎拆装机；汽车维修加工和零部件检测设备有：汽缸珩磨机，磨气门机，曲轴磨床，曲轴平衡机，磁力擦伤机；汽车举升吊装设备有：各类举升机和千斤顶；汽车喷漆与清洗设备有：喷漆烤漆房，清洗机以及汽车维修用各种工具等。这些设备和仪器，对推动我国汽车维修行业的发展起到了积极的作用。

但由于我国汽车检测与维修设备行业起步晚，起点低，整体上仍然比较落后，企业生产规模小，经济技术力量薄弱，缺乏专业分工和广泛协作、创新能力不强，市场竞争力受到了影响，针对这些问题，汽车检测与维修行业制定了发展规划。

3.1.2　汽车检测与维修设备行业发展规划

依据与汽车工业的发展规划同步的原则，1998 年我国制定了汽车检测与维修设备行业的"2-5-5"规划，即 1999—2000 年、2001—2005 年、2006—2010 年。

1. 规划期内要达到的总目标

建立和完善一整套汽车检测与维修设备行业管理机制；密切结合汽车技术的发展要求及汽车维修作业的实际需要，力争在产品质量提高、品种配套和高新技术含量增大等三个方面，使行业整体接近国际先进水平；优化经济组织结构，引导组建一些大的企业集团，培育一批行业名优产品；消灭无标产品、实现经济效益翻三番；建立健全平等竞争市场机制。

2. 具体目标

具体目标由反映行业的产量、质量、产品结构、组织结构、技术进步、市场建设、经济效益等方面的有关指标来明确。

（1）产量预测。通过测算到 2010 年，汽车检测与维修设备需求总量将达到 87.13 万台，设备保有量将达到 240 万台。

（2）质量目标。2000 年接近 20 世纪 90 年代初国际先进水平，2005 年接近 20 世纪末国际先进水平，2010 年要有 80 个企业达到 ISO-9000 标准。

（3）产品结构目标。根据《汽车运输业车辆技术管理规定》（交通部 1990 年第 13 号令）的要求，要在规划期内本行业产品结构调整的目标如下：

① 以检测诊断设备为重点，大力发展量大面广和小型通用的汽车维护（含美容、清洗）设备、修理类设备及专用工具，适当减少汽车发动机修理切削加工设备的生产比重。

② 适应汽车技术发展的需要，必需充分利用科研机构和高等院校的技术和科研优势，加强对高技术含量设备的研究、开发和应用工作，加快产品的升级换代，为我国汽车维修行业的现代化提供坚实的物质条件。

③ 大幅度提高检测诊断设备的生产比重，由目前的 22%，分期实现 2000 年上升 30%，2005 年上升 32%、2010 年上升至 35% 的目标。

④ 提倡和发展保护环境的汽车检测与维修设备。

（4）经济组织目标

以提高企业效益和市场竞争力为目标，按照"提高集中度"与"发展专业化"相结合的原则，进行经济组织结构的调整，推行大公司、大集团、大企业战略，发展规模经济，在规划期内，通过引导扶持等手段形成几家大型企业集团。

（5）技术进步目标

技术进步的目标主要内容是新产品、新技术、新材料、新工艺在本行业的运用，根据本行业面临的市场形势，其主要目标如下。

在20世纪末赶上发达国家90年代的汽车检测与维修设备技术水平，并在此基础上不断创新，以达到中国汽车检测与维修设备在国际市场站稳脚跟的目的，为此必须突破下列各项技术。

①大力推广应用新材料、新工艺、新技术，把电子、激光、数显等高新技术应用到本行业产品中，加快汽车维修和检测设备机电一体化进程，提高采用电子电脑控制的自动化程度，不断提高现代化水平。

②改进工艺方法，重视外观质量，努力提高现有产品外形的美观度。

③要引导和择优选配一批关键零部件配套产品，如烤漆房、液压系统的密封件、各类传感器和自动化测试元件、检测线的电子控制系统等，以确保和提高设备的整体水平。

④建立一批技术开发研究中心，引进消化先进技术，增强自主开发能力，加快产品升级换代的步伐。

（6）市场建设目标

结合本行业产品的特点，规划期内将逐步建立健全布局合理、适度规模经营、工贸结合、公平竞争、具有较高水平的国内市场营销网络。其基本的要求是：

① 根据全国各地汽车保有量、汽车维修作业量的差异及厂商分布状况，以经济结构合理为原则，大力发展区域性市场，逐步形成由一个大的批发为主的公司或集中交易市场连接其他零售商的疏密结合、大小结合、批零结合的区域性市场格局。

② 协调改善工商企业关系，重点推行规范化的代理制度，提倡连锁经营，2000年前应初步形成体系，并不断完善。

③ 维护公平竞争的市场秩序，2000年前应制定行业市场营销公约和行业职业道德准则，并在实践中逐步健全。

（7）经济效益目标

经济效益目标全员劳动生产率（从业者人均产值）、产值利润率（利润与产值的百分比）、成本利润率（利润与成本的百分比）三项指标衡量、在规划期内要求在现有的基础上分别在20世纪末、2005年、2010年，利润连翻三番。

3.1.3 汽车检测与维修设备发展趋势

1. 市场前景预测

汽车工业的快速发展，必将带来汽车维修行业的发展，对汽车维修检测设备的质量要求也越来越高。尤其在我国汽车逐步进入家庭的条件下为了保证行车性能和安全，需要更多更好的适合于现代汽车技术要求的汽车维修检测设备。目前，我国汽车保有量有1亿多辆。汽车维修企业每年将以10%~20%的速度发展。由此可见，我国汽车检测与维修设备的发展前景是极为广阔的。

2. 技术发展趋势

在汽车工业高速发展的同时，人们对汽车性能要求不断提高，促使各种高新技术在汽车上的广泛应用，如电子学、光学、超声学、计算机、传感器以及新材料、新工艺等。高新技术的应用，促进产品向机电一体化、智能化和综合型发展，进一步提高汽车检测与维修设备的制造工艺水平和产品质量水平。人们对安全性要求的提高，促使了ABS防抱死制动系统，安全气囊装置在汽车上的应用；人们对舒适性要求的提高，促使了电子悬挂，电动座椅及车内人工气候环境在汽车上的应用；人们对汽车操纵性能要求的提高，促使了电控自动变速器，电子助力转向系统，巡航控制系统等在汽车上推广应用；人们对环境意识的加强，推动了汽车发动机电控技术在汽车上的应用，出现了电子控制燃油喷射系统；为了使汽车检测与维修方便，又产生了汽车自动诊断系统。这些高新技术在汽车上的应用，有力地促进了汽车维修检测设备向数字化、自动化和智能化发展。

（1）计算机技术。据统计数字表明：美国1990年一辆汽车上只有18%的零件由电脑控制，而到2000年已经有90%的零件由电脑控制。在发达国家，计算机不仅大量应用到汽车维修设备中，而且还应用于企业的管理系统，包括企业人事管理、财务管理、工资管理、行政管理、库房管理、经营成本核算结算管理以及汽车修理配件、资料储存等。

（2）电子控制技术。装有电子燃油喷射发动机、电控自动变速器的汽车，可提高功率15%～20%，降低油耗5%～10%，排放污染减轻，怠速性能和加速性能提高。

20世纪60年代以前，汽油喷射装置主要采用机械式柱塞喷射泵，其结构和工作原理与柴油机喷油泵十分相似，控制功能也是依靠机械装置实现的，结构复杂、价格昂贵、寿命短、发展缓慢，仅限于赛车和少数豪华轿车上使用。20世纪60年代以后，为达到日趋严格的排放法规要求，汽油喷射技术有了很大发展，1967年德国博世公司开始大量生产D型喷射系统，装在大众VW-1600型轿车上，使该车率先达到当时的排放法规要求，并进入美国市场。20世纪70年代后期，微电子技术迅速发展，大规模、超大规模集成电路和微电脑相继出现，使车用发动机所用的功能齐全、价格便宜、性能可靠、响应快、体积小、抗干扰强的电子控制模块成为现实，极大地促进了电控汽油喷射发动机的发展。到了20世纪80年代，电控汽油喷射系统已普遍应用到轿车上，标志着电控汽油喷射时代已经到来。20世纪90年代初，已装用电控汽油喷射系统的小轿车占轿车总产量的百分比是：美国为90%、德国为85%、日本为65%。目前，美国三大汽车公司所生产的轿车，已全部装用电控汽油喷射系统。由于电控汽油喷射系统、电控自动变速器等电控系统的出现，因而促进了电子控制系统检测设备的发展，目前我国已研制生产了各种类型的高精度的电脑喷射检测装置。

（3）数字显示技术。电子数字显示技术给汽车检测设备性能提高了一个档次，目前发达国家生产的汽车维修检测设备普遍采用数显技术。如全自动数显尾气排放分析仪、自动数显烟度计、自动充电机及充气机、数字汽车专用万用表等，都去掉了指针检测而采用数字显示，并增加了许多判断功能。其中，声光报警显示功能，使产品达到了智能化。数显技术已成为今后检测设备自动显示方式的发展方向。

（4）我国汽车检测技术发展的动向。由于计算机技术、电子技术及自动化控制技术的广泛应用,促进了我国的高新技术发展。形成了汽车电子技术发展的高潮。电子产品与整车的价格比会越来越高。为了改善大气环境,特别是城市环境,控制汽车排放污染,我国政府近年陆续颁布和实施了一系列法规、政策和标准,制定出"十五"汽车排放控制规划,国产汽车和进口汽车的排放和安全法规将同国际标准接轨;目前我国新产品要安装发动机电子控制系统,安全气囊和 ABS 系统等;从 1996 年起,在汽车行业批量生产的汽车上,普遍应用电控汽油喷射系统(EF1)、电控自动变速器使汽车排放达到欧洲 20 世纪 90 年代中期水平。因此我国汽车检测与维修设备企业和有关科研部门,为了顺应汽车工业的发展,积极从事于汽车检测诊断技术的研究和开发工作。现已研制成功的电脑数字显示废气分析仪,数字式不透光烟度计及电控燃油喷射检测及清洗机,发动机电脑综合分析仪,解码器等。我们相信只要通过努力,国产汽车检测诊断设备在短期内将达到一个较高水平,与发达国家的水平会日益缩小。

综上所述,在科学技术高速发展的今天,人们越来越重视人身安全和环境保护,今后汽车检测诊断技术的发展将集中在汽车安全性能的检测与汽车排放物污染度的测定方式方面,汽车检测诊断设备将随着电子技术,计算机技术,自动化控制技术及传感技术等高科技在汽车上的应用而不断发展,各种新型功能强大的汽车维修设备,尤其是检测诊断设备会不断涌现,并将向功能多样化、数字化、智能化、小型化和综合型方向发展。

项目 3.2 汽车检测设备

能力目标
(1)培养学生具备正确选择汽车检测设备的能力。
(2)培养学生具备操作汽车检测设备的能力。

知识目标
(1)掌握各种汽车检测设备的用途。
(2)掌握各种汽车检测设备的使用方法及注意事项。

汽车修理中应用最多的设备是汽车检测设备。随着汽车工业技术的迅速发展,汽车故障检测设备已成为维修工作中必不可少的、最重要的组成部分。特别是最近几年,汽车电子控制装置越来越多,如电控汽油喷射系统、电控自动变速器、ABS 制动防抱死系统、汽车巡航系统、ASR 驱动防滑系统及 SRS 汽车安全气囊系统等,因此了解和掌握汽车检测设备的使用是现代维修人员的基本要求。

常用的汽车检测设备有发动机综合分析仪、汽车制动试验台、轮胎动平衡机、前轮定位仪、侧滑试验台、汽车车灯调试仪、烟度计、废气分析仪、声级计、汽车故障阅读器、点火提前角测量仪、汽车专用万用表和解码器等,本节重点介绍发动机综合分析仪、汽车专用万用表和解码器。

3.2.1 发动机综合性能分析仪

(1) 发动机综合性能分析仪的作用。发动机综合分析仪是一种新型的发动机检测设备。它采用微机控制,能在不解体的情况下,对汽油机(包括白金点火或电子点火系统)和柴油机诸多参数进行自动检测,具有完备的查询、统计报表功能,可以将测量结果按需要存储、重显和打印输出,可调出标准异响波形与实测波形进行比较、分析,并能进行故障分析,而无需被检车辆的任何专用资料和数据。该分析仪已成为汽车检测站、维修企业、设计制造和教学培训部门的必备设备。

(2) 发动机综合性能分析仪的种类。发动机综合性能分析仪种类很多,大多为进口产品,主要有美国大熊公司 Bear40-200 型、美国太阳公司 SunMCS4000、美国艾克强汽车测试设备公司 KAL-EQIP9500 型、FSA600 型、日本弥荣株式会社 ETS-32 型、ETS-26 型和 ETS-25 型等。国内的产品有元征 EA-1000、金德 K100 和济南无线电六厂 QFC-5、山东淄博无线电二厂 FC-1000 型等。进口产品的性能稳定、功能强大。设计合理且精度较高,但是价格昂贵,人机界面大多为英语,不适合国内基层汽车维修行业的实际情况。近年来,国产发动机性能分析仪在数据采集、数据处理、动态识读、程序设计等方面的水平已有很大提高,其性能已接近国际水平。

(3) 发动机综合性能分析仪的结构简介(以 EA-1000 型为例)。EA-1000 型发动机综合性能分析仪(见图3-1)由 14 英寸彩色显示器、前端处理器、传感器挂架、热键板、键盘、主机柜(内装 PC586 主机、10 bit 10 MSPS 高速采集卡、并行通信卡和 RS-232 输出接口)、24 针打印机(EPON-400 型)、排放仪柜(内装:气体、四气体或五气体排汽分析仪(选购件))和信号提取系统九个部分组成。下面介绍几个重要组成部分。

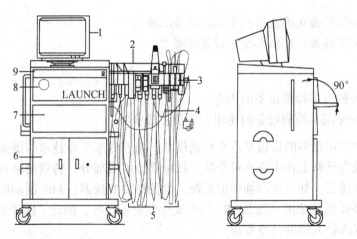

图 3-1 EA-1000 发动机综合性能分析仪
1—高速采集处理与显示装置;2—前端处理器;3—传感器挂架;4—主电缆;5—信号提取系统;
6—排放仪柜;7—打印机柜;8—键盘和主机柜;9—热键板

① 热键板

热键板是指按键具有快速操作功能的键板。该分析仪热键板上装有 13 个黄色按钮,如图 3-2 所示。

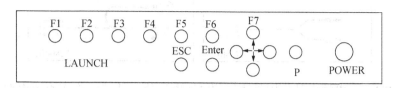

图 3-2　热键板

热键的目的：操作快捷，防止维修人员污染计算机键盘。

热键功能说明如下。

- F1～F6——热键按钮与显示器下部图标所对应的功能进行配合操作。
- ESC——退出键（返回主菜单）
- Enter——确认键。
- ←↑→↓——可对显示器色棒进行操作。
- P——测试结果打印键。
- POWER——EA-1000 分析仪电源总开关。

② 信号提取系统

信号提取系统（见图 3-3）中的各类夹持器、探针和传感器接于发动机被测位置，用于直接或间接拾取被测信号。该系统由以下 12 组拾取器组成，每一组拾取器根据其任务不同由相应的夹持器、探针、传感器和电缆及其适配器或接插头构成，适配器的作用是对信号进入前端处理器前进行预处理。

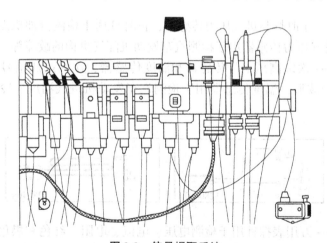

图 3-3　信号提取系统

- 1280401——"小鳄鱼"红、黑线分别连接点火线圈＋、－极，其作用是测试初级电压波形及自动断缸控制。
- 1280402——柴油机外卡式喷油压力传感器将标有 AVL 字的红色夹安装在 6 mm 管径的高压油管上，其作用是拾取柴油机喷油过程信息。

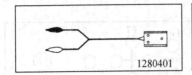 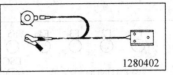

- 1280403——电源夹其作用是测量蓄电池电压值,并接通汽车直流电源;夹持器连接汽车蓄电池,红正、黑负。
- 1280404——大电流互感器用于测试发动机的启动电流。

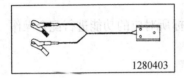 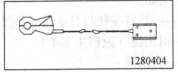

- 1280405——小电流互感器用于测定发电机的充电电流。
- 1280406——缸信号传感器,该传感器非常重要,通过它不仅可以测试汽车发动机转速,更重要的是用于高速采集的信号触发。

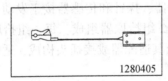 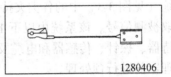

- 1280407——正时灯与进气压力传感器,正时灯用于检测汽油机点火提前角和柴油机喷油提前角。进气压力传感器用于检测汽车发动机配气机构的故障等。
- 1280408——次级高压信号传感器和温度传感器,次级高压信号传感器用于检测次级高压点火信号波形;温度传感器用于检测汽车发动机进气温度、冷却水温度和机油温度。

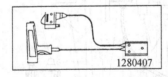 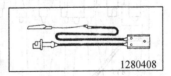

- 1280409——万用表探针用于检测电压、电流、电阻。红色和黑色探针用于检测电压和电阻,黄色探针和黑色探针用于检测电流。
- 1280410——大鳄鱼夹用于检测汽车发电机电压。

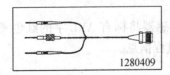 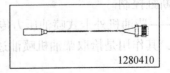

- 1280411——磁电传感器，主要用于检测发动机上止点信号。
- 1280412——通用探针，用于检测电控燃油喷射传感器信号和数字示波器的输入端子信号。

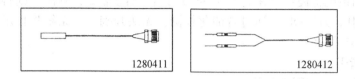

此外，信号提取系统还有以下一组拾取器。
- 1280408-1——直接点火系统金属片传感器用于拾取直接点火系统次级高压点火信号。

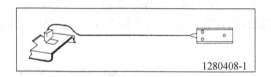

③ 前端处理器

前端处理器包括部分采集信号的预处理、32 路换线开关，并承担与计算机的并行通信，前端处理器的底面有 8 个适配器插口和 4 个航空插座、1 个主电缆插口，如图 3-4 所示。

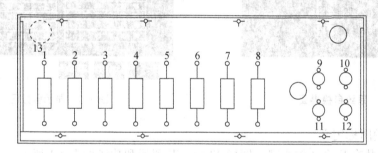

图 3-4　前端处理器底视图

1—1280401 适配器插座；2—1280402 适配器插座；3—1280403 适配器插座；4—1280404 适配器插座；5—1280405 适配器插座；6—1280406 适配器插座；7—1280407 适配器插座；8—1280408 适配器插座；9—1280409 航空插座；10—1280410 航空插座；11—1280411 航空插座；12—1280412 航空插座；13—1280413 适配器插座

3.2.2　发动机综合性能分析仪的使用（以 EA-1000 型为例）

1. EA-1000 型汽车发动机综合性能分析仪的使用方法

（1）系统自检

在开启电源总开关后，电源开关上红灯点亮，打开主机电源，启动主计算机进入 EA-1000 型汽车发动机综合性能分析仪执行文件后，系统即进入自检程序。首先对热键进行自检，在热键自检过程中，逐个点亮热键指示灯，若某个指示灯未亮，系统自检界面则说明该指示灯所示系统有故障。

当 WIN98 系统运行完毕后，系统启动，自动执行发动机综合性能分析仪程序，主机将与主机单片机通信并对 1280401～1280408 适配器逐一进行自检。每项检测步长为 2s，通过为绿，检测过程中若有故障，则计算机将在右侧检测结束栏目给用户提示。若某一适配器未安装，则系统将提示"未连接适配器"；若适配器安装有误，则将提示"错接为 128040n"（其中 n 为1～8）。通过智能化检测，无法判别的，系统将提示"不可识别"。屏幕显示如图 3-5 所示。

（2）操作指引

① 显示屏分区（如图 3-6 所示）

a. 发动机类型（汽油机或柴油机）、行程数、汽缸数、点火次序。

b. 各级菜单名称。

c. 测试项目内容（曲线、直方图、色棒、数值）。

d. 6 个软按键，根据各软按键所显示的图标含义，用鼠标左键单击即可进入所要激活的功能。

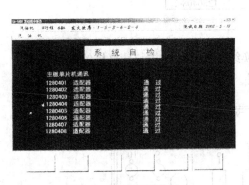

图 3-5　系统自检界面

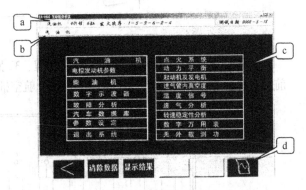

图 3-6　显示屏分区

② 软按键图标定义

本分析仪共有开关（软按键）图标 37 个，其图形和功能如表 3-1 所示。

表 3-1　EA-1000 型汽车发动机综合性能分析仪的开关图标

图　标	含　义	图　标	含　义
＞	上级菜单	曲线图	曲线存储
＜	下级菜单	○	转速量程
波形	击穿电压	闭合角图	闭合角
波形图	火花持续时间	诊断图	诊断

续表

图标	含义	图标	含义
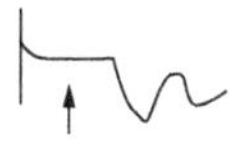 (火花波形图)	火花电压	E	确认
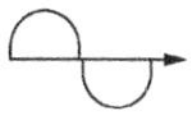 (正弦波形图)	示波器	 (警示三角形)	警示
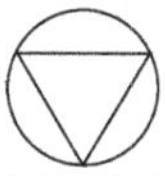 (倒三角形)	波形切换	 (弧形箭头)	纠错
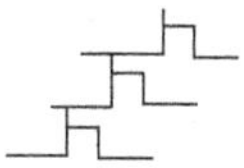 (阶梯波形图)	三维波形	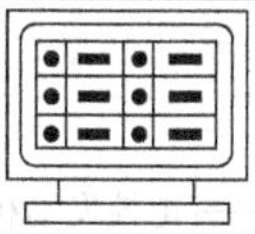 (显示器图)	结果显示
 (波形圆圈图)	通道选择	Rb	BOSCH 烟度
CO_2	二氧化碳	A	电流
NO	氮氧化物	V	电压
HC	碳氢化合物	R	电阻
CO	一氧化碳	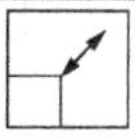 (方框箭头图)	屏幕缩放
O_2	氧气	 (波形纸图)	图形打印
 (打印机图)	打印	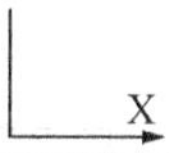 (X坐标图)	X 量程
 (气缸图)	断缸	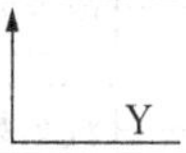 (Y坐标图)	Y 量程
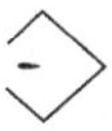 (存储图)	数据存储	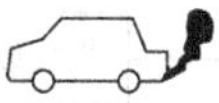 (汽车图)	排放
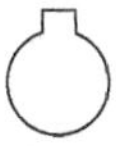 (传感器图)	TDC 传感器	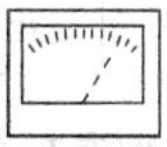 (仪表图)	刀用表
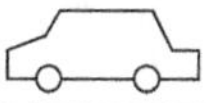 (汽车图)	汽车数据		

(3) 操作程序

① EA-1000 型汽车发动机综合性能分析仪软件操作菜单

EA-1000 型汽车发动机综合性能分析仪软件操作菜单框架图如图 3-7 所示。

② EA-1000 型汽车发动机综合性能分析仪主菜单操作说明

当对被测对象进行参数设定后，它除对传统汽油机、电控燃油喷射发动机以及柴油机进行性能检测外，还可通过数字示波功能对未列出的电参数进行分析及故障码查询。

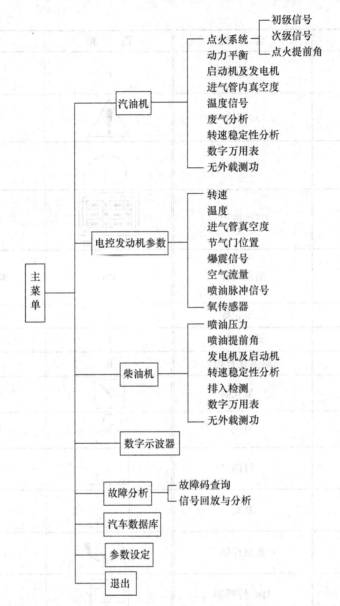

图 3-7　EA-1000 型汽车发动机综合性能分析仪软件操作菜单框架图

a. 界面说明
- 在主菜单的上端第一行，显示有发动机的类型、缸数、行程数、点火次序及测试日期。
- 在主菜单的上端第二行有四个小方格，显示各级下拉菜单的名称，在检测过程中，可一目了然地看到所在选项菜单的位置。
- 中部是菜单显示栏，左边为主菜单，右边为当前所选主菜单项目的下一级菜单，其默认值为传统汽油机检测功能菜单。
- 界面下端有 6 个软按键，该设备定义为热键板，该 6 个软按键与 EA-1000 面板上的 F1～F6 完全对应。

b. 操作说明
- 计算机在通过自检后，自动进入 EA-1000 型汽车发动机综合性能分析仪主菜单，检测功能选择可用鼠标点亮，也可用 ↑↓←→ 箭头移动色棒，按回车键进行选择。
- 可按鼠标点亮屏幕下端软按键。
- 在测试前，需按 F2 热键清除内存有效数据（第一次进入该系统时，将自动为数据清零）。
- 在测试过程中或检测完毕后，按 F3 热键，再移动左右箭头，可对检测结果数据显示或打印，检测结果如表 3-2 所示。
- 按下 F6 热键，联机通信。
- 按热键 P 可对测试结果进行打印。

表 3-2　汽车发动机综合性能检测结果

车牌号	京 A-00518					汽车类型		汽油机		
点火次序	1-5-3-6-2-4					汽车型号		奥迪 200		
行程数	4	缸数		6		发动机号		56789		
VIN						底盘号		4172389471		
车辆单位						联系电话				
汽缸	初级电压	次级电压	火花电压	火花持续时间	汽缸相对压力	进气真空度	柴油机喷油压力	动力平衡		闭合角
次序	V	kV	kV	ms	%	kPa	MPa	%		%
1										
2										
3										
4										
5										
6										
转速传感器脉冲（Hz/rpm）						重叠角				
转速传感器脉冲占空比（%/rpm）						发动机启动电流（A）				
爆震传感器频率（Hz）						发电机充电电流（A）				
氧传感器输出电压（V/rpm）						发电机充电电压（A）				
喷油脉冲频率（Hz/rpm）						蓄电池电压（V）				
喷油脉冲占空比（%/rpm）						点提前角（度）				
冷却水传感器输出电压（V/rpm）						发动机输出功率（kW）				
机油温度传感器输出电压（V/rpm）						冷却水温度（℃）				
进气温度传感器输出电压（V/rpm）						机油温度℃				
进气压力传感器输出电压（V/rpm）						进气温度℃				
节气门位置传感器输出电压（V/rpm）						HC（ppm）				
翼板式空气流量传感器输出电压（V/rpm）						CO（%）				
热线式空气流量传感器信号（mV/rpm）						O_2（%）				
卡门式空气流量传感器输出频率（Hz/rpm）						CO_2（%）				
转速分析 N_{max}/N_{min}（rpm）						NO_2（ppm）				
烟度（%）										

注：rpm 即 r/min；ppm 即 10^{-6}（以下同）。

3.2.3 汽车专用万用表

汽车专用万用表的种类很多，但其使用方法与功能大致相同，只要掌握一至两种汽车专用万用表的使用方法，对其他万用表的使用也易如反掌。汽车专用万用表有美国 OTC 公司的 OTC100、OTC300、OTC500、OTC700 型，美国 Fluke 公司的 Fluke78、Fluke88 型，KAL EQUIP 公司的 KAL2882 型，中国台湾 ESCORT（护卫者）仪器公司的 EDA-230、EDA-220、EDA-210A、EDA-210B 和 EDA-166 型，笛威公司的 TWAY-9406A、TWAY-9906、TWAY-3000、TWAY-5000 型等。下面以笛威 TWAY-9406 型万用表为例，介绍其功能与使用方法。

1. 笛威 TWAY-9406 型万用表的功能

笛威 TWAY-9406 型万用表，是一种掌上型汽车专用万用表，主要功能是用于汽车上的电路、电子元件检测及故障诊断。除可以进行普通万用表如直流电压（DC）、交流电压（AC）、直交流电流、电阻、频率、晶体管等测量外，还可以进行发动机转速、点火闭合角（适用于二行程、四行程）、温度、喷油嘴等测试（多点或单点），故障码的显示与读取，O_2 传感器的测试。

笛威 TWAY-9406 型万用表的面板如图 3-8 所示。

2. 笛威 TWAY-9406 型万用表的使用方法

（1）万用表的操作方法

在使用万用表时，注意检查万用表内部电池，如果电池电量不足，则在显示屏右上方会出现电池符号；注意测试表棒插座旁的符号，不要将正负极接反；注意测试电压或电流时，不要超出指示数字。此外，使用前要先将功能开关旋至要测量的挡位上。

① 电压测量

- 黑色表棒插入负极测试棒插座（见图 3-8 中的 8），红色表棒插入正极测试棒插座（见图 3-8 中的 7）。
- 测量直流电压（DCV）时，将功能开关旋至 DCV 位置，测量交流电压（ACV）时则应置于 ACV 位置。并将测试表棒并联到被测负载或信号源上，在显示电压读数时，同时会指示出红表棒的极性。

② 电流测量

- 将黑色表棒插入负极测试棒插座，红色表棒插入电流正极测试棒插座，如图 3-8 中的 9 所示。
- 将功能开关置于 DCA 或 ACA 位置，测试表棒串联在电路中测量。

③ 电阻测量

- 将黑色表棒插入负极测试棒插座，红色表棒插入正极测试棒插座。
- 将功能开关置于所需电阻量程挡位上，将表棒插入正极测试棒插座。

④ 频率测量

- 将黑色表棒插入负极测试棒插座，红色表棒插入正极测试棒插座。

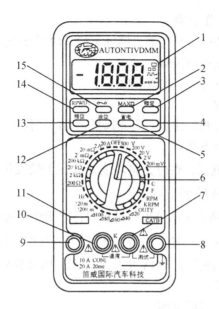

图 3-8 笛威 9406 型机面板符号和显示屏幕说明

1—液晶显示屏幕；2—测试中读取最大值；3—测试中锁定目前屏幕上数值；4—AC（交流）/DC（直流）切换、电路导通检查；5—省电，电源 15 min 后自动关闭；6—选择所需测试的挡位；7—正极测试棒插座（温度测试棒插座）；8—负极测试棒插座；9—电流正极测试棒插座；10—温度测试棒负极插座；11—防水符号；12—准位，测试电路中平均电压（以上为 HL，以下为 LO）；13—相位 ±，波形斜率正负；14—四行程/二行程/DIS/HD 切换；15—检验电表内部熔断器；16—指示目前屏幕值被锁定；17—电路导通测试声响功能已启动；18—须更换电表内部电池；19—显示测试当中最大值测试功能已启动；20—指示读取电路中脉冲信号；21—电路中白金接点和二极管及电表内部熔断器损坏；22—电路中白金接点和二极管及电表内部熔断器良好；23—目前处于 kHz 或 MHz；24—数值处于平均电压上方（HL）或下方（LO）；25—基准相位，"＋"为上方取值，"－"为下方取值；26—目前正负极表棒接反时电压值表示；27—四行程/二行程/DIS 转速测试；28—表示 15 min 不使用就自动断电保护；29—AC 指示目前为交流电指示值；30—测试中显示的数值

- 功能开关置于 Hz 挡位，把表棒或电缆跨接在电源或负载之间。
- 二极管测量及带蜂鸣器的连续性测试。
  - 将黑色表棒插入负极测试棒插座，红色表棒插入正极测试棒插座（注意红色棒为内电路"－"极。）
  - 功能开关置于－1→挡，并将测试表棒跨接在被测二极管上（或接在待测线路的两端）。
  - 待测线路两端电阻值低于 70 Ω 时，内置蜂鸣器发声。

(2) 万用表在使用中的操作要领

① 熟悉万用表的用途、功能、结构等，熟练掌握其使用方法。

② 使用时，表笔与测量点可靠接触。

(3) 万用表在使用过程中的安全注意事项

① 熟悉万用表的检测过程。

② 在进行不同的检测项目时，注意一定要选择正确的挡位。

- 在测量电压时应注意以下几点。
    - 如果不知被测电压范围，则应先将功能开关置于最大量程，视情况降至合格量程，并使万用表与被测电路并联。
    - 如果只显示"1"，则表示测量值超过量程，功能开关应置于更高量程位置。
    - 检测直流电压（DCV）时，不要检测高于 1 000 V 的电压；检测交流电压（ACV）时，不要检测高于 750 V 电压。否则虽然可能显示更高的电压值，但有损坏内部线路的危险。
- 在进行电流测量时应注意的事项。
    - 如果不知被测电流范围，则应先将功能开关置于最大量程，视测量情况降至合适量程，并使万用表与被测电路串联。
    - 如果只显示"1"，表示测量值超过量程，功能开关应置于更高量程。
- 在进行电阻测量时注意的事项。
    - 当输入端开路时，会显示过量程状态"1"。
    - 如果被测电阻超过所用量程，则会显示出过量程"1"，须换用高挡量程。当被测电阻在 1 MΩ 以上时，电表在数秒后读数才稳定。
    - 检测在线电阻时，须确认被测电路已关闭电源且电容已放完电，方能进行测量。
- 在进行频率测量时应注意的事项。
    - 不得把大于 240 V 的有效值供给输入端，电压高于 100 V 有效值虽可显示出来，但可能超出技术指标。
    - 在噪声环境中，对于小信号测试使用屏蔽电缆为好。
    - 测量高压时使用外部衰减以避免与高压接触。
- 在进行二极管测量及带蜂鸣器的连续性测试时应注意以下几点。
    - 当输入端未接入（即开路）时，显示值为"1"。
    - 通过被测器件的应电流为 1 mA 左右。
    - 该表显示值为正向压降电压值，当二极管反接时即显示过量程"1"。

③ 两只表笔不能接反。

④ 测量时不要接触第二介质。

⑤ 读取万用表测量结果要尽量准确。

⑥ 注意保护万用表。

3.2.4 解码器

随着电子集中控制汽车的大量出现,解码器这种汽车维修的电子控制单元(ECD)检测仪也应运而生。目前,除了各自汽车制造厂家为自己生产的各种车型而设计并生产的专用解码器外,一些国内外汽车维修设备厂也为检测不同国家的不同车型同样设计并生产出通用解码器。现在一些特约维修站、高档汽车维修厂一般都配有进口的如 MT 2500(红盒子)、OTC 4000(美国 IAE 公司制造的)、V. A. G 1551/2(德国大众公司制造的)、KTS 500(德国波许公司制造的)等解码器,同时还配有国产的如元征电眼睛、APSC 2000、三原修车王、金德 K8、创威联车博士等解码器。

进口解码器无论从功能、稳定性和质量方面均比国产产品要优越,但是随着近几年国产解码器不断地开发与研制,功能和质量都有大幅度提高,由于国产解码器具有本地化、性价比高和易于升级的特点,越来越受维修厂家欢迎。

解码器的首要功能是读取故障码和清除故障码,目前许多解码器还具有读取诊断数据流、显示诊断波形及控制汽车中的电子控制单元(ECU)等功能,下面以 V. A. G 1552 型解码器为例介绍其使用方法。

1. V. A. G 1552 型解码器

(1)仪器的组成(见图3-9) V. A. G 1552 型解码器由主体可以旋转的上半部分和下半部分、程序卡及 RS422 插口的盖板、专用连线等组成。仪器主体的上半部分是一个具有照明的显示部分,可显示提示、诊断和帮助信息,显示分为两行,每行能够显示 40 个字符。上半部分可调节任一角度便于阅读数据。主体的下半部分上有操作键盘,在其底部有程序卡的插槽,所有的功能需用程序卡控制,仪器的升级也需要通过它来完成。在仪器的侧面插座是用来连接测试电缆的,用于与汽车电子控制单元(ECU)进行数据交换。

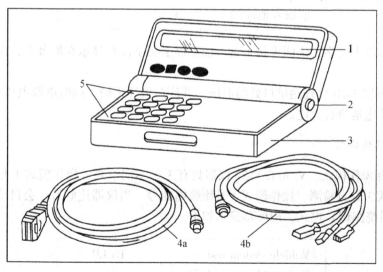

图 3-9 V. A. G 1552 诊断仪和测试导线

1—显示屏;2—插座;3—程序卡插槽;4a—标准 OBD Ⅱ 16pin 测试电缆;4b—奥迪 2+2pin 测试电缆;5—键盘

(2) 键盘。键盘共有数字键 [0]～[9] 几个键、字母键 [C] 和 [Q]、方向键 [→]、[↑]、[↓] 和帮助键 [HELP] 等组成，其功用如下。

① 数字键 [0]～[9]：用于选择菜单前的数字或输入相应的数字。

② 方向指示键：[→] 键用于程序运行或翻页，[↑] 和 [↓] 两个键分别用于屏幕显示向后或向前翻页。

③ 字母键 [C] 和 [Q]：[C] 键是清除输入，退出当前功能或返回上一级菜单；[Q] 键确认输入指令。

④ 帮助键 [HELP]：按下此键将显示帮助信息。

2. 仪器的连接

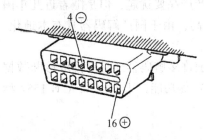

图 3-10 捷达、红旗轿车 V. A. G1552 诊断插座

V. A. G 1552 解码器是通过测试电缆提供电源，由于仪器具有极性保护装置，只有当测试电缆正确连接后，才能进行检测。

捷达、高尔夫、红旗、桑塔纳等车型使用 4a 诊断连线，诊断插座（如图 3-10 所示）。捷达轿车诊断插座位于仪表盘下面中央继电器盒侧面，高尔夫、红旗、帕萨特轿车诊断插座位于变速操纵杆防尘套下面。

(1) 将测试电缆线 4a 插入到车辆的诊断接口上。

(2) 仪器显示屏幕上，将出现下面文字。

```
Vehicle system test          HELP
Enter address word    × ×
```

```
车辆系统测试                 帮助
请输入地址码          × ×
```

如果显示以上文字，说明连接正常。如果以上文字没有显示在屏幕上，需要进行下一步操作。

(3) 根据图 3-10 检查测试口处的电压，并注意极性正确。同时电源电压至少达 10 V，否则需要对蓄电池进行充电。

3. 仪器具体操作

(1) 选择操作模式。V. A. G 1552 仪器具有 3 种不同模式，操作模式 1 是车辆系统测试、操作模式 3 是自检测、操作模式 4 是维修站编号。当仪器连好后，会自动进入操作模式 1（车辆系统测试）模式，即屏幕显示如下。

```
Vehicle system test          HELP
Enter address word    × ×
```

```
车辆系统测试              帮助
请输入地址码    ××
```

也可以按［C］键选择进入其他操作模式,屏幕显示如下。

```
1-Vehicle system test         HELP
3-Self-test    4-Dealership number
```

```
1-车辆系统测试              帮助
3-自检测    4-经销商编号
```

(2) 模式1的车辆系统测试。这时,仪器等待着两位数字编码的输入,它代表汽车上各电控单元的地址码,屏幕显示如下。

```
Vehicle system test           HELP
Enter address word    ××
```

```
车辆系统测试              帮助
请输入地址码     ××
```

按下"HELP"键,将显示地址码一览表,其中常用的地址码见表3-3。

表3-3 地址码清单

地址码	系统指定
01	发动机电控系统
41	柴油泵电器
02	自动变速器电控系统
12	离合器电器
03	制动系电控系统
14	车轮减振电控系统
24	行驶防滑控制
15	安全气囊
26	电子车顶控制
17	仪器仪表插件
08	空调/暖气电控系统
00	自动测试步骤

① 输入地址码（即选择所要查询的电控单元），输入地址码01后，然后按［Q］键，屏幕上将显示模式和地址码与检测的系统如下。

```
Vehicle System Test            Q
01—Engine electronics
```

```
车辆系统测试                    Q
01—发动机电控系统
```

地址码00代表一种特殊情况，用来启动一个自动检测过程。

② 单个功能选择。在如上显示屏幕时，按［Q］键，仪器将建立与控制单元的数据联系，此时屏幕显示如下。

```
Vehicle System Test            Q
Tester sends address word 01
```

```
车辆系统测试                    Q
测试仪传送地址码01
```

控制单元将数据显示如下。

```
0123456789ENGINE              →
Coding00012          WSC01234
```

此时，按下［→］键，将进入单个功能选择，屏幕显示如下。

```
Vehicle System Test         HELP
Select function    ××
```

```
车辆系统测试                 帮助
选择功能           ××
```

按下［HELP］键，测试仪将显示可以选择的单个功能清单。

01-Interrogate control unit versions	（查询电控单元版本）
02-Interrogate fault memory	（查询故障记忆）
03-Final control diagnosis	（最终控制诊断）
04-Introduction of basic setting	（基本设置）
05-Erase fault memory	（清除故障记忆）
06-End output	（结束输出）

07-Code control unit	（控制单元编码）
08-Read measuring value block	（阅读测量数据块）
09-Read individual measuring value	（阅读单元测量数值）
10-Adaptaion	（匹配，自适应）

③ 功能描述。对于单个功能的使用基本相同，下面简单介绍几个常用的功能。

a. 查询控制单元版本。此功能用于查询控制单元的部件编码、系统名称、软件版本等。比如要查询捷达王发动机电控单元的型号，连接 V. A. G1552 后，输入 1（快速数据传输模式）→01（选择发动机电控系统地址码）→01（选择查询电控单元版本功能）。电控单元的编码是有一定规则的，由其编码可看出是什么装备的车辆，包括按发动机、变速箱、车型及符合哪个国家的排放标准，如奥迪 V6 轿车编码的前两位是排放标准国别，01 是美国，04 是欧洲等，但要注意不同零件号的电控单元，编码规则可能有所不同。

b. 查询故障记忆。此功能用于查询控制单元存储的故障，连接 V. A. G1552 后，输入 1→01→02（查询故障记忆功能）。屏幕只能显示两行，通过"→"键翻页，在文字说明上面的数字是故障码，在维修手册上可以找到相应的故障原因说明，右下角带有"/SP"字样的为偶发性故障，打印出来后，偶发性故障用"sporadic fault"表示。

通过查询故障记忆可以帮助快速判断故障所在，但也不能完全依赖故障记忆，这是因为电控单元检测到的故障也可能是该传感器损坏，也可能是传感器的连接接触不良、短断路。另外，电控系统各传感器信号互相关联，某传感器损坏也可能记忆其他传感器故障。如捷达王轿车氧传感器损坏后，大多数都是记忆空气流量计故障，所以，要准确判断故障所在，需要结合分析数据量是否正常。

c. 最终控制诊断。诊断终端执行元件可控制单元控制的执行元件进行动态检测，以检查某执行元件的电路状况。比如控制某缸喷油器喷油，控制汽油泵工作等。

以捷达王为例，连接 V. A. G1552 后，连接点火开关，输入 1→01→03（选择最终控制诊断执行元件功能）。踩下节气门，使怠速触点断开，应听到 1 缸喷油器"咔嚓"开闭 5 次，按"→"键切换到下一个喷油器，4 个喷油器可以全部检查；也可以用"→"键继续切换，最后是活性炭罐电磁阀动作，执行完毕后按 06 键"结束输出"。如果检查发现某喷油器不动作，则可拔下其接线插头，连接二极管试电笔，再执行诊断终端执行元件；如果二极管闪亮，则说明喷油器柱塞滞涩发卡，需清洗；如果二极管不闪亮，说明线路有故障。

此功能需在发动机停转且点火开关接通时进行，并且整个过程中电动汽油泵一直运转。在用不解体清洗机清洗喷油器时，需从油箱中吸取一些汽油，可把出油管断开放入容器中，作 V. A. G1552 的诊断终端执行元件功能，使汽油泵运转，将油泵出，这比给汽油泵直接通电泵油要方便得多。

d. 清除故障记忆。清除电控系统中的故障记忆，是维修电控汽车经常要做的事情。若自动变速器有故障记忆，连接 V. A. G1552 后，输入 1→02（自动变速器电控系统地址码）→02（查询故障记忆）→05（清除故障记忆），按［Q］键确认后，故障记忆便被清除。

项目3.3 实训三 汽车检测设备的使用

能力目标
(1) 培养学生具备正确选择汽车检测设备的能力。
(2) 培养学生具备使用各种汽车检测设备的操作能力。

知识目标
(1) 掌握发动机综合性能分析仪的使用方法。
(2) 掌握汽车专业万用表的使用方法。
(3) 掌握解码器的使用方法。

3.3.1 实训要求

(1) 了解汽车检测设备的用途;
(2) 掌握汽车检测设备的使用方法;
(3) 掌握汽车检测的基本技能。

3.3.2 实训设备

(1) 发动机综合性能分析仪1台;
(2) 汽车专用万用表4块;
(3) 解码器4台;
(4) 电控发动机汽车4台。

3.3.3 课时及分组人数

2课时,每组8~10人。

3.3.4 实训步骤及操作方法

参照教材相关内容或产品使用说明书。

3.3.5 考核

1. 实训报告

(1) 描述实训过程。
(2) 描述实训方法。

2. 实训考核

考核内容与评分标准见表3-4。

表3-4 汽车检测设备使用的考核内容及评分标准

序号	考核内容	分值	评分标准	考核记录	得分
1	汽车检测设备的连接	10	连接错误每项扣2分		
2	汽车检测设备的使用操作	20	操作错误每次扣2分		
3	汽车检测设备检测功能的选择	20	选择错误每次扣10分		
4	汽车检测设备读取或打印检测结果	20	结果错误不得分		
5	分析检测数据并得出结论	30	分析数据的原因正确得10分；做出正确的检测结论得20分		

项目 3.4 汽车维修设备

能力目标

（1）培养学生具备正确选择汽车维修设备的能力。
（2）培养学生具备使用操作汽车维修设备的能力。

知识目标

（1）了解汽车维修设备的种类。
（2）掌握汽车维修设备的用途。
（3）掌握汽车维修设备的使用方法及注意事项。

在汽车维修过程中，不仅需要掌握相关的汽车专业理论知识，还必须了解和掌握不同种类、不同型号的汽车维修设备的用途和使用方法，才能有效地完成汽车维修、保养、调试工作。汽车维修设备很多，大致分为汽车举升吊运设备、汽车拆装设备、汽车整形修复设备、汽车维修机加设备、汽车涂漆设备、汽车清洗设备等。本节将对汽车维修设备进行简单地介绍。

3.4.1 汽车举升吊运设备

1. 千斤顶

千斤顶是利用机械传动或液压传动举升重物的装置，是一种最常用最简单的举升设备。按照其工作原理可分为机械式（见图3-11（a））和液压式（见图3-11（b））。按照其举升重量（吨）分为3、5、9等，目前广泛使用的是3吨、5吨液压式千斤顶。

液压千斤顶使用时，先把油压开关拧紧，然后将千斤顶的顶柱对正要顶起的部位，接着压动手柄，工作物即会逐渐升起。要落下工作物时，可将千斤顶的油后开关慢慢旋开，使工作物逐渐下降。

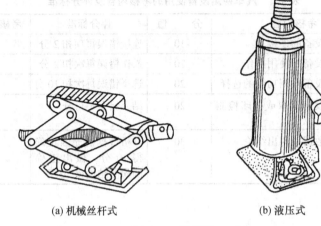

(a) 机械丝杆式　　　　　　　(b) 液压式

图 3-11　千斤顶

使用注意事项：

（1）顶起汽车前，应先用三角形木楔将汽车着地车轮前后塞住，防止汽车在顶起过程中滑溜；

（2）在松软地面上使用千斤顶顶起汽车时，应在千斤顶底座下加垫面积较大的受压材料（如厚木板），防止千斤顶下沉或歪斜；

（3）顶起汽车后，应用卡凳支垫汽车，确保车下操作人员安全。

2. 举升机

举升机是利用机械传动或液压传动举升重物的装置，是一种常用的举升设备，按照其工作原理可分为机械式（见图 3-12）和液压式（见图 3-13）。按其结构可分为单柱式、双柱式、四柱式和剪式等。

3. 吊车

吊车（见图 3-14）是利用液压传动提升重物的装置。主要用于汽车维修行业的吊装发动机、变速器等作业。吊车按吊装重量（吨）可分为 0.5、1.0、1.5、2.0、2.5、3.0 等。

图 3-12　机械式双柱举升机

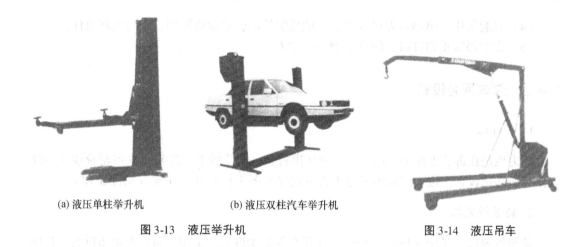

(a) 液压单柱举升机　　(b) 液压双柱汽车举升机

图 3-13　液压举升机　　　　　　　　图 3-14　液压吊车

4. 提升机

提升机（见图 3-15）是利用液压传动升降重物的装置，用于变速器、主减速器、小型发动机等拆装作业。它的承受台可用螺丝调节前后倾斜或左右移动，加上承受台的棘爪可前后左右滑动，可配合物体的形状调整到最佳位置进行最高效的作业。

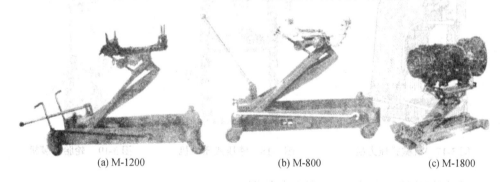

(a) M-1200　　　　　(b) M-800　　　　　(c) M-1800

图 3-15　变速器提升机

5. 环链手拉葫芦

环链手拉葫芦（又名滑车、葫芦、倒链）是一种悬挂式手动提升重物的机械、是装卸笨重物体的常用起重设备（见图3-16）。按提升重物的重量可分为 0.5、1、2、3、5、10、20 等。

使用注意事项：

(1) 使用前，一定要注意选择好着力点，要将葫芦的固定挂钩挂好；

(2) 起吊的机件，要用钢缆、绳索捆好、捆牢。在钢缆、绳索与机件夹角相接触处，需垫以铁片、硬纸或棉布等；

(3) 在一般情况下要有两人操作，其中一人拉环链，另一人指挥观察，拉环链时，不能操之过急，要统一指挥；

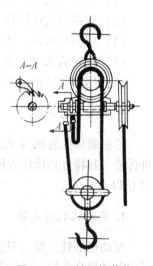

图 3-16　环链手拉葫芦

(4) 在起吊中，感到拉力过大时，不能勉强拉动，要检查原因，以免损坏机件；
(5) 在起吊笨重物件时，物件下面不准站人。

3.4.2 汽车拆装设备

1. 压力机

压力机是在拆装工作中，用来压入或压出衬套、滚珠轴承、齿轮、皮带轮及校正零件弯曲等所必用设备。按工作原理可分为机械式（见图3-17）和液压式（见图3-18）。

2. 轮胎拆装机

轮胎拆装机（见图3-19）是汽车、摩托车等轮胎拆装的常用设备。在轮胎拆装过程中摆脱了手工操作，大大降低了劳动强度，提高了工作效率。轮胎拆装机种类很多，但使用方法基本相同。

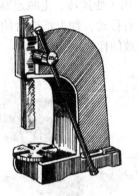  

图3-17　机械式压力机　　　图3-18　液压式压力机　　　图3-19　轮胎拆装机

(1) 先把气放掉，用风压铲将轮胎与轮辋分离；
(2) 放在四爪式转盘上锁紧，降下拆胎机头轮辋边；
(3) 用钢尺扶正，开动转盘，升高拆胎机头；
(4) 把轮胎拿出更换，再把拆胎机头降下；
(5) 用钢尺扶正，开动转盘、加气、放松四爪。

3. 轮胎螺母拆装

轮胎螺母拆装机（见图3-20）用于汽车、大型工程车、拖拉机等交通车辆的轮胎螺母拆装。其特点是操作方便、移动灵活、拆装可靠、工作效率高（比一般手工操作能提高10倍以上）。

4. 发动机翻转支架

发动机翻转支架（见图3-21）用于支撑发动机，是发动机拆装、维修的常用设备。其特点是操作方便，结构简单。

图 3-20　轮胎螺母电动拆装机　　　　图 3-21　发动机翻转支架

5. 内外胎修补机

内外胎修补机（见图 3-22）是用于修补轮胎内、外胎的设备，广泛应用于汽车、拖拉机及各种工程车轮的内胎、外胎的胎肩、胎面和胎侧损伤，修补轮胎的最大破口为 250 mm，其特点是可自动调温，自动切断加热电源，操作简便，使用方便。

6. 台虎钳

台虎钳（见图 3-23）装置在工作台上，是一种夹持工作物的设备，一般用生铁、铸钢制成。其规格按钳口长度分为：75 mm、100 mm、125 mm、150 mm、200 mm 等几种，常作为錾切、锯割、攻丝、套丝、刮内表面和弯曲等多种操作中夹持工件用。

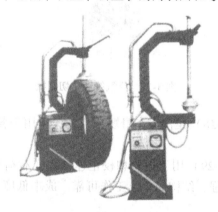　　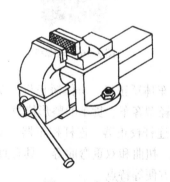

图 3-22　内外胎修补机　　　　图 3-23　台虎钳

3.4.3　汽车整形修复设备

（1）汽车整形机。汽车整形机（见图 3-24）用于汽车车体的整形修补钣金作业，可进行碰焊、加热、切割以及点焊等操作，具有功能多、结构先进、操作简便等特点。

（2）点焊机。点焊机（见图 3-25）用于汽车外形整形钣金修复中的焊接操作，可进行单点焊、双点焊、双侧点焊、螺母焊接、钣件矫正以及拉平凹陷部位的铜介子焊接等多种操作。

 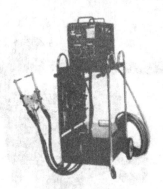

图 3-24　汽车整形机　　　　　图 3-25　点焊机

（3）电焊机。电焊机是汽车维修中常用的焊接设备。用于焊接低碳钢、低碳合金钢、低合金高强度钢，也可焊耐热钢及不锈钢，并可补焊铸铁与铸钢等。电焊机（见图3-26）按工作原理可分为交流电焊机、直流电焊机、二氧化碳气体保护电焊机等。

（4）等离子切割机。等离子切割机（见图3-27）用于切割不锈钢、镀锌铁板、铝、铜及铸铁等任何金属，等离子切割机用气动操作，另加特殊电弧设备，可用于切割油漆表面的金属，切割速度快且清洁。

图 3-26　电焊机　　　　　图 3-27　空气等离子切割机

（5）车体矫正机。车体矫正机（见图3-28）是汽车车身矫正设备，适用于各种轿车、面包车、轻型客车、货车的整形修复。

（6）连杆校正器。连杆校正器（见图3-29）用于检验和校正连杆在变载荷作用下发生的弯曲、扭曲和双重弯曲等。具有直观性强、结构简单、工作可靠、成本低廉、维护保养和操作方便等特点。

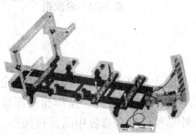 

图 3-28　车体矫正机　　　　　图 3-29　连杆校正器

3.4.4 汽车维修机械加工设备

（1）汽缸镗床。汽缸镗床（见图3-30）主要用于镗削汽车、摩托车和拖拉机的发动机汽缸，也可作通用型金属切削机床，加工孔类零件等。汽缸镗床分为T系列和TM系列，T系列有T 806、T 808、T 8014、T 016四个型号，TM系列有TM 806、TM 808、TM 8011、TM 8014共四个型号。汽缸镗床有操作方便、作业可靠、生产效率高、能源消耗低等特点。

（2）气门磨床。气门磨床（见图3-31）用于汽车、拖拉机及各型内燃机修理气门时的磨削加工。气门磨床有国产3M9390A型气门磨床、3M9360型磨气门机、3M9370A型磨气门机。法国SERDI-2型气门磨床、日本VR-700型气门研磨机、香港V1700型气门磨床等。

图 3-30　立式精镗床

图 3-31　高精度气门磨床

（3）制动鼓镗床。制动鼓镗床（见图3-32）是用于镗制汽车、拖拉机等制动鼓和制动蹄片的设备。国产的制动鼓镗床有：T 8346型、T 8350型、T 8360型、T 8360A型、美国的Ammco4000型制动鼓/盘组合车床，日本BDL分割制动鼓车床。

（4）铆制动蹄机。铆制动蹄机（见图3-33）是用于修理汽车、拖拉机制动蹄和铆接制动蹄片的设备，其特点是结构简单、操作方便，可用气动或脚踏进行冲铆。

（5）曲轴磨床。曲轴磨床（见图3-34）是用于汽车、拖拉机和柴油机曲轴的曲柄颈与主轴颈的作业设备，也可作一般外圆磨削。曲轴磨床有：国产5RE型数据曲轴连杆颈磨床，MKY7875型数控龙门双端面磨床、MQ82608型曲轴磨床、日本5RNCK型曲轴连杆颈磨床等。

图 3-32　制动鼓镗床　　图 3-33　铆制动蹄机　　图 3-34　曲轴磨床

3.4.5 汽车涂装设备

(1) 汽车喷漆烤漆房。汽车喷漆烤漆房（见图3-35）是用于各种轿车、小客车、中型旅游车及大客车的喷漆烤漆作业设备。汽车喷漆烤漆房种类很多，国产的有铁友牌QPH-IV型、SW系列、JH系列、越都牌K8系列，Auto牌电脑控制喷漆烤漆房、盛达牌系列、HP系列、SANHE型、FM-B911型HQ-CY系列、XH-A型系列、特威牌HQF系列、热河牌RH系列、蓝天牌LT-C系列、QKF系列、双佳牌喷漆烤漆房，长虹牌PHJ-8型汽车喷漆烤漆房等。意大利路华牌K-40专业型烤漆房等。

(2) 喷漆枪。喷漆枪（见图3-36）是用于喷涂作业的设备。有国产的QIP-350型喷漆枪；德国的NR/B-95环保型喷漆枪，NR/H环保型喷漆枪；意大利的威彩牌GEO系列低压环保喷枪；日本岩由W系列涂装喷漆机等。

图3-35　喷漆烤漆房

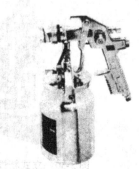
图3-36　环保型喷漆枪

3.4.6 汽车清洗设备

(1) 冷水高压清洗机。冷水高压清洗机（见图3-37）是用于汽车、火车及各种机动车辆的清洗设备，也可用于园林浇灌、卫生防疫等。国产的有PX-6.3型，国外的有德国的冷水高压清洗机系列，意大利的ITM牌系列多用途高压冷水清洗机等。

(2) 全自动汽车清洗机。全自动汽车清洗机（见图3-38）是用于清洗中心型汽车的设备，具有全自动仿形刷洗、打蜡和吹干等功能。其产品有国产天洁牌TJ系列全自动汽车清洗机，意大利C9B系列隧道或电脑全自动洗车/打蜡机，BETA240型龙门式电脑洗车机，中国香港AUTOEUIP系列自动汽车清洗机等。

(3) 发动机汽油喷射装置测试清洗机。发动机汽油喷射装置测试清洗机（见图3-39）是用于汽油喷射器的检测、清洗于一体的设备，它适用于汽油发动机电子喷射器清洗和检测，确保每个喷射器正常工作。其产品有豪琪牌燃油喷射器清洗测试机，PJX-Ⅰ型汽油喷射器检测清洗机，法国爱德牌（AITEK）系列喷油超声波清洗设备，意大利EUROTEST发动机喷油嘴清洗测试机，香港达华（PARTVA）系列汽油电喷系统测试设备，美国RAM/ASNO超声波燃油喷油嘴清洗机及流量测定系统等。

(4) 润滑系统清洗机。润滑系统清洗机（见图3-40）是一种高压闭路发动机润滑油路清洗设备，它能有效、强力地清洗发动机内部。其产品有美国联邦牌（ASSOCIATED）

6048型发动机免拆清洗测试仪，BILSTEINR-2000型发动机润滑系统清洗机器。

图3-37 冷水高压清洗机

图3-38 全自动洗车清洁机

图3-39 发动机燃油喷射装置测试清洗机

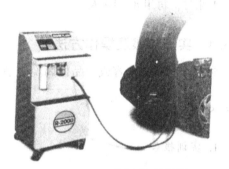

图3-40 发动机润滑系统清洗机

项目3.5 实训四 汽车维修设备的使用

能力目标
（1）培养学生具备正确选择汽车维修设备的能力。
（2）培养学生具备各种汽车维修设备的操作能力。

知识目标
（1）掌握各种汽车维修设备的用途。
（2）掌握各种汽车维修设备的使用方法及注意事项。

3.5.1 实训要求

（1）了解汽车维修设备的用途。
（2）掌握汽车维修设备的使用方法。
（3）掌握汽车维修设备使用的基本技能。

3.5.2 实训设备

千斤顶 4 个，举升机 1 台，吊车 1 台，提升机 1 台，手拉葫芦 1 台，压力机 1 台，轮胎拆装机 1 台，轮胎螺母拆装机 1 台，发动机翻转支架 1 台，内外胎补胎机 1 台，台虎钳 8 台，点焊机 1 台，电焊机 4 台，等离子切割机 1 台，车体矫正机 1 台，连杆校正器 1 台，汽缸镗床 1 台，气门磨床 1 台，制动鼓镗床 1 台，铆制动蹄机 1 台，曲轴磨床 1 台，汽车喷漆烤漆房 1 台，冷水高压清洗机 1 台，全自动汽车清洗机 1 台，发动机燃油喷射装置测试清洗机 1 台，润滑系统清洗机 1 台。

3.5.3 课时及分组人数

4 课时，每组 8～10 人。

3.5.4 实训步骤及操作方法

参照教材相关内容或产品使用说明书。

3.5.5 考核

1. 实训报告

（1）描述实训过程。
（2）描述实训方法。

2. 实训考核

考核内容及评分标准见表 3-5。

表 3-5 汽车维修设备使用的考核内容及评分标准

序 号	考核内容	分 值	评分标准	考核记录	得 分
1	各种汽车维修设备的用途	20	错误一项扣 2 分		
2	各种汽车维修设备的使用	60	随机选择 3 种设备进行操作，每错一种扣 20 分		
3	各种汽车维修设备的使用注意事项	20	随机选择两种设备操作，并加以说明使用中注意事项，漏一项扣 2 分		

项目 3.6 汽车维修通用工具

能力目标

（1）培养学生正确选择汽车维修通用工具的能力。

（2）培养学生正确使用各种汽车维修通用工具的能力。

 知识目标

（1）了解汽车维修通用工具的用途。
（2）了解汽车维修通用工具的种类。
（3）掌握各种汽车维修通用工具的使用方法及注意事项。

汽车维修作业最基本的工作是拆卸和装配，在拆卸和装配过程中使用最频繁的是通用工具。通用工具的种类很多，用途也各不相同，通用工具使用的正确与否，直接关系到维修工作的效率；若使用不正确，不但影响工作效率，还会造成各部件和工具的损坏，甚至会发生人身伤亡事故。因此，作为一名汽车维修人员，应了解通用工具的用途，并熟练掌握通用工具的使用方法。

3.6.1 扳手

扳手是用来拆卸螺栓螺母的工具。常用的有气动扳手、开口扳手、梅花扳手、套筒扳手、活动扳手和管子扳手等。

活动扳手和管子扳手是以其全长（毫米）来确定其规格的；开口扳手、梅花扳手、套筒扳手是以被拆卸螺栓螺母的对边尺寸（毫米）来表示其规格的。

（1）气动扳手。气动扳手（见图3-41）俗称风动扳手，是拆装螺栓螺母的高效机械手工工具，广泛应用于石化行业、电力行业、交通运输行业、船舶制造业、机械制造业和汽车维修行业。重量轻、扭矩大，是紧卸螺栓的高效工具。气动扳手在汽车维修中的作用十分突出，在几秒内就可将一只螺栓螺母拧紧或拆下，因而能大大缩短拆卸时间，而且使用也十分安全简便，由于该产品的动力源是压缩空气，适用于防爆场所使用，降低了修理工的劳动强度、拆装螺栓螺母的规格范围一般为M18～M100。

（2）开口扳手。开口扳手（见图3-42），按形状有双头和单头扳手之分。开口扳手用来紧固或拆卸标准规格的螺栓和螺母。这种扳手可以直接插入或套入，使用较方便。扳手的开口方向与其中间柄部错开一定角度，通常有15°、45°和90°等，借以增加扳手的旋转角度，以便实现受限部位螺栓螺母的拆装。一般的开口扳手通常是8件或10件为一套，它的适用范围是6～24 mm或6～32 mm。

图3-41 气动扳手

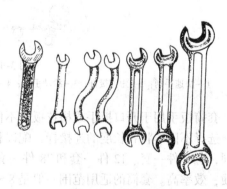

图3-42 开口扳手

（3）梅花扳手。梅花扳手俗称眼睛扳手，它的用途和开口扳手相似，所不同的是两端为花环状的（见图3-43），其孔壁一般为12边形，可将螺栓和螺母头部套住，其特点是扭矩大，工作可靠不易滑脱，适用于螺栓或螺母周围空间狭小的场合。梅花扳手通常8件为一套，它的适用范围是5.5～27 mm或6～32 mm。

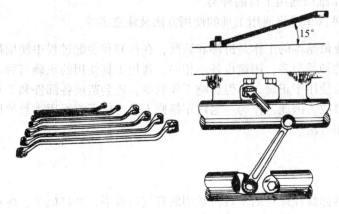

图3-43　梅花扳手

（4）套筒扳手。套筒扳手是由一套尺寸不同的套筒和一根弓形的快速手柄，万向节头，棘轮手柄、长连接杆和套筒手柄等组成（见图3-44）。

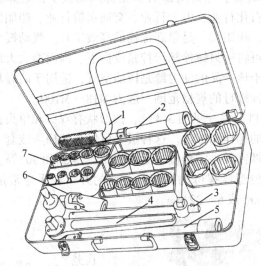

图3-44　套筒扳手

1—快速手柄；2—短连接杆；3—滑动手柄；4—棘轮手柄；5—长连接杆；6—万向节头；7—套筒手柄

套筒扳手用于开口扳手或梅花扳手不便于拆装的螺栓和螺母。它可根据不同位置的需要，选择不同形状和长度的连接杆，配以相应尺寸的套筒来进行拆装。套筒扳手每套件数不同，有9件一套、12件一套和78件一套，它们均装在一个长方形的扁铁盒内，故使用方便，效率高。套筒的适用范围一般为8～24 mm或8～32 mm。

使用套筒扳手时，可根据需要选择各种不同的手柄：滑动手柄是根据螺栓螺母的松紧程度不同而调整手柄的长度,以达到需要的力矩;万向节头的头是活动的,可在受限制的部位使用;快速手柄可用来加快拧紧或松退螺栓螺母的速度,提高效率,但由于它的强度较低,因而在开始松和最后紧螺栓螺母时,最好不用。

(5) 内六角螺钉扳手。内六角螺钉扳手,是专门用来拆装内六角螺钉的工具(见图3-45)。它是将一段六边形的钢料打弯,再经过热处理。使用时,可根据螺钉所处的位置和所需扭力的大小,将任意一头插入六角孔内。

(6) 钩子扳手。钩子扳手的形状如图3-46所示,它是用来转动圆周上开有槽口的圆螺母的一种扳手。

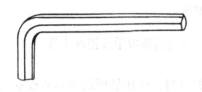

图 3-45 内六角螺钉扳手

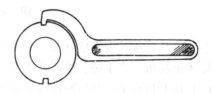

图 3-46 钩子扳手

(7) 活动扳手。活动扳手有开口活动扳手和猴头活动扳手两种(见图3-47)。它的开口宽度可以调节,因此凡在开口宽度尺寸内的螺栓、螺母都适用。使用时,扳手口要调节到螺栓、螺母的对边尺寸,扳手的可动部分承受"推力",固定部分承受"拉力",且用力应均匀。

活动扳手的优点是遇到不规则的螺栓螺母时,能发挥作用,故使用范围较大;缺点是其一面可以活动,不太稳固,使用时容易滑脱。当拆装重级工件时,可使用猴头扳手。

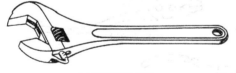

(a) 开口活动板手 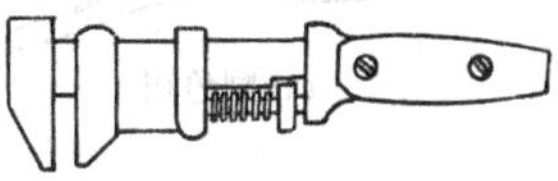　　　　　　(b) 猴头活动板手

图 3-47 活动扳手

(8) 管子扳手。管子扳手俗称管钳子,用来扳转金属管子或其他圆柱形工件(见图3-48)。管子扳手的开口宽度可以调节,开口上有齿槽,工作时会将工件表面咬毛,应尽量避免用它来拆装螺栓螺母,以免损坏。

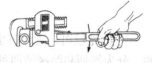

图 3-48 管子扳手

使用扳手的注意事项如下。

① 使用各种扳手时,开口或套筒的规格必须同螺栓螺母的尺寸相符合,否则容易损坏扳手和螺栓、螺母的棱角,而造成拆装困难;若扳手松旷,还容易发生滑出碰伤事故。

② 使用扳手前应将手和扳手上的油污擦净,以免工作中滑脱。

③ 使用扳手时,最好是拉动,而不要推动;若开始旋松必须推动时,也只能用手掌推动,以免螺栓、螺母突然松动而碰伤手指,使用方法如图3-49所示。拉的方向同扳手成直角,才能获得最大的扭矩。

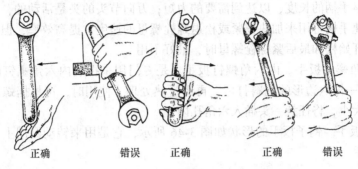

图 3-49 扳手的使用

④ 不准任意接长扳手柄（如套管子等）使用，以免折断扳手或损坏工件。
⑤ 不准将扳手当手锤、撬棒使用。
⑥ 使用开口扳手，开始旋松或最后旋紧螺栓螺母时，应让较厚的扳口承受拉力；使用管子扳手时，要让扳口咬紧工作物后，再用力拉动，否则会滑脱。
⑦ 扳手用完后妥善保管，防止生锈和被酸碱腐蚀。

3.6.2 钳子

钳子（见图3-50）是用来夹持、扭弯及切断工作物的工具。它的种类很多，汽车维修作业常用的有克丝钳、鲤鱼钳、尖嘴钳、卡簧钳和大力钳等。

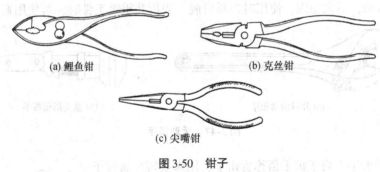

图 3-50 钳子

（1）克丝钳。克丝钳也称绝缘钢丝钳，是用来夹持或折断金属薄板及切断金属丝用的，分为铁柄和绝缘柄两种。铁柄供一般场合，绝缘柄在供电场合使用，也可用在一般场合。克丝钳子的规格有 150 mm、175 mm 和 200 mm 三种。

（2）鲤鱼钳。鲤鱼钳是用来夹持圆形或扁形工作物的工具，它有两挡尺寸，可放大或缩小使用，其规格有 165 mm 和 200 mm 两种。

（3）尖嘴钳。尖嘴钳是用来在狭小的工作环境夹捏细小工件，拔开口销等。尖嘴钳有铁柄和绝缘柄两种，绝缘柄用于有电场合，其规格有 130 mm、160 mm、180 mm 和 200 mm 四种。

（4）卡簧钳。卡簧钳是用来拆装卡簧的工具。形状像尖嘴钳，卡簧钳分内卡簧钳和外卡簧钳，分别用于拆装孔用卡簧和轴用长簧。

（5）大力钳。大力钳（见图3-51）是用来拆装难以夹持的直径不大的圆形工件，比其他钳子的夹持力大，在维修作业中比较常用。

使用钳子的注意事项。

① 使用时应擦净钳子上的油污，以免工作时滑脱。

② 弯断或扭弯小的工作物时，应先将其夹牢。

③ 不能用钳子当锤子用或用钳柄代替撬棒（见图3-52）。此外不可用钳子夹持过热的物件，以免损坏或退火。

④ 不能用钳子代替扳手松紧螺栓螺母，以免损坏其棱角和平面。

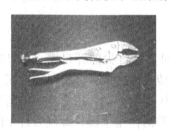

图 3-51　大力钳

图 3-52　钳子的错误用法

3.6.3　螺丝刀

螺丝刀是一种用来旋松或紧固带有槽口螺钉的工具，刀杆一般是用工具钢制造，头部锻后再经过淬火处理。根据用途，可分为标准螺丝刀、重级螺丝刀、十字形螺丝刀和偏置螺丝刀等4种（见图3-53）。螺丝刀的规格通常以其杆的长度来表示，一般在50～350 mm范围内。

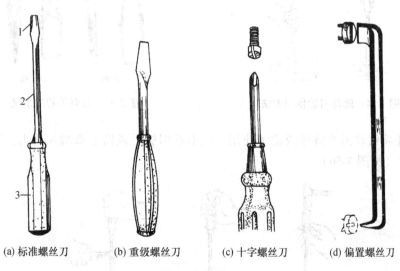

(a) 标准螺丝刀　　(b) 重级螺丝刀　　(c) 十字螺丝刀　　(d) 偏置螺丝刀

图 3-53　螺丝刀

（1）标准螺丝刀。标准螺丝刀是最常用的一种螺丝刀，为木柄（不穿心柄），也有胶柄或塑料柄，其柄部有一定的绝缘层。

(2) 重级螺丝刀。重级螺丝刀的外形与标准螺丝刀相似,为夹柄(穿心柄),杆既短又粗,而刀口却又宽又厚,能承受较大扭矩,并可在尾部作适当锤击,较标准螺丝刀耐用,一般用来拆装较大螺钉或锁紧保险垫片。

(3) 十字形螺丝刀。十字形螺丝刀的刀口是十字形的,用来拆装十字形槽口的螺钉。其优点是拆装螺钉时不易滑脱,自动定位好,便于自动化作业,效率高。

(4) 偏置螺丝刀。偏置螺丝刀是用来拆装其他螺丝刀难以拆装的螺钉,它的两端都有刀口且相互垂直,在旋转螺钉时,可以轮换使用。使用这种螺丝刀因给它的压力较小,所以必须使螺丝刀口与螺钉槽口完全吻合,才能顺利地拆装。

使用螺丝刀的注意事项如下。

① 根据螺钉头槽口的宽度选择合适的螺丝刀。

② 刀口与螺钉槽清洁干净。使用时螺丝刀应垂直对正螺钉尖的开口槽,刀口插入槽后,要用手心抵住螺丝刀柄端,然后再扭转。当开始旋转或最后旋紧螺钉时,应用力将螺丝刀压紧,再用手腕转动。当螺钉松动后即可使手心轻压螺丝刀柄,用拇指、中指和食指快速转动;在使用较长螺丝刀时,可用右手压紧和转动手柄,左手握住螺丝刀杆中间,以免滑脱(见图3-54)。

③ 禁止将工作物拿在手上拆装螺钉,以防螺丝刀滑出伤手。

④ 螺丝刀使用过久,刀口往往会被磨钝,拆装螺钉时容易滑出,因此磨钝的螺丝刀应按标准式样在砂轮上磨平(见图3-55)。

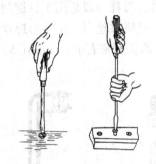

图3-54 螺丝刀的使用方法

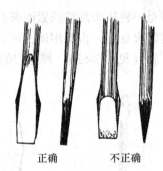

图3-55 螺丝刀口的形状

⑤ 禁止将螺丝刀当撬棒或凿子使用,也不准用扳手或钳子来增加扭力,以防扭断或扭弯螺丝刀(见图3-56)。

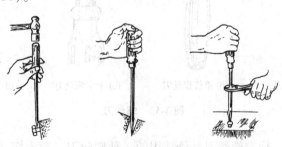

图3-56 螺丝刀的错误使用方法

3.6.4 冲子

冲子是用来冲出钻孔时的起始中心或冲出铆钉、销子等。冲子由中碳钢、高碳钢或工具钢制成。在汽车维修中，常用作打记号及在制作密封垫时冲出孔眼。常用冲子有尖头冲、平头冲和空心冲3种（见图3-57）。

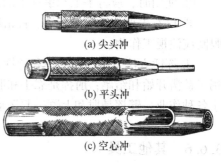

图 3-57 冲子

（1）尖头冲。尖头冲长约50～120 mm，中部有滚花，有的由六角钢制成。尖头冲可用来在工件上打冲眼，以便钻孔，也可用在拆装机器时打位置记号。

（2）平头冲。平头冲主要用来冲出销子及铆钉。

（3）空心冲。空心冲主要用来在皮革制品、橡胶板或石棉板上冲制圆孔。使用时须在被冲物下垫纵纹木块。

3.6.5 手锤

手锤是凿切、矫正、铆接和装配等工作的敲击工具。它由锤头和锤柄两部分组成。

手锤的规格是根据锤头的重量来标定的，手锤的规格一般有：0.25千克、0.5千克、0.75千克、1.00千克、1.25千克和1.50千克六种。

（1）手锤的种类及用途。手锤分为硬手锤和软手锤两类。硬手锤的锤头由碳钢淬硬制成，常用的有圆头和方头两种（见图3-58）。硬手锤一般用于凿切、拆装工作用。软手锤的锤头用硬铝、铜、硬橡胶、木材和尼龙制成。凡工作物经不起钢锤敲击的均应选用软手锤。手柄一般多用坚韧的木料制成椭圆形，其柄长约为300～350 mm。

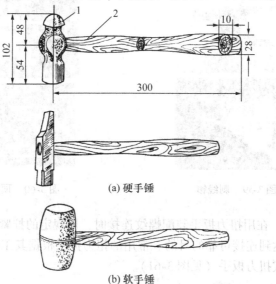

图 3-58 常用手锤

1—锤头；2—锤柄

(2) 使用手锤的注意事项。

① 使用前，必须检查锤柄有无松动或破裂现象，以免工作中锤头飞出发生危险。

② 使用时，应将手上和手锤上的油污擦净，以防工作中滑脱伤人。

③ 以右手握住锤柄的后端，锤击时，锤头不可东倒西歪，锤面应与工作物平行接触，眼睛应注视工作物。

④ 挥锤方法有手挥、肘挥和臂挥3种。手挥是靠手腕的前后弯曲运动，锤劲较小，适用于铲凿开始和结尾；肘挥是靠手和肘的运动，这种挥锤法击力较大，又比较省力，适用于各种作业；臂挥是肘和上臂一起运动，需要重击时才能这样挥锤。

3.6.6 其他工具

（1）撬棍。撬棍主要用于撬开零件和撬起重物。撬棍是由圆钢或螺纹钢做成一端有鸭嘴弯头的杆类工具，根据所撬物体重量的不同，撬棍有长短之分。

（2）铜棒。铜棒多用于保护性的拆卸和装配工作，一般主要用于轴和轴承的拆装工作。铜棒材料为紫铜，所需长短和粗细根据实际需要确定。

（3）磁性探棒。磁性探棒用于在狭窄空间内依靠探杆变形和探头磁性来吸附取出较小的零件。磁性探棒由一根长约1m的弹性探杆和磁性探头组成。

（4）剥线钳。剥线钳（见图3-59）用于快速剥落导线头部的绝缘保护层。剥线钳主要由手柄、回位弹簧、夹持装置、卡剥装置组成。

（5）顶拔器（拉马、拉力器）。顶拔器（见图3-60）用于拆卸过盈配合安装的轴端零件，如轴承、齿轮等。顶拔器有两种，即两爪顶拔器和三爪顶拔器。顶拔器主要由爪架铰链连接卡爪、顶杆通过螺纹连接装于爪架中心，通过杠杆或套筒可转动顶杆。

图 3-59　剥线钳

图 3-60　顶拔器

（6）扭力扳手。在用扭力扳手装配螺纹连接时，用规定的拧紧力矩使纹牙之间产生足够的预紧力，从而达到连接可靠的目的。常用的扭力扳手根据其工作原理不同分为：指针式扭力扳手和套筒式扭力扳手（见图3-61）。

(a) 套筒式扭力扳手

 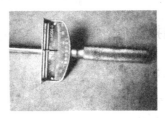

(b) 指针式扭力扳手

图 3-61　扭力扳手

项目 3.7　实训五　汽车维修通用工具的使用

能力目标
（1）培养学生正确选择汽车维修通用工具的能力。
（2）培养学生具备各种汽车维修通用工具的操作能力。

知识目标
（1）了解各种汽车通用工具的用途。
（2）掌握各种汽车通用工具的使用方法及注意事项。

3.7.1　实训要求

（1）了解汽车通用工具的用途。
（2）掌握汽车通用工具的使用方法。
（3）掌握汽车通用工具使用的基本技能。

3.7.2　实训工具、设备

（1）通用工具若干套；
（2）发动机或汽车 4 台。

3.7.3 课时及分组人数

2课时，每组3~4人。

3.7.4 实训步骤及操作方法

参照教材相关内容进行。

3.7.5 实训报告

1. 实训报告

（1）描述实训过程。
（2）描述实训方法。

2. 实训考核

考核内容及评分标准见表3-6。

表3-6 汽车维修通用工具使用的考核内容及评分标准

序号	考核内容	分值	评分标准	考核记录	得分
1	正确选择汽车维修通用工具	40	错误选择一次扣5分		
2	正确使用汽车维修通用工具	60	错误操作一次扣5分		

思 考 题

1. 常用的汽车检测设备有哪些？
2. 发动机综合性能分析仪的作用有哪些？
3. 国内外发动机综合分析仪有哪些？
4. 简述EA-1000型发动机综合性能分析仪的组成？
5. 汽车专用万用表的功能有哪些？
6. 简述汽车专用万用表的使用方法。
7. 解码器的组成有哪些？
8. 解码器的功能有哪些？
9. 汽车维修设备的种类有哪些？
10. 使用千斤顶的注意事项有哪些？
11. 举升机有何作用？如何分类？
12. 使用环链手拉葫芦的注意事项有哪些？

13. 试述轮胎拆装机的使用方法。
14. 电焊机的用途有哪些？
15. 连杆校正器的用途有哪些？
16. 汽缸镗床的用途有哪些？
17. 曲轴磨床的用途有哪些？
18. 冷水高压清洗机的用途有哪些？
19. 发动机燃油喷射装置测试清洗机的用途有哪些？
20. 扳手的种类和用途有哪些？
21. 使用扳手的注意事项有哪些？
22. 钳子的种类和用途有哪些？
23. 使用钳子的注意事项有哪些？
24. 螺丝刀的种类和用途有哪些？
25. 使用螺丝刀的注意事项有哪些？
26. 手锤的种类和用途有哪些？
27. 使用手锤的注意事项有哪些？

模块四　汽车维修测量技术

在汽车维修中，经常需要对零件的磨损程度和配合的情况进行检查和测量，所以测量技术是每一个汽车维修人员必备的基本技能。本模块主要讲解常用量具的使用方法，以及零件形位误差的测量。

项目 4.1　汽车维修常用的量具

能力目标

(1) 培养学生正确使用汽车维修常用量具的能力。
(2) 培养学生正确测量汽车零件的方法的能力。

知识目标

(1) 了解汽车维修常用量具的用途。
(2) 了解汽车维修常用量具的作用。
(3) 掌握汽车维修常用量具的使用方法及注意事项。

要想保证测量数据的准确，维修人员必须掌握常用量具的正确使用方法。

4.1.1　量尺

量尺是用薄不锈钢板制成的，所以又叫钢尺或钢板尺。它主要是用来测量平面的长度和宽度的，也可用来确定内外卡钳等所测量的尺寸，以及用它进行画线工作，有时把它的立边看作近似的水平基准来测量某些平面的平面度等。

尺面上刻有公制线条，背面有公英制换算表，也有的除刻有公制线条外，还对应的刻有英制线条（公制是十进位，英制是非十进位，1 英尺 = 0.305 米），如图 4-1 所示。

图 4-1　量尺

4.1.2　游标卡尺

游标卡尺是一种精密量具，可以测量出工件的内外直径、长度、宽度、高度及深度等。其精度可分为 0.10、0.05 和 0.02 等数种。游标卡尺的规格有 125 mm、200 mm、

300 mm、500 mm 和 1 000 mm 等。

1. 游标卡尺的构造

它是由主尺、副尺、固定卡脚和活动卡脚组成，副尺下部与主尺刻线相接处刻有游标线。固定卡脚和主尺是一体，活动卡脚和副尺是一体。上卡脚用来测量工件内表面，下卡脚用来测量工件外表面，有的卡尺在主尺背面加一深度尺，与活动卡脚一起移动，可测量沟槽和不通孔的深度，如图 4-2 所示。

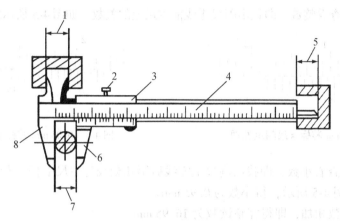

图 4-2　游标卡尺构造

1—测量内表面；2—固定螺丝；3—副尺（游标）；4—主尺；5—测量深度；6—活动卡脚；
7—测量外径；8—固定卡脚

2. 游标卡尺的刻度原理及读数方法

（1）精度为 0.10 mm 的游标卡尺的刻度原理及读数方法。

① 刻度原理。主尺的刻度每格为 1 mm。取主尺上 9 mm 分成 10 分刻成副尺，副尺每格长度为 0.9 mm。那么，主尺每格长度与副尺每格长度差为 0.1 mm（1 − 0.9 = 0.1）。当主副尺零线后第一刻线对齐时，两卡脚间的距离为 0.1 mm，第二刻线对齐时，则为 0.2 mm，依次类推。

② 读数方法。

a. 从主尺上查看整数，即找出副尺零线前主尺上的整数，如图 4-3 所示的整数为 11 mm。

b. 从副尺上查看小数，即找出副尺上零线后第几条刻线与主尺上任一刻线对齐，即为 n 个 0.1 mm，如图 4-3 所示，得小数为 0.2 mm。

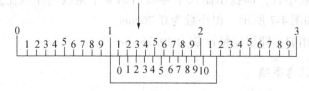

图 4-3　0.10 mm 游标卡尺读数举例

c. 整数与小数相加，即得完整读数，图 4-3 所示的读数为 11.2 mm。

（2）精度为 0.05 mm 游标卡尺的刻度原理和读数方法。

① 刻度原理。主尺的刻度每格为 1 mm。取主尺上 19 mm 分成 20 等分刻度副尺，副尺每格长度为 0.95 mm。那么，主尺每格与副尺每格长度差为 0.05 mm。当主副尺零线后第一条刻线对齐时，两长脚间的距离为 0.05 mm；第二条刻线对齐时，则为 0.1 mm，依次类推，如图 4-4 所示。

② 读数方法。

a. 从主尺上查看整数，即找出副尺零线前主尺上的整数，如图 4-5 所示的整数为 16 mm。

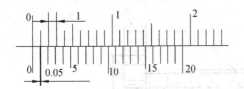

图 4-4　0.05 mm 游标卡尺刻度原理

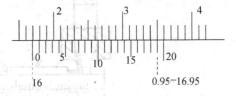

图 4-5　0.05 mm 游标卡尺读数举例

b. 从副尺上查看小数，即找出副尺上零线后第几刻线与主尺上任一刻线对齐，即为 n 个 0.05 mm，如图 4-5 所示，得小数为 0.95 mm。

c. 整数与小数相加，即得完整读数为 16.95 mm。

（3）精度为 0.02 mm 游标卡尺的刻度原理和读数方法。

① 刻度原理。主尺的刻度每格为 1 mm，取主尺上 49 mm 分成 50 等分刻成副尺。副尺每格长度为 0.98 mm。那么主尺与副尺每格长度差为 0.02 mm。当主副尺零线后第一条刻线对齐时，两卡脚间的距离为 0.02 mm，第二条刻线对齐时，则为 0.04 mm，依次类推，如图 4-6 所示。

② 读数方法。

a. 从主尺上查看整数，即找出副尺零线前主尺上的整数，如图 4-7 所示的整数为 80 mm。

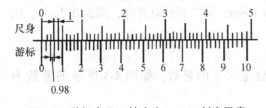

图 4-6　游标卡尺（精度为 0.02）刻度示意

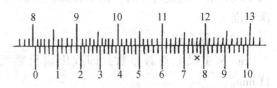

图 4-7　游标卡尺（精度为 0.02）读数计算示例

b. 从副尺上查看小数，即找出副尺上零线后第 n 个刻线与主尺上任一刻线对齐，即为 n 个 0.02 mm，如图 4-7 所示，得小数为 0.76 mm。

c. 整数与小数相加，即得完整读数为 80.76 mm。

3. 使用方法和注意事项

（1）测量前应擦净工件测量表面和游标卡尺的主尺，卡脚及深度尺尖端。

(2) 使用前合拢卡脚，检查主副尺零位是否对齐。

(3) 在测量时按图 4-8 所示的正确方法进行测量。

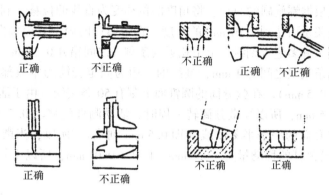

图 4-8　游标卡尺使用注意事项

(4) 读数时，应使游标卡尺处于水平状态，并让视线正对着刻线，以免视线不正而产生读数误差。

(5) 不要用游标卡尺测量温度过高的工件。

(6) 使用中应注意保护卡尺卡脚的测量面，不能用游标卡尺测量锻件、铸件表面与运动工件的表面。

(7) 卡尺用完后要涂油妥善保管，久不使用的游标卡尺应擦净上油，放在盒中，注意不要使其锈蚀或弄脏。

4.1.3　外径千分尺

千分尺也叫螺旋测微器或分离卡，是一种精密量具，测量精度可达 0.01 mm。按用途来分有内径千分尺和外径千分尺两种，外径千分尺是用来测量零件外径的。

1. 构造

外径千分尺的规格按测量范围划分，有 0～25 mm、25～50 mm、50～75 mm、75～100 mm、100～125 mm 等多种，它由弓架、固定测杆、微分筒、带螺母的固定套筒、紧定手柄、棘轮等组成，如图 4-9 所示。

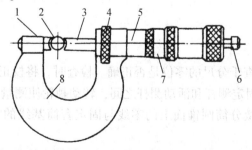

图 4-9　外径千分尺的构造

1—固定测杆；2—工件；3—活动测杆；4—制动环；5—固定套筒；6—棘轮；7—微分筒；8—弓架

2. 刻度原理

外径千分尺是根据螺旋副的原理、将角度的位移变为直线的位移，利用固定套筒和微分套筒之间的刻度关系而达到 0.01 mm 的精度。在带螺母的固定套筒轴向表面刻有基线，基线上下均匀地刻了许多毫米刻线，上下相近两条刻线之间错开 0.5 mm。如果就基线的上下一边来说，每两条刻线之间为 1 mm，基线的一边为固定套筒的整数部分，另一边则成为半刻度线位置（0.5 mm）。在微分筒的圆锥面上刻有 50 条刻线，由于活动测杆后面有精密螺纹，螺距是 0.5 mm，所以当微分筒转一周时，活动测杆就移动 0.5 mm，同时微分筒就遮住或露出固定套筒的一条半刻度线（即 0.5 mm 刻线）。所以，当微分筒每转一格时（即 1/50 周），活动测杆的移动量为：0.5 mm × 1/50 = 0.01 mm，所以千分尺的测量精度可达 0.01 mm。

3. 读数方法

（1）先读整数。看微分左边固定套筒上有数字的刻线露出部分是多少，那么它即是测得零件尺寸的整数部分。

（2）读小数。看微分筒的哪条刻线与固定套筒上的轴向刻线对齐。首先读出该读数，再看半刻度线（0.5 mm 刻线）是否露出，如果半刻度线没露出来，那么刚才读出的刻线读数即为小数；如果半刻度线露出来了，那么要加上 0.5 mm 作为毫米小数（小数部分）。在读数时要注意，看 0.5 mm 的刻线是否露出来，否则就会少读或多读 0.5 mm。

（3）两次读数相加（把整数部分和小数部分相加）即为千分尺的读数。

图 4-10（a）的读数：固定套筒露出的数值（整数部分）是 5 mm，微分筒刻线所对齐的数值是 0.37 mm，0.5 mm 刻线没露出来，所认读数是 5 mm + 0.37 mm = 5.37 mm。

图 4-10（b）的读数：固定套筒露出的数值是 5 mm，微分筒刻线所对齐的数值是 0.37 mm，0.5 mm 刻线已露出来，所以读数是 5 mm + 0.5 mm + 0.37 mm = 5.87 mm。

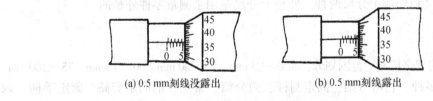

图 4-10　千分尺读数示例

4. 使用方法

（1）使用前应先检查千分尺的零位是否正确。检查时，将校正棒和千分尺的测量端面擦干净，将校正棒放在固定测杆和活动测杆之间，转动棘轮使测量面接触，直到发出"嘎嘎嘎"三声响声，查看微分筒圆锥面上的零线与固定套筒基线的零线是否重合，如不重合，应进行校正。

（2）使用前还应注意其灵敏性。在转动棘轮时，棘轮应能带动微分筒灵活地转动，在全程内不许有卡滞或微分筒与固定套筒互相摩擦现象，用手把微分筒固定，或用制动环把活动测杆紧固住后，棘轮应能发出清脆的嘎嘎响声。

（3）在测量时，应将被测工件擦净，当两侧测量杆接近工件时，就不要再转动微分筒，以免损坏千分尺或影响精度。一般只转动棘轮，等到棘轮发出嘎嘎响声后，可轻轻晃动千分尺，使测量面和工件表面很好接触，避免只用测量面的边缘接触，必要时可再转一下棘轮，最后读得数。如果要将千分尺拿下来读数，应先用制动环或紧定手柄将活动测杆固定住，再取下来读取数。

（4）测量时左手拿弓架，右手旋动微分筒，千分尺测杆的轴线应和工件中心线垂直或平行。为了消除测量误差，最好在同一位置多测几次，取其平均值。

（5）在比较大的范围内调节千分尺时，起初是转动微分筒，而不应转动棘轮，这样既节省时间又防止棘轮过早磨损。但不要快速转动微分筒，以防活动测杆猛撞被测工件而损坏千分尺。退尺时，应转动微分筒，而不应转动后盖或棘轮，以防后盖松动影响"0"位或使棘轮过早磨损。

5. 零位的调整方法

外径千分尺在使用之前，必须进行零位检查，看微分筒锥面上的零线与固定套筒基线的零线是否重合，如不重合必须调整，其调整方法如下。

（1）0～25 mm 千分尺的调整方法。0～25 mm 千分尺调整时可直接校对，首先，转动微分筒，使活动测量杆和固定测量杆轻轻接触；其次，用制动环或紧固手柄将活动测量杆紧固住，松开后盖（螺帽）；再次转动微分筒使其圆锥面上的零线与固定套筒基线的零线重合，用左手捏住微分筒，使其不转动，右手上紧后盖；最后，松开制动环，转动微分筒，当棘轮发出响声时，查看零位是否正确，如果正确即为调整完毕，否则必须重复上述步骤再进行调整。

（2）25 mm 以上的千分尺调整方法。25 mm 以上的千分尺调整应用校准棒（或量块）进行校正，其方法是把校准棒当测量工件来进行测量，若这时千分尺上的读数，同校准棒的标准尺寸相同，则说明零位已校准。如果读数同校准棒标准尺寸不符，则说明零位不准，调整方法与 0～25 mm 千分尺一样。

6. 注意事项

（1）千分尺只限于用来测量精密零件，绝不可用来测量毛坯等粗糙表面。

（2）禁止用千分尺测量运转或高温机件。

（3）严禁将千分尺当卡规用，或当锤子敲击他物等。

（4）校准棒要保持完好无损。当必须拆卸保养时，应特别注意其螺纹防碰，使用时不可用力拧紧微分筒。

（5）当制动环制动或紧固手柄锁紧时不要转动微分筒。以避免造成螺纹损伤，读数不准确。

（6）使用外径千分尺时要注意，其量程与工件尺寸范围相适应。

（7）注意清洁，使用后要细心擦净，妥善放入盒内，以免损坏。

4.1.4 内径千分尺

内径千分尺是用来测量零件内孔直径或沟槽等的内部尺寸的，它的规格有 50～300 mm、50～550 mm 等。

1. 内径千分尺的构造及使用方法

(1) 内径千分尺的构造。内径千分尺由测量杆，活动套筒、内部带有螺纹外部刻有基线的固定套筒，制动螺钉和测量头等组成，基本构造见图 4-11 所示。

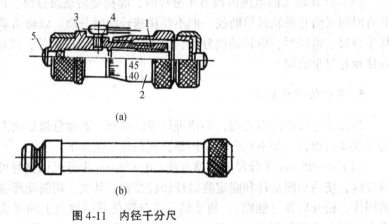

图 4-11 内径千分尺
1—测量杆；2—活动套筒；3—固定套筒；4—制动螺钉；5—测量头

(2) 内径千分尺的刻度原理。内径千分尺的刻度原理与外径千分尺相同，它的基本测量头的最大测量限度为 50～75 mm。为了增加测量范围，配有加长杆。成套的内径千分尺附有一套加长杆，根据测量范围进行选用，在加长杆上刻有测量范围的数字。内径千分尺的两端与机件接触的部位一般都带有弧形。

(3) 内径千分尺的使用方法。使用前先用卡钳或卡尺或直尺量出被测零件的大概尺寸，再选用合适的内径千分尺。使用时，以左手将固定套筒与被测零件孔壁相接触，右手转动活动套筒，使其测量头与孔壁接触后，再将制动螺钉拧紧，读出测量尺寸。

使用时，要注意把千分尺拿平，再转动活动套筒，要一边转动一边在水平位置左右稍微摆动，以便量取最大直径。

2. 内径千分尺的校正

像外径千分尺一样，内径千分尺在使用前一般需要进行检查，如有误差，必须加以校正，其方法步骤如下。

(1) 转动活动套筒，使其圆锥面上的 "0" 线与刻有基线的固定套筒 "50" 刻线对齐，然后用 25～50 mm（或 50～75 mm）的外径千分尺测量其长度，检查内径千分尺此时本身最小长度是否等于 50 mm。

(2) 当内径千分尺本身长度小于 50 mm 时，可用专用扳手将固定套筒的测量头拧松一些，然后再用外径千分尺检查，直至准确无误为止（有些内径千分尺也可以调整活动套筒的测量头)。

(3) 当内径千分尺安装加长杆后,也可以用类似上述的方法进行检查校正。

4.1.5 百分表

百分表是一种指示量具。百分表测量简便、准确、迅速,因此在汽车修理中广泛应用。如检查轴类零件的弯曲,齿轮的啮合间隙,轴颈的失圆以及零件的平面度误差等。

1. 百分表的构造与刻度原理

百分表的精度为 0.01 mm。量杆的移动距离有 0~3 mm,0~5 mm,0~10 mm 等几种,其构造如图 4-12 所示。

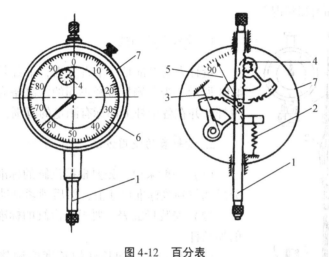

图 4-12 百分表
1—测杆;2、3—回位弹簧;4—短指针;5—长指针;6—活动表面;7—表壳

测量时,量杆向表内移动 1 mm,则连动大指针旋转一整周,同时小指针转动一个小格,这样小指针即可指明大指针旋转的整圈数,也指明量杆移动的毫米数。大刻度盘分为 100 个等分刻线,大指针旋转一圈,便走过大刻度盘上的 100 个刻线,故大刻度盘的每一刻线即表示量杆移动的距离为 0.01 mm;大刻度盘可随外壳转动,并可用固定螺钉固定在任意位置。

2. 百分表的使用与维护注意事项

(1) 使用前要检查百分表的测量杆移动是否灵活,指针是否跳动或是否有不回位现象,如有毛病应查明原因。

(2) 使用时,将百分表安装在支架上,以量杆端的触头抵住被测量面,使被测机件按一定的要求移动或转动,从刻度盘上观察被测机件的间隙或偏差尺寸。

(3) 测量时,应将测量杆测头和被测零件擦干净。在测量的表面上使测杆预压缩 1~3 mm(小指针转动 1~3 格),以消除测杆的游隙和测量所需要的余量,这样在测量中既能读出正数,也能读出负数,然后把表紧固,看小指针停在什么位置,再转动活动表盘,使长指针对准该表面上的"0",即可进行测量。

(4) 为保证测量准确，在测量时应使测杆垂直被测表面，在测圆柱形工件时应使测杆与工件直径方向一致。

(5) 使用时要轻拿轻放，不要过多拨动测头，以免加速表内零件的磨损，尤其是不要使测量杆移动距离太大，即不要超出表的测量范围，否则会挤断表内零件。

(6) 对于毛坯或有显著凸凹表面的工件，不应用百分表进行测量，以防损坏百分表。

(7) 成套的百分表，还应注意支架的保养，使其完整无损。磁性表架用完后，应将中间的开关推向一端，使铁块失去磁性，以保证使用时有足够磁性。

4.1.6 量缸表

量缸表又称内径百分表，是用来测量孔径的。在汽车修理中主要用来测量发动机汽缸的圆度，圆柱度和磨损情况等。

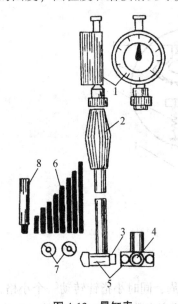

图 4-13 量缸表
1—百分表；2—表杆；3—量杆座；
4—活动量头；5—支撑架；6、8—量杆；
7—固定螺母

1. 量缸表的构造

量缸表的上部是一个百分表，下部是量杆装置，如图 4-13 所示。为了测量直径不同的汽缸备有各种不同长短的量杆，并在各量杆上都标有测量的范围，以便于选用。

2. 量缸表的使用方法

(1) 一般来说，先要根据汽缸的标准尺寸，把外径千分尺调整到该标准尺寸值，然后锁紧制动手柄。

(2) 安装量缸表。要根据汽缸的标准尺寸，选择合适的加长杆。

(3) 校"0"。加长杆的长度要调整合适，并紧固锁紧螺母。安装百分表时要有一定的预压力。将加长杆和活动测量头正确地放在调好尺寸的外径千分尺的测量杆之间，此时转动活动刻度盘，大指针对正刻度盘上的"0"刻线，并记住小指针所在的位置。

(4) 将表架伸入汽缸来回摆动进行测量。如果指针正好指在"0"位，说明被测汽缸内径与标准尺寸相同；若指针以顺时针方向离开"0"位，则说明活动量杆缩短，此时应从汽缸标准尺寸减去指针转过的刻度值，其差即为汽缸的实际尺寸。反之，若指针反时针方向离开"0"位，则说明活动量杆伸长，此时应将缸径标准尺寸加上指针转过的刻度值，其和即为汽缸的实际尺寸。

将量缸表在同一平面内转动，即可测出汽缸的圆度；将量缸表上下移动，即可测出汽缸的圆柱度。

3. 量缸表使用时的注意事项

(1) 测量时应使测量杆与汽缸轴线垂直。具体测量时，在每个测点上应左右略摆动量缸表，摆动时，表针指示最小值的读数是该点的正确读数，见图 4-14。

(2) 当把量缸表从孔内取出或放入时,以及测量过程中需要移动测量杆的位置与方向时,均需将表稍加倾斜,使得测头恢复到自由状态以减少移动过程中测头的磨损。特别是将量缸表从有缸肩的汽缸内抽出时,不能过快,否则将容易损坏表架的活动量头。

(3) 用完后,分别取下百分表和接杆并擦净,涂上防锈油,在清查附件后一并放入盒内保管。

4.1.7 厚薄规

厚薄规(又名塞尺,千分片等)是用来测量两个平行面之间的间隙,例如测量气门间隙、活塞环开口间隙等。它是由一组厚度不同的薄钢片组成,各片上标出有 0.03、0.04、0.10 等数字(单位为 mm),如图 4-15 所示。

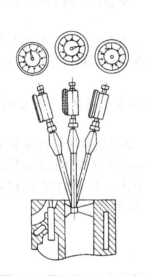

图 4-14 量缸表的正确位置

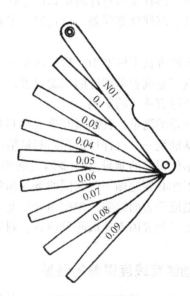

图 4-15 厚薄规

测量时,将测处擦拭干净,用单片或数片重叠在一起塞入间隙,但不允许将钢片做剧烈的弯曲,也不可用大力插进,片上不能有污垢与金属屑,以免损坏钢片或影响测量精度。

项目 4.2 汽车常用零件形位误差的测量

能力目标

(1) 培养学生对正确选用量具的能力。

(2) 培养学生对汽车常用零件形位误差的测量能力和分析能力。

知识目标

(1) 了解汽车常用零件形位误差的种类。
(2) 了解测量零件形位误差的意义。
(3) 掌握汽车常用零件形位误差的测量方法及注意事项。
(4) 掌握汽车常用零件形位误差的数值分析及处理方法的选择。

汽车上的各种零件在使用过程中要产生不同程度的磨损和变形，如产生弯曲、扭曲、翘曲等变形。特别是一些总成的基础件或一些主要零件的变形，将导致零件间相互装配关系的破坏，使总成和汽车的技术性能变坏，降低了汽车的动力性，增加了汽车燃料的消耗，缩短了汽车的使用寿命。

零件的变形程度用零件的形状误差和位置误差来衡量。形状误差主要包括直线度、平面度、圆度、圆柱度等误差。位置误差主要包括平行度、垂直度、同轴度、对称度、圆跳动等误差。

在汽车修理技术标准中，形位误差占很大的比例。在技术上可行，经济上合理的前提下，根据汽车总成和基础件的功能要求，对其提出了相应的形状和位置公差的要求，这对汽车修理质量有重要的影响。

形位误差的测量，其测量基准应尽量选用设计基准和加工基准。最好使测量、设计、加工3个基准统一，这样可以提高测量精度。

零件形位误差的测量受许多因素的影响。为使测量结果足够接近被测零件的真实误差，测量工作必须遵循一些共同的条件和要求。测量时必须保证零件的表面状态，要排除擦伤、粗糙度等表面缺陷，根据测量精度要求选取测量方法；根据零件的结构特征、功能要求、加工工艺等因素选取测量位置，测量截面及测量点的数目。

4.2.1 轴线直线度误差的测量

轴线的直线度是指轴线中心要素的形状误差。符合轴线直线度定义的测量方法是非常困难的。在实际测量中，常用简单的径向圆跳动来代替轴线的直线度误差，这样测得的数值是近似的，在一般的生产中已能满足技术要求的精确度。

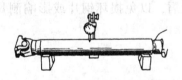

图 4-16 传动轴直线度误差的测量

直线度误差的测量多用于在工作时易于产生弯曲变形和可以校直的直轴类零件。图 4-16 所示为传动轴轴线直线度的测量。用 V 型铁将传动轴架起，用手缓慢转动传动轴，百分表指针最大、最小读数之差值为该测量平面的径向圆跳动误差。在轴向的不同位置进行同样测量，测得最大径向圆跳动数值的一半即可作为其轴线直线度误差。

4.2.2 平面度误差的测量

零件的平面度表示一个平面不平的程度。零件的工作平面变形后，必然在该平面产生凸凹或翘曲，其表面的状况会影响到零件配合的位置精度和密封效果。所以对于零件的配合平面和工作平面，都有平面度误差的限制。

对于一个平面的形状误差而言，平面度和给定平面内的直线度有一定的联系。直线度误差表示被测直线方向上在与该平面相垂直平面内的形状误差；而平面度误差是指被测平面在其垂直的任意方向的给定平面内的形状误差。也就是，平面度误差是被测平面内各个方向的最大直线度误差。因此，可以用各个方向的直线度误差的测量代替平面度误差的测量。

下面介绍汽车维修常用的用刀口形样板尺测量汽缸盖下平面平面度的方法。该方法一般是采用塞尺测量变形平面与刀口形样板尺（或直尺）之间所形成的间隙来测量平面度误差。多用于测量汽缸体、汽缸盖平面。测量时应利用长度等于或略大于被测平面全长的刀口形样板尺，如图4-17所示，将样板尺与被测平面密切接触，沿各个测量直线用塞尺测量样板尺与被测平面之间的间隙，其最大值可作为该平面的平面度误差。要注意的是汽缸体或汽缸盖的平面度在全长和局部的要求是不一样的。例如，六缸铸铁缸盖下平面平面度在全长范围内不大于 0.3 mm，每 50 mm × 50 mm 范围内均应不大于 0.05 mm。

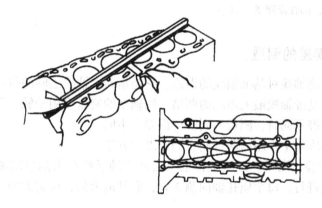

图 4-17　汽缸盖平面度测量

利用刀口形样板尺测量平面度时，对于中凹的平面，接触位置在两端，可形成稳定的接触。而对于中凸的平面，接触位置在中间，不能形成稳定的接触，此时测量，应将两端的间隙调成相等后再进行测量。否则测量误差将过大。该法测量是一个近似值，但由于设备简单，测量方便，故生产中被广泛应用。

上述利用被测平面各个方向的直线度误差代替其平面的平面度误差，仅对被测表面是实心的汽缸体、汽缸盖平面等是合理的，面对变速器壳体的接盖平面、汽缸体的底平面等不规则的环形窄平面来说，利用该法就不合适了。通常是将变速器壳扣放在检验平台上，并使其稳定接触后用塞尺测量，其最大间隙即为表面的平面度误差。若不呈稳定接触，其最大间隙与该部位摆动时的间隙变动量值之半的差值即为平面度误差。

4.2.3　圆度、圆柱度误差的测量

圆度误差是指横截面上实际圆偏离理想圆的实际值。一般采用两点法测量。圆度公差带是指在同一正截面上，半径差为公差值 t 的同心圆之间的区域。

圆柱度误差是实际圆柱面偏离理想圆柱面的实际值。在测量圆柱度误差中，采用的两点法是指在被测圆柱表面的任意部位或方向上所测的直径中取最大值与最小值差的一半。它的公差带是指半径差为公差值 t 的两同轴圆柱面之间的区域。

下面以汽缸为例说明圆度、圆柱度的测量。如图 4-18 所示，在推力方向轴向截面 A、B、C 处分别测得直径值为 D_1、D_2、D_3，在轴向方向轴向截面 A、B、C 处分别测得直径值为 D'_1、D'_2、D'_3，则 $\Delta R_1 = |(D_1 - D'_1)/2|$ 为该汽缸在 A 横断面处的圆度，$\Delta R_2 = |(D_2 - D'_2)/2|$ 为该汽缸在 B 横断面处的圆度，$\Delta R_3 = |(D_3 - D'_3)/2|$ 为该汽缸在 C 横断面的圆度，取 ΔR_1、ΔR_2、ΔR_3 中最大值作为该汽缸的圆度。取 D_1、D_2、D_3、D'_1、D'_2、D'_3 中两者差值最大之半为该汽缸的圆柱度。

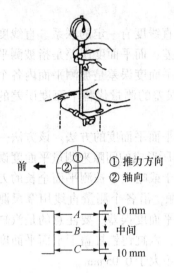

图 4-18　汽缸圆度、圆柱度测量

4.2.4　同轴度误差的测量

同轴度是指被测轴线对基准轴线的误差。它是指两个轴线之间的位置关系，在数值上等于被测轴线偏离基准轴线最大距离的两倍。同轴度的测量多用于轴、孔类零件。对同一根轴，当选择的基准不同时，测量的同轴度误差会不同。

下面介绍汽车维修中常用的两种测量同轴度的方法。

(1) 同轴度检验仪测量。以汽缸体前、后两主轴承座孔为测量基准，采用如图 4-19 所示的专用检验仪进行。每个座孔轴向测 3 处，取其最大值，标定方向，做好记录，最后换算出同轴度误差。

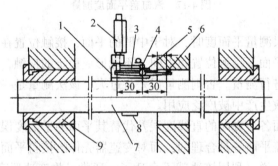

图 4-19　曲轴轴承座孔同轴度检验仪

1—本体；2—百分表；3—等臂杠杆；4—压簧片；5—轴销；6—钢珠；7—心轴；8—卡簧；9—定心套

(2) 同轴度量棒测量。该测量法是将与被测座孔尺寸相同的量棒插入座孔，若各座孔在同轴线内，则量棒能顺利插入。对于汽缸体曲轴的主轴承座孔的同轴度要求，由于每相邻两座孔的同轴度差与全部座孔的同轴度误差的数值不等，故其量棒应制成长短不同的两种。

4.2.5 圆跳动的测量

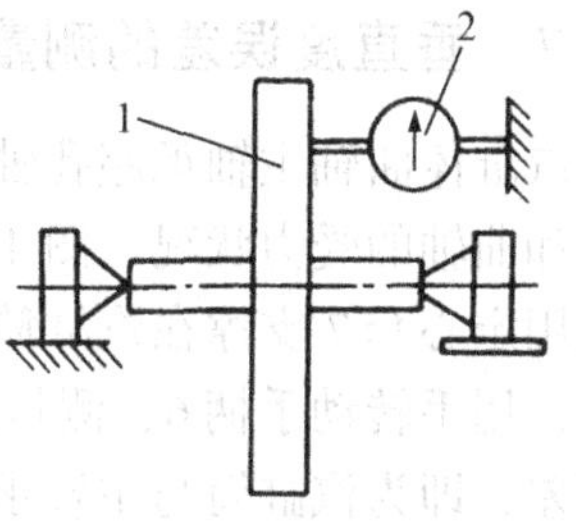

圆跳动包括径向圆跳动和端面全跳动。

（1）径向圆跳动。被测表面对基准轴线径向跳动的变化程度即是径向圆跳动。其测量方法已在 4.2.1 节中介绍过，这里不再赘述。

（2）端面全跳动。如果旋转零件的平面偏离其旋转平面（与旋转轴线相垂直的平面），必然在平面的端面上产生跳动，其跳动程度，即为端面全跳动量，图 4-20 所示为测量端面全跳动的方法。转动零件 1，从百分表 2 上测得该零件的端面全跳动量。测点的半径愈大，所得的跳动量也愈大。一般在检验技术中规定有在一定的半径范围内应有的跳动量。

图 4-20　旋转平面端面全跳动的测量
1—零件；2—百分表

4.2.6 平行度误差的测量

壳体件因产生变形或因修理加工精度低，使壳体的轴线与轴线、轴线与平面、平面与平面间的平行度变差。如汽缸体的曲轴主轴颈承孔轴线与凸轮轴承孔轴线的平行度超过允许限度，变速器壳上、下轴承孔的平行度超过允许限度等。平行度的检测方法可分为直接测量和间接测量两种。

（1）直接测量法。如图 4-21 所示为用直接测量法检验变速器壳体轴承座孔的平行度。在被测的变速器壳体 2 两轴的座孔中装上定位套 1，定位套中插入测量轴 3，用测量工具（如外径千分尺 4）测出测量轴在孔两端的距离，其差值便是被测两座孔中心线在全长上的平行度。

（2）间接测量法。图 4-22 所示为壳体承孔轴线平行度的间接测量法。把壳体基准面与检测平台的平面相接触，将定心套 3 与测量轴 4 按与直接测量法相同的办法安装到壳体 2 的轴孔中，然后用百分表 1 或专用的高度尺测量各测量轴两端的高度。任一测量轴两端的读数差，就是该轴与基准平面的平行度误差；由两测量轴分别测出的两端各自的高度差之差。即为两孔轴线在所测长度内的平行度误差。

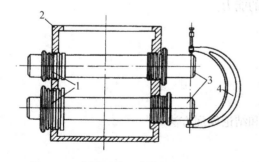

图 4-21　直接测量法检验轴线的平行度
1—定位套；2—变速器壳体；3—测量轴；4—外径千分尺

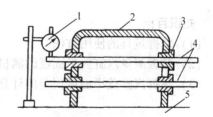

图 4-22　间接测量法检验承孔轴线平行度
1—百分表；2—壳体；3—定心套；4—测量轴；
5—测量平台

4.2.7 垂直度误差的测量

汽缸体曲轴主轴承座孔轴线与汽缸轴线的垂直度误差过大会恶化该缸活塞连杆组件、汽缸和曲轴的受力状况。图 4-23 所示为进行垂直度误差检验所用的仪器及检验方法。检验仪用定心套 7 支撑在汽缸筒中，并用调整螺钉 10 轴向支承定位于汽缸体的上平面。测量时，用手转动手柄 6，测量头 8 使水平转动与定心轴前、后两点接触，表针在两触点的示值差，即为汽缸筒与主轴承座孔的垂直度实际偏差。

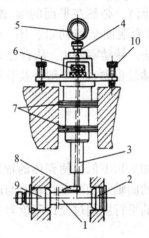

图 4-23 汽缸轴线对曲轴轴线垂直度检验仪
1—定心轴；2—前定心套；3—测量杆；4—千分表触头；5—千分表；6—转动手柄；
7—汽缸定心套；8—测量头；9—后定心套；10—调整螺钉

项目 4.3　实训六　汽缸盖平面度的测量

　能力目标

（1）培养学生正确选择量具和使用量具的能力。
（2）培养学生测量汽缸盖平面度的能力。

知识目标

（1）掌握量具的使用方法。
（2）掌握测量汽缸盖平面度的测量方法。
（3）掌握汽缸盖平面度误差的计算方法和结论处理方法。

4.3.1 实训要求

（1）掌握刀形样板尺、塞尺的正确使用。
（2）掌握用刀形样板尺测量汽缸盖平面度误差的方法。

4.3.2 实训设备及工、量具

（1）汽缸盖 4 个。
（2）刀形样板尺、塞尺各 4 个。

4.3.3 课时及分组人数

2 课时，每组 4~6 人。

4.3.4 实训方法和步骤

实训方法和步骤参见本模块相关内容。

4.3.5 考核

1. 实训报告

（1）描述实训过程。
（2）描述实训方法。

2. 实训考核

考核内容及评分标准见表 4-1。

表 4-1 汽缸盖平面度测量的考核内容及评分标准

序 号	考核内容	分 值	评分标准	考核记录	得 分
1	正确使用量具	20	操作错误一项扣 5 分		
2	正确操作测量汽缸盖平面度误差测量的步骤	20	操作错误一步扣 5 分		
3	正确计算平面度误差结果	20	结果错误不得分		
4	对测量结果进行分析并作出处理意见	40	正确分析结果得 20 分，得出正确的处理意见得 20 分		

项目 4.4 实训七 汽缸圆度、圆柱度的测量

能力目标
（1）培养学生正确选择量具和使用工具的能力。
（2）培养学生测量汽缸圆度、圆柱度的能力和分析能力。

知识目标

(1) 掌握量具的使用方法。
(2) 掌握测量汽缸圆度、圆柱度的测量方法。
(3) 掌握汽缸圆度、圆柱度误差的计算方法和结论处理方法。

4.4.1 实训要求

(1) 掌握游标卡尺、外径千分尺、量缸表的正确使用方法。
(2) 掌握汽缸圆度、圆柱度误差的测量方法和步骤。

4.4.2 实训设备及工、量具

(1) 汽缸体4个。
(2) 游标卡尺,外径千分尺各4把,量缸表4套。

4.4.3 课时及分组人数

4课时,每组4~6人。

4.4.4 实训方法和步骤

实训方法和步骤参见本模块相关内容。

4.4.5 考核

1. 实训报告

(1) 描述实训过程。
(2) 描述实训方法。

2. 实训考核

考核内容及评分标准见表4-2。

表4-2 汽缸圆度、圆柱度测量的考核内容及评分标准

序号	考核内容	分值	评分标准	考核记录	得分
1	正确使用量具	20	操作错误一项扣5分		
2	正确操作测量汽缸圆度、圆柱度误差测量的步骤	20	操作错误一步扣5分		
3	正确计算圆度、圆柱度误差结果	20	结果错误不得分		
4	对测量结果进行分析并作出处理意见	40	正确分析结果得20分,得出正确的处理意见得20分		

项目 4.5　实训八　曲轴磨损和变形的测量

能力目标
（1）培养学生正确选择量具和使用量具的能力。
（2）培养学生测量曲轴磨损和变形的能力和分析能力。

知识目标
（1）掌握量具的使用方法。
（2）掌握正确测量曲轴磨损和变形的方法及步骤。
（3）掌握曲轴磨损和变形的计算方法和结论处理方法。

4.5.1　实训要求

（1）了解曲轴主轴径和连杆轴径的测量方法。
（2）掌握曲轴轴径圆度、圆柱度的测量方法。
（3）掌握曲轴弯曲变形的测量方法。
（4）掌握外径千分尺，百分表的正确使用。

4.5.2　实训设备及工、量具

（1）曲轴 4 根。
（2）平板 4 块，V 形铁 8 块。
（3）外径千分尺、百分表，磁性表座各 4 套。

4.5.3　课时及分组人数

4 课时，每组 4～6 人。

4.5.4　实训方法和步骤

实训方法和步骤参见本模块相关内容。

4.5.5　考核

1. 实训报告

（1）描述实训过程。
（2）描述实训方法。

2. 实训考核

考核内容及评分标准见表4-3。

表4-3　曲轴磨损和变形测量的考核内容及评分标准

序号	考核内容	分值	评分标准	考核记录	得分
1	正确使用测具	20	操作错误一项扣5分		
2	正确操作测量曲轴磨损和变形的方法和步骤	20	操作错误一步扣5分		
3	正确计算曲轴磨损和变形误差结果	20	结果错误不得分		
4	对测量结果进行分析并作出处理意见	40	正确分析结果得20分，得出正确的处理意见得20分		

思考题

1. 简述精度为0.02 mm的游标卡尺的刻度原理。
2. 使用游标卡尺有哪些注意事项？
3. 简述外径千分尺的读数方法。
4. 使用外径千分尺有哪些注意事项？
5. 简述量缸表的使用方法。
6. 简述如何进行轴线直线度误差的测量？
7. 简述用刀形样板尺测量平面度误差的方法。
8. 简述圆度、圆柱度误差的测量方法。

模块五　汽车维修技术基础

汽车在使用过程中，随着行驶里程的增加，其技术状况不断发生变化，使用性能也逐渐变坏，不可避免地要发生故障和损坏。因此，根据其变化规律，采取相应维护措施，视情况进行修理，对防止故障的发生具有积极的意义。

项目5.1　汽车维修的技术要求和安全规则

能力目标
(1) 培养学生具备汽车维修安全意识的能力。
(2) 培养学生具备汽车维修的能力。

知识目标
(1) 了解汽车分解的基本要求。
(2) 了解汽车零件的清洗要求。
(3) 掌握零件的检验方法。
(4) 掌握汽车维修的安全规则。

5.1.1　汽车维修的技术要求

汽车维修的过程包括分解、清洁、检测、装配和调整等步骤。每个步骤都有具体的要求。

1. 汽车分解的要求

(1) 汽车分解前，首先了解技术资料，掌握装配关系及技术要求。
(2) 分解时按顺序进行，对有公差配合的和不应更换的机件、在分解时应检查和打上装配记号。如气门、连杆与轴承，差速器左右壳，柱塞耦件等。
(3) 拆卸带有调整垫片的机件时，勿使垫片丢失或损坏，如主减速器的调整垫片，转向机轴承紧度的调整垫片等。
(4) 拆卸锈蚀机件时，可用煤油或汽油、松动剂浸润后分解或采用加热的方式进行分解，切不可猛敲猛击，以免损坏机件或工具。
(5) 拆卸的螺栓螺母，在不影响使用性能的情况下，可装回原位。
(6) 拆卸时，为清洗方便，将不同清洗方法的零件分类放置，如钢铁件、铝合金件、橡胶件、皮质件和摩擦片等。

(7) 拆卸时，要保证润滑油不落地，工具不落地，零件不落地。
(8) 拆卸时，零件应尽量按装配关系摆放，方便装配。
(9) 拆卸时，工具使用注意事项如下。
① 旋具、钳子，不准代替锤子和铣子使用，应注意受力大小和方向。
② 拆卸时应根据不同的机件选用合理的工具，不可勉强代替。
③ 拆卸轴、销、衬套等零件时，用铜棒垫击，切不可直接击打，以免变形，造成装配困难。
④ 拆卸齿轮、轮、轴承时，应采用拉器或压力机具拆卸。

2. 汽车零件的清洗要求

汽车使用后，零件表面不可避免地粘有灰尘、油污、水垢、铁锈等。为了便于检验和修理，必须彻底清除污物。

(1) 清除积炭。清除积炭可用机械法和化学法。
① 机械法。利用专用金属丝刷装在手电钻上进行刷洗，或用刮刀、铲刀进行刮除。
② 化学法。利用化学溶剂与积炭层发生化学和物理作用，使炭层软化。清除时溶液温度应保持在80～90℃，将积炭浸泡软化后，用毛刷或棉纱擦拭干净。清除积炭后，如果是铝合金，零件还应用热水冲洗。化学法除炭溶剂配方见表5-1。

表5-1 清除金属零件积炭的溶剂配方

单位：千克

零件材料	分量配 品名方	苛性钠	碳酸钠	硅酸钠	肥皂	重铬酸钾	水
钢铁件	一	25	33	1.5	8.5		1 000
	二	100				5	1 000
	三	25	31	10	8	5	1 000
铝质件	一		18.5	8.5	10		1 000
	二		20	8	10	5	1 000
	三		10		10	5	1 000

(2) 清除油污。
① 金属零件的清洗。金属零件的油污清洗方法，可采用冷洗和热洗法。
a. 冷洗法。用柴油，汽油或煤油作清洗剂，清洗后用压缩空气吹干。这种清洗方法简单、方便、迅速；但不安全，成本高。
b. 热洗法。用碱溶液作清洗剂，效果同于洗油，而费用较低。溶剂配方见表5-2。

表 5-2　清洗金属零件油污的溶剂配方

单位：千克

零件材料	分量配方\品名	苛性钠	碳酸钠	磷酸三钠	液体肥皂	硅酸钠	重铬酸钾	水
钢铁件	一	0.75	5	1	0.15	—	—	100
	二	2	—	5	—	3.2	—	100
铝质件	一	—	1	—	—	—	0.05	100
	二	—	0.4	—	—	0.15	—	100

碱溶液加热温度一般为 70～90℃。加热可加速溶液流动和降低油膜黏度，加速去油。如能对溶液加以搅拌，会加速油污与金属表面的分离，从而加速清洗过程。

一般情况下，将零件放入碱溶液中浸煮 10～15 min 后，取出用清水将碱溶液冲洗干净，再用压缩空气吹干。

② 非金属零件的清洗。橡胶件的清洗，如制动皮碗、皮圈等，清洗时可用酒精或制动液，不得用汽油、碱溶液清洗，以防零件发胀、变质；皮质件应先用肥皂水洗后，再用清水冲洗，最后用干布擦干；离合器和制动蹄摩擦片一般用少许汽油擦洗。

3. 零件的检验与分类

零件的检验，是汽车维修过程中的重要工作之一。通过对零件的检验，弄清零件的技术状况，确定维修方案。所以，它对汽车的修理质量、物资消耗、工作效率和修理成本高，都有决定性的影响。零件检验的基本方法有：经验法、测量法和探测法等。

（1）经验法。经验法是通过观察，敲击和比较来检验和判断零件技术状况的方法。这种方法简单易行，但要求修理工有对配备间隙、扭矩大小和声音的感觉经验。此法对较明显的缺陷较为有效，对复杂的故障就难以准确判断。因此，汽车维修时将其作为一种辅助的检验方法。经验法有：目测法、手感法、敲击法和比较法等。

① 目测法。对零件表面的粗糙、沟槽、刮伤、剥落、裂纹、缺损、变形、磨损等、通过眼看进行检查的方法。

② 手感法。对相互配合零件间隙，转动扭矩，用手晃动或扭转进行检查的方法。如轴和轴承的配合。

③ 敲击法。敲击法是利用敲击零件产生的声音来检查零件技术状况的方法。主要是检查裂纹和连接有无松动。如发出清脆的响声，说明无裂纹或连接紧密；如发出的声音沙哑，则可判定零件有裂纹或连接松动。

④ 比较法。用新旧零件比较来检验零件技术状况的方法。如弹簧的长度、弹性强度。滚动轴承的质量等。

（2）测量法。测量法是利用量具和仪器的测量检验零件技术状况的方法。它是汽车维修过程中，最重要的检验方法。

用量具和仪器检验零件，能够获得较准确的数据，为零件的维修提供可靠的依据。测量的方法在项目四已详细讲述，这里不再赘述。

（3）探测法。探测法是对零件隐蔽性缺陷的一种检验方法。例如曲轴，转向节等重要零件细微裂纹的检验。汽车维修中常用浸油锤击检验和磁力探伤检验两种方法。

① 浸油锤击检验。检验时，先将零件浸入煤油或柴油中片刻，取出后将表面擦干，撒上一层白粉，然后用小铁锤轻轻敲击零件的非工作面，如果零件有裂纹时，由于震动浸入裂纹的煤油（柴油）渗出，使裂纹处的白粉呈黄色线痕。根据线痕判断裂纹位置。

② 磁力探伤检验。磁力探伤检验是用磁力探伤仪将零件磁化，使磁力线通过被检测的零件，如果表面有裂纹，在裂纹部位磁力线会偏移或中断而形成磁极，建立自己的磁场。若在零件表面撒上颗粒很细的铁粉，铁粉即被磁化并附在裂纹处，从而显现出裂纹的位置和大小。

进行磁力探伤时，必须使磁力线垂直通过裂纹，否则裂纹便不会发现。

（4）零件的分类。零件经检验后，分为堪用、待用、报废3类。

① 堪用零件。堪用零件是符合大修技术标准要求，不需要修理，而能继续使用的零件。

② 待修零件。待修零件是经修理后能达到大修技术标准要求的零件。

③ 报废零件。报废零件是已损坏不能修复或没有修理价值的零件。

4. 汽车装配的要求

（1）所有零件在装配前，必须进行彻底清洗并用压缩空气吹净，经检验合格后方可装配。

（2）所有机械加工零件的表面上的毛刺、突点或锤击伤痕，凡影响装配质量的均需锉磨修整。

（3）零件的内外螺纹，如有出现断扣、变形或滑牙在有效范围内超过两扣以上而无法修复的，均不能装配。

（4）凡有规定扭紧顺序和扭力要求的螺栓（螺母），要按规定的顺序和扭力拧紧。

（5）凡是用螺栓连接所使用的平垫圈、弹簧垫圈、开口销、保险锁片等，都要按照规定装配齐全。

（6）装配轴、销、衬套等零件时，可用铜棒垫击，切不可直接锤击。

（7）对汽缸盖、汽缸水道侧盖、进排气歧管、化油器及水泵等处的螺栓和双螺钉，安装前在螺纹上涂以红丹油。

（8）所有皮质油封、在安装前浸入60℃的混合液中（机油和煤油各占50%）5～8 min，方可使用。如果是胶质的油封，应在摩擦部分涂上齿轮油。安装时油封的铁壳外周及座圈应涂上锌白漆。

（9）自动变速器更换摩擦片或制动带时，应将新的摩擦片或制动带放在干净的ATF中浸泡15 min后安装。

（10）全部油嘴，油杯应装配齐全，并按季节（时间）、种类分别加注润滑油（脂），相互运动表面应涂润滑油（脂）。

5.1.2 汽车维修的安全规则

贯彻执行汽车维修的安全规则，是预防在汽车维修过程中发生不幸事故的一种措施，因此要求每个修理人员必须严格遵守执行。

1. 使用汽油的安全规则

（1）防火防爆。汽油是易燃易爆物品，接触微小火星就能引燃。使用时要注意防火防爆。

在修理车间和保养场所内，必须有充分的通风，以免汽油蒸气浓度过大引起火灾。

盛装过汽油的油箱，严格禁止用气割等方式解体，以免爆炸。

（2）防止中毒。乙基汽油（含四乙铅）有毒，沾到破损皮肤上或吸入体中，会引起中毒。因此乙基汽油染有红色或橙色，以示区别。

凡接触过乙基汽油的工作者，必须用肥皂将手洗净，以免在进食、吸烟等情况下中毒。

2. 启动发动机时的安全规则

（1）启动发动机前首先应检查机油，散热器中的冷却液，换挡杆是否在空格位置，拉紧手制动，并将前后车轮用三角木楔住。

（2）当用手摇柄启动发动机时，应在手摇柄的一侧，自下而上提动，以防反转伤人。

（3）在室内调试发动机时，应保持空气畅通，最好将排气管接到室外。

（4）发动机启动后，应及时观察仪表的工作情况。调试检查时，应注意安全，防止被风扇打伤及皮带夹伤。

3. 车下工作安全规则

（1）在车下进行维修作业时，应在车门或方向盘等明显位置挂上警示牌"请勿启动发动机"，并用三角木楔住前后车轮，拉紧手制动。

（2）用千斤顶顶起汽车前，应先将其余车轮用三角木楔住。千斤顶放置要平稳、牢固、不可用砖头、石头或易破碎和滑动的物体垫千斤顶。凡是顶起卸下车轮的汽车，在车下作业时，应把车架用卡凳支起，确保作业安全。

（3）当放下用千斤顶架起的车轮时，拧开千斤顶开关要慢、稳，以防伤人。

（4）在车下作业时，不能直接躺在地上，应尽量使用卧板。

（5）在装配作业时，不准采用非正确的操作方法。如用手试探螺孔、锁孔等，以免轧伤手指。

（6）当发动汽车时，不得在车下作业。

4. 蓄电池使用的安全规则

（1）搬动蓄电池时要轻拿轻放，不可倾斜，以免电解液溅到皮肤或衣服上，烧伤皮肤或衣物，如因意外溅到皮肤或衣服上，应立即用清水冲洗。

（2）禁止将油料容器及各种金属物放在蓄电池盖上。

（3）在配制电解液时，应使用玻璃和陶瓷容器。将硫酸慢慢倒入蒸馏水中，绝对禁止将蒸馏水倒入硫酸中。以防蒸馏水温度急剧升高，发生大量的蒸汽。使硫酸飞溅，烧伤皮肤或衣物。

项目5.2 汽车零件的修复方法

能力目标

（1）培养学生具备汽车修复法应用的能力。
（2）培养学生具备汽车零件修复基本技术操作的能力。

知识目标

（1）了解压力修复方法。
（2）掌握金属喷涂在汽车修理中的作用。
（3）了解粘接修复法及特点。
（4）掌握焊接修复法原理及应用。
（5）掌握电镀的基本原理。
（6）掌握机械加工与电镀加工修复方法。

汽车零件在使用中会产生磨损、裂纹、折断和变形，修复时可采用机械加工、压力加工、电镀加工、金属喷镀加工、焊接及粘接加工等方法。零件的修复应根据零件的材质、工作条件、损坏的程度，选择合理的修复方法，以恢复零件的技术状态。

5.2.1 机械加工修复法

机械加工修复法是通过车、刨、铰、铣、镗、磨等机械加工方式，来恢复零件正确的几何形状和配合特性。机械加工修复法常用的工艺方法有：修理尺寸法、附加零件法、零件局部更换法、翻转或转向修理法。

1. 修理尺寸法

修理尺寸法是通过机械加工的方式，除去零件的表层，使零件具有规定的几何形状和新的尺寸。它适用于孔的扩大和轴的缩小两种情况。

例如：汽缸、曲轴等在工作中，往往不是均匀地磨损，而是磨成椭圆和锥体，这种情况下可采用修理尺寸法修复，即对汽缸进行修理时，先将汽缸镗磨扩大到某一级修理尺寸。然后更换相应加大的活塞；又如修理曲轴时，可先将曲颈加工缩小到某一级修理尺寸，然后选配缩小了尺寸的轴承，恢复正常的配合间隙。

采用修理尺寸法时，应把配合的两个零件中较贵重的一个保留下来，规定修理尺寸，而将另一个零件换掉。如汽缸与活塞修理时，修理汽缸，配以相应尺寸的活塞。曲轴轴颈与主轴承修配时，应修理曲轴轴颈。再配以相应尺寸的轴承。

修理尺寸通常是由汽车或制造厂制订的。它是根据各零件的强度，表面渗碳层或淬火层的深度来规定最后一级的处理尺寸。有些零件只有一个修理尺寸，有些零件则有几个修理尺寸。

修理尺寸法的主要优点是：可以延长结构复杂以及比较贵重零件的使用寿命，加工方法也较为简单，修理质量高。其缺点是：过多的修理尺寸限制了备件的种类，给备件选用带来很大困难。

2. 附加零件法

附加零件法是当轴和孔磨损过甚或加工到最后一级修理尺寸后，在零件力学容许的条件下，可以加工至较大尺寸，镶入一个套筒或衬套，并加以固定，然后加工至标准尺寸的方法。见图 5-1～图 5-4。

衬套与被修复的零件结合必须有一定的过盈，以使两者紧密接合，满足传热和传递力的要求，也可用螺纹和焊接等方法结合。

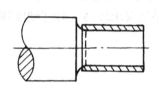

图 5-1　镶套筒修复法

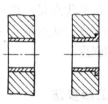

图 5-2　镶衬套修复法

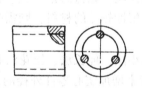

图 5-3　焊接连接法

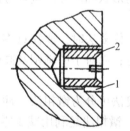

图 5-4　螺纹连接法
1—止动销；2—螺塞

3. 局部更换法

局部更换法是修复零件局部磨损过大或局部损坏的方法。修理时，用机械加工的方法修整损坏的部位，然后用镶焊等方法，恢复其原有的尺寸和性能。采用此种方法可修复齿轮、花键等。

4. 翻转或转向修理法

将磨损的零件转一角度或翻面，用未磨损的部位代替磨损的部位，这种方法称为转向和翻转修理法。

例如：轴上的键槽磨损后，可将轴转动一个角度（90°～180°）重新加工键槽如图 5-5（a）所示。零件上均匀的销孔磨损后，可变动一定角度。重新钻孔，如图 5-5（b）所示。飞轮齿圈的牙齿端面磨损后，只要拆下齿圈。翻面后再重新镶压在飞轮上即可使用。

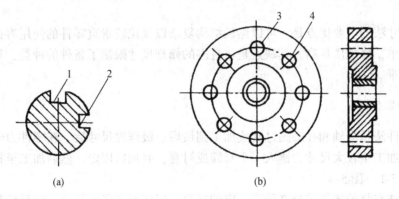

图 5-5　翻转修理法

机械加工修理法的优点是：用料经济、工艺简便、质量好、能延长零件的使用寿命，适合于修复贵重的零件。缺点是：对机械加工的精度要求较高，对高硬度和交变载荷的零件要保证其硬度和强度。

5.2.2　压力加工修复法

压力加工修复法是利用外力在加热或常温下，使零件的金属产生塑性变形，以金属位移恢复零件的几何形状和尺寸。这种方法适用于恢复磨损零件表面的形状和尺寸及零件的弯曲和扭曲校正。

采用压力加工修复法时，要注意零件材料的性质。如低碳钢、铝、铜等可塑性好的材料可在常温下进行；而对中碳钢及高碳钢等可塑性较差的材料，则需先加热到一定温度后进行。

压力加工修复法可分为镦粗法、冲大法、缩小法、伸长法、压花法和校正法等几种。

（1）镦粗法。镦粗法是利用减少零件的高度来增加实心零件外径的方法。如加大气门工作表面等。

（2）冲大法。冲大法是利用扩大空心零件的内径增加外径来恢复磨损了的外径尺寸的方法。适用于活塞销、青铜套等。

（3）缩小法。缩小法是利用挤压外径来缩小空心零件内径的方法。适用于修复衬套、外圈、套及其他空心零件。

（4）伸长法。伸长法是利用拉长杆类零件来恢复其长度的方法。适用于拉杆、气门杆等。

（5）压花法。压花法是用带齿纹的滚花刀在零件磨损的表面上进行挤压使之产生沟纹或凸峰来增大磨损的外形尺寸的方法。适用于恢复静配合件的过盈表面。

（6）校正法。校正法用于修复扭曲或弯曲变形的杆或轴类零件的方法。有冷校与热校两种。一般为冷校，当变形较大时采用热校。适用于曲轴弯曲、连杆扭曲等。

压力加工修复法的优点是：工艺简单、节省材料。缺点是：对形状复杂的零件，需加工较复杂的工装，仅适用于具有一定可塑性的零件。

5.2.3 电镀加工修复法

电镀是将金属工件浸入电解液中，以零件为阴极，通入直流电，在电流的作用下，电解液发生电解现象，使溶液中的金属析出，积附到被镀零件的表面，形成电镀层。

电镀修复法，不仅可以恢复零件的尺寸，改善其表面性能，同时因电镀过程中温度不高，不会引起零件的变形，也不会影响原来的热处理性能。电镀是汽车零件修复的重要方法之一。目前应用较广泛的是镀铬和镀铜等。

1. 电镀的基本原理

在电解液中，电解质分子会离解成带负电的负离子和带正电的正离子。如硫酸铜电解液中，硫酸铜分子离解为带正电的铜离子和带负电的硫酸根离子，用方程式表示为：

$$CuSO_4 \longrightarrow Cu^{2+} + SO_4^{2-}$$

在硫酸溶液中插入两个电极，以零件为阴极，铜板为阳极（见图5-6），接通直流电源，这时电解液中正离子（铜离子）就向阴极运动，达到阴极后，在阴极上取得本身所缺少的电子，转变为中性的铜原子附着在阴极上；同时，负离子（硫酸根离子）向阳极运动，与阳极的铜板起化学反应为硫酸铜。硫酸铜又被水溶解，补充电解液中失去的离子。通过连续的化学反应，零件表面镀覆上一层铜。这就是电镀的基本原理。

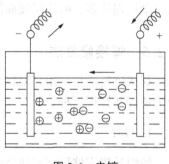

图5-6 电镀

2. 镀铬

汽车修理中镀铬用得最多。镀铬时，以零件作阴极，以铅板作阳极，以铬酐的水溶液，加入一定量的硫酸作电解液。接通直流电后，阴极上有金属铬析出，附着在镀件表面，形成镀铬层。

镀铬层具有硬度高、耐热、耐腐蚀及耐磨损等优点。缺点是：镀铬层随着厚度的增加机械性能变坏，故一般镀铬层的厚度不应超过0.5mm。

在汽车维修中，电镀常用于修复活塞销、气门挺杆、凸轮轴轴颈、转向节轴、主销和十字轴等零件。

3. 镀铜

镀铜在电镀中是比较容易获得良好镀层的一种工艺，镀层可较厚，但镀层较软、耐磨。多用于修复静配合件，如青铜衬套外表面和轴瓦面，以增大外径尺寸。也可作为镀铬、镀铁、镀镍的底层，在螺母上镀铜还可起防松作用。

5.2.4 金属喷涂加工修复法

金属喷涂也叫金属喷镀，它是用压缩空气的高速气流将金属粉末或熔化的金属吹散成雾状并继而喷射到准备好的粗糙干净的工件表面上，形成金属涂层。

金属喷涂，在汽修方面应用甚广，已有很多年的历史。金属喷涂可分为电喷涂和气体喷涂两种。电喷涂是利用电弧熔化金属丝；气体喷涂是用氧气-乙炔火焰熔化金属丝。两者都是利用高压空气将熔化的金属微粒，均匀地冲击黏附在零件表面上，积成喷涂层。

金属喷涂在汽车修理中，主要应用于填补铸铁零件的裂纹如汽缸体及各部件的外壳；恢复磨损零件的尺寸，如曲轴、凸轮轴的轴颈、气门挺杆等；对金属防锈和装饰，如对保险杠，车门把手及汽油箱内壁等进行喷锌、喷铅等。

金属喷涂修复法的优点：能按需要把各种金属喷涂到零件表面，获得10～15 mm的喷涂层，因此能对磨损较严重的零件进行修复。喷涂层硬度高，并富有多孔性，所以有良好的耐磨性。缺点是：喷涂层与零件表面粘接强度不高，易出现喷涂层脱落，在喷涂小零件时，金属损失多。喷涂层硬而脆，不易机械加工。

5.2.5 焊接修复法

焊接修复法是利用高温将焊补材料及零件局部金属熔化，使金属零件连接起来。焊接分为熔焊和钎焊两种。

1. 熔焊

熔焊是将零件局部加热至熔点，利用分子的内聚力，使金属零件连接起来的过程。熔焊分为电弧焊和气焊两种。

（1）电弧焊（电焊）。

① 电弧焊工作原理。

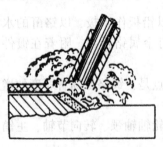

图5-7 电焊的工作原理

电弧焊的工作原理如图5-7所示。电焊机的一极通过焊钳与焊条相接，另一极与焊件相接。焊接时，先将焊条与焊件瞬时短接，由于接触处通过短接电流，产生很大的电阻热，使接触处的金属温度迅速升高而熔化。当将电焊条提起瞬间，接触处形成"细颈"，大电流由"细颈"通过，使温度进一步升高，并使周围的部分金属蒸气和热空气猛烈受热而电离。焊条提起2～4 mm与焊件分离时，在电压作用下，从负极逸出的电子，在飞向正极的途中也冲击气体分子，使气体更进一步分离，于是带电离子不断增加，电极间气体被击穿，产生很强的光和热。

电弧放电放出的热量将焊件接头部分的金属加热到熔化状态形成焊缝，并在焊缝表面产生一层渣壳。

② 电弧焊的主要设备及工具。

a. 电焊机。电焊机有交流和直流两种。直流电焊机电弧较稳定，燃烧均匀，通过将零件接正极或负极可适当控制零件的受热程度，因此焊接质量好，但直流电焊机设备较复杂，效率较低，成本较高，多用于重要的焊修处。交流电焊机设备简单、效率较高、汽车修理中广泛应用，但电弧不稳，温度不易控制。

b. 电焊钳。电焊钳用来挟持焊条并传导电流。钳口用导电性能好的金属制成，外壳用绝缘材料制作。

c. 电缆。焊接电缆用来传导焊接电流。采用两根电缆，一根接焊钳，另一根接焊接件，其规格根据电焊机容量大小确定。

③ 电焊条。电焊条，由焊芯和包在外面的药皮组成。

a. 焊芯。焊芯用来传导电流并作为填充金属。焊芯的直径即是焊条的直径，常用焊芯的直径有 3.2 mm、4 mm、5 mm 三种。

b. 药皮。药皮的作用是稳定电弧，形成保护层，防止空气浸入焊缝，除去氧、硫、磷等有害元素，并使锰、钛、铬等金属元素渗入焊缝，以提高其强度。

④ 电弧焊基本操作。

a. 接头形式。常用的接头形式有对接、搭接、角接和 T 字接等，如图 5-8 所示。接头形式应根据焊件厚度、结构形式和强度要求进行选择。由于电弧熔化金属的深度只有 3~4 mm，因此较厚的焊件必须开坡口才能焊透。

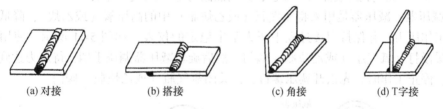

(a) 对接　　　(b) 搭接　　　(c) 角接　　　(d) T 字接

图 5-8　电弧焊的接头形式

b. 焊接规范。焊条的选择要和被焊零件的材料相同，焊条的直径取决于焊件的厚度，焊件越厚、焊条直径越大。焊接电流的选择应根据焊条直径大小来确定，焊条直径大电流就大，焊条直径小，电流就小。

⑤ 电弧焊接时注意事项。

a. 电焊机外壳应接上地线，焊钳与电缆的绝缘应可靠。操作时应戴防护面具、手套和穿胶底鞋。

b. 电焊机线路各接头必须接触紧密，以免因接触不良而发热；焊钳不得放在工作台上，以免电焊机短路。施焊结束后应切断电源。

c. 工作场所应通风，要有排风设备。

（2）气焊。

① 气焊工作原理。

气焊是将乙炔和氧气通过焊炬混合后燃烧时的火焰作为热源，把焊接金属加热到熔化状态，形成熔池，然后不断地将焊丝向溶池进入，而融合成一体，冷却后形成焊缝。如图 5-9 所示。

② 气焊设备。

气焊所用设备及管路系统的连接方式如图 5-10 所示。

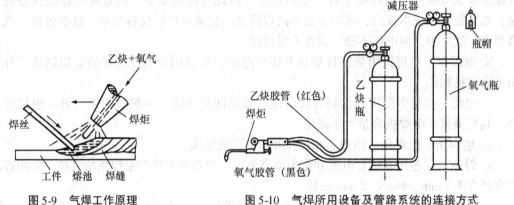

图 5-9　气焊工作原理

图 5-10　气焊所用设备及管路系统的连接方式

a. 乙炔瓶。乙炔瓶是储存溶解乙炔的装置。使用时，溶入丙酮中的乙炔，不断逸出，瓶内压力降低，剩下的丙酮，可供再次灌气使用。乙炔瓶的表面被涂成白色，并有用红漆写上的"乙炔"字样。

b. 氧气瓶。氧气瓶是储运高压氧气的容器，容积为 40 L，储存氧的最大压力为 14.7 MPa（150 kg/cm²）。氧气瓶外表漆成天蓝色，并用黑漆写上"氧气"字样。

c. 减压器。减压器是用来将氧气瓶（或乙炔瓶）中的高压氧（或乙炔），降低到焊炬需要的工作压力，并保持焊接过程中压力基本稳定的仪表，如图 5-11 所示。使用减压器时，先缓慢打开氧气瓶（或乙炔瓶）阀门，然后旋转减压器调压手柄，待压力达到所需要时为止。停止工作时，先松开调压螺钉，再关闭氧气瓶（或乙炔瓶）阀门。

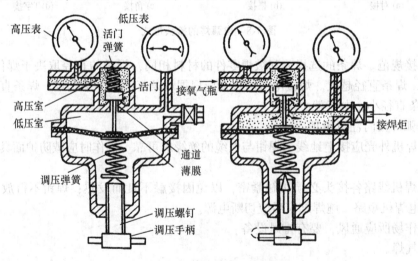

图 5-11　减压器及其工作原理

d. 焊炬。焊炬是使乙炔和氧气按一定比例混合并获得气焊火焰的工具，焊炬的外形如图 5-12 所示。工作时，先打开氧气后打开乙炔阀门，两种气体便在混合管内均匀混合，并从焊嘴喷出,点火即可燃烧。控制各阀门的大小,可调节氧气和乙炔的不同混合比例。一般焊炬有 5 种直径不同的焊嘴,以便用于焊接不同厚度的工件。我国使用最广的焊炬是 H01 型,表 5-3 列出其中两种型号的基本参数可供参考。H01-2(或 6)型号中各部分含义如下:"H"代表焊炬,"1"代表射吸式。"2"(或"6")表示可焊接低碳钢板的最大厚度 2 mm(或 6 mm)。

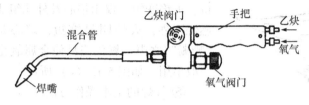

图 5-12 焊炬

表 5-3 常用焊炬的基本参数

型号	焊接低碳钢厚度(mm)	氧气工作压力(MPa)	乙炔使用压力(kPa)	可换焊嘴个数	焊嘴孔径范围
H01-2	0.5~2	0.1~0.25	1~100	5	0.5、0.6、0.7、0.8、0.9
H01-6	2~6	0.25~0.4	1~100	5	0.9、1.0、1.1、1.2、1.3

③ 焊丝和焊剂。

a. 焊丝。气焊时焊丝被熔化并填充到焊缝中,因此,焊丝质量对焊接的性能有很大影响。各种金属在进行焊接时,均应采用相应的焊丝。

焊丝的直径主要根据工件厚度来决定,选择碳钢气焊焊丝直径可参考表 5-4。

表 5-4 碳钢气焊焊丝直径的选择

单位:mm

工件厚度	1.0~2.0	2.0~3.0	3.0~6.0
焊丝直径	1.0~2.0 或不同焊径	2.0~3.0	3.0~4.0

b. 焊剂。焊剂的作用是去除焊缝表面的氧化物和保护熔池金属。在气焊低碳钢时因火焰本身已具有相当的保护作用,可不使用焊剂。在气焊铸铁、有色金属及合金钢时,则需用相应的焊剂。

常用的焊剂有:CJ101(用于焊接不锈钢、耐热钢,俗称不锈钢焊粉),CJ201(用于铸铁),CJ301(用于铜合金),CJ401(用于铝合金)。

④ 气焊火焰。

气焊操作时,调节焊炬的氧气阀门和乙炔阀门,可以改变氧气和乙炔的混合比例而得到三种不同气焊火焰:中性焰、碳化焰和氧化焰,如图 5-13 所示。

a. 中性焰。中性焰是在氧气与乙炔的比值为 1.1∶1.2 时获得。焰心是亮白色,内焰是橘红色,外焰是淡蓝色,内焰温度最高,约为 3 150℃。中性焰用于焊接低碳钢、中碳钢、合金钢、紫铜和铝合金等材料,是应用最广泛的一种气焊火焰,如图 5-13(a)所示。

b. 碳化焰。碳化焰是在氧气与乙炔的比值为 0.85~0.95 时获得。由于氧气较小,燃

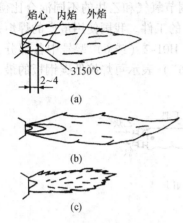

图 5-13　3 种不同的气焊火焰

烧不完全，整个火焰比中性焰长，且火焰中含乙炔比例越高，火焰就越长。当乙炔过多时，还会冒出黑烟。碳化焰用于焊接铸铁、高碳钢、硬质合金和镁合金等，如图 5-13（b）所示。

c. 氧化焰是在氧气与乙炔的比值为 1.3～1.7 时获得，火焰变短，仅由焰心及外焰组成。由于氧气较多，燃烧剧烈，火焰明显缩短，焰心是锥形，有较强的"嘶嘶"之声。氧化焰易使金属氧化，除焊接黄铜外，一般不用，如图 5-13（c）所示。

⑤ 气焊的基本操作方法。

气焊的基本操作有点火，调节火焰焊接和熄火等几个步骤。

a. 点火。点火时，先把氧气阀门略微打开，以吹掉气路中的残留杂物，然后打开乙炔阀门，点燃火焰，这时火焰是碳化焰。

b. 调节火焰。火焰点燃后，逐渐开大氧气阀门，将碳化焰调整成中性焰。

c. 焊接。焊接时，右手握焊炬，左手拿焊丝。在焊接开始时，为了尽快地加热和熔化工件形成熔池，焊炬倾角接近垂直工件，如图 5-14 所示。正常焊接时，焊炬倾角一般保持在 40°～50°之间。焊接结束时，则应将倾角减小一些，以便更好地填满弧坑。

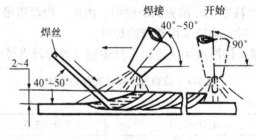

图 5-14　焊接示意图

d. 熄火。停止焊接时，应先关闭乙炔阀门，再关氧气阀门，以免发生回火。

⑥ 气焊应注意的安全事项。

a. 氧气瓶不得撞击，不得在高温下烘晒，应放在地下室存放，禁止沾油，瓶阀只能用滑石粉或甘油润滑。

b. 乙炔瓶附近严禁烟火，并不得靠近氧气瓶。

c. 工作回火时要立即关闭乙炔阀门。

d. 工作场地应采取可靠的消防措施并配合良好的通风设备。

2. 钎焊

钎焊是利用低熔点的锡、铅、铜、银等金属来熔化焊接零件的方法。

熔焊与钎焊的区别是钎焊时焊件不必熔化，焊料的熔点总是低于焊件熔点。如用熔点低于 40℃ 的易熔焊料锡或铅焊接零件叫软钎焊。用熔点高于 550℃ 的难溶焊料铜或银焊接零件叫硬钎焊。

钎焊时，由于工件不熔化，所以工件成分机械性能等均不受影响，且焊料质软，焊后易加工；钎焊工艺简单，成本低，但钎焊的连接强度较低。

锡焊用于修复强度要求不高的零件，如浮子、汽油管等；铜焊用于修复锡焊强度达不到要求的零件，如制动油管、压缩空气管等。以下以锡焊为例简单介绍钎焊。

（1）焊具

① 烙铁。锡焊工作主要是用烙铁来进行的。烙铁通常用紫铜制成。紫铜吸收热量较多，传热较快，能把较多的热量很快地传给被焊工件；同时紫铜氧化较慢，可以延长烙铁尖端的使用时间。

② 辅助工具。在钎焊过程中，用来修整烙铁，清洁焊接部位和焊道的辅助工具，如锉刀、刮刀、钢丝刷和钳子等。

（2）焊料和焊药

① 焊料。锡焊的焊料是锡和铅的合金，纯锡的流动性不好，价格高，很少使用，一般用的焊锡，锡、铅含量各占50%。

② 焊药。焊药的作用是在焊接时清除焊缝处的污物，保护金属不受氧化，帮助焊锡流动，增加焊接强度。

（3）钎焊的基本方法。

① 用锉刀、刮刀或钢丝刷清除焊接处的油污。

② 清洁烙铁，用钢丝刷刷除氧化铜。

③ 在焊接部位涂上焊药。

④ 用加热的烙铁沾上焊锡，在焊接部位稍停片刻，使焊件发热，然后慢慢移动，使焊锡均匀地流入焊缝，形成光洁平滑的焊道。

⑤ 焊缝较长时，可将焊接件固定好，压牢并涂好焊药，先用点焊的方法，然后再焊好全部焊缝。

（4）钎焊应注意的安全事项。

① 烙铁要放稳，防止掉下来，以免引起火灾或烫伤。

② 使用烙铁时，应首先注意电源电压与烙铁电压是否一致。不一致时，不准使用。通电后，不能随便离开，用完后应断开电源。

③ 试验烙铁温度时，要用焊锡试，不要用手触摸，以防烫伤。

5.2.6 粘接修复法

粘接修复法是利用粘合剂对受力不大，工作温度不高的相同或不同材质的零件断裂进行粘接修复的方法。

零件用粘接法修复，工艺简便，设备简单，成本低，又不会引起零件的变形和金属组织结构的变化，因而广泛用于粘补裂纹，充填零件制造时遗留的洞穴等缺陷。

1. 环氧树脂胶粘接

环氧树脂是一种人工合成的高分子树脂状的化合物，它能够同许多种材料的表面形成化学键的结合，产生较大的粘接力。所以用环氧树脂胶配成的胶用途很广泛，能粘接各种金属或非金属材料，如钢铁、木材、橡胶、陶瓷、玻璃、塑料等。它还有耐酸、碱、盐的腐蚀，不怕水、油，并有较高的电绝缘性等优点。缺点是：性质脆弱，不耐冲击，抗拉强度低，温度超过100℃时粘接强度就会降低。

环氧树脂在汽车修理中应用在修补裂缝上，如分电器盖、汽缸体和盖（非受力部分）、化油器等机件的裂纹，均可修复；在修复磨损上，如轴类零件，用玻璃布浸粘环氧树脂胶，卷贴在轴的外面，就可以达到恢复原来的尺寸；另外还能防漏密封，解决漏油、漏水、漏气等现象。

2. 无机粘合剂粘接

无机粘合剂是由氯化铜和磷酸等无机物配制而成的，所以叫无机粘合剂。它的优点是耐高温、强度高等特点，一般耐温短时达到700℃的高温，长时间可在200℃条件下使用。缺点是脆性大，平面粘接强度低，不耐油、水、酸、碱的侵蚀和腐蚀。

无机粘合剂在汽车修理中，广泛应用于汽缸、制动总泵、各种油封、轴颈的粘接或镶套等。例如，在修复汽缸盖螺孔时，可把损坏的螺孔加大到15.5 mm套扣，然后选与其相应的螺杆涂好无机粘合剂旋入螺孔，加温固化后，可加工成原来的标准螺孔。

项目5.3　实训九　焊接操作

能力目标
（1）培养学生正确选择电弧焊电流、焊条的能力。
（2）培养学生具备手工电弧焊与气焊的平焊焊接能力。

知识目标
（1）了解焊接生产工艺过程的整体方法。
（2）了解气焊设备组成与气焊火焰的调节方法。
（3）掌握氧气切割原理与金属气割条件的分析方法。
（3）掌握手工电弧焊与气焊的平焊焊接方法。

5.3.1　实训要求

（1）了解焊接生产工艺过程、特点和应用。
（2）能正确地选择电弧焊的电流、焊条，独立完成手工电弧焊的平焊焊接。
（3）了解气焊设备的组成及作用，工具的结构，气焊火焰种类、调节方法和应用，能正确调整气焊火焰，独立完成气焊的平焊焊接。
（4）熟悉氧气切割原理、切割过程和金属气割条件。
（5）了解钎焊的工艺过程，特点和应用。

5.3.2 实训设备

电焊机 8 台,气焊设备 8 套,钎焊设备 8 套,其他辅助焊接设备 8 套等。材料若干。

5.3.3 课时及分组人数

6 课时,每组 4~6 人。

5.3.4 实训步骤和操作方法

详见本模块相关内容。

5.3.5 考核

1. 实训报告

(1) 描述实训过程。
(2) 描述实训方法。

2. 实训考核

考核内容及标准如表 5-5 所示。

表 5-5 焊接操作的考核内容及评分标准

序号	考核内容	分值	评分标准	考核记录	得分
1	焊接前的准备工作	10	错漏一项扣 2 分		
2	电弧焊电流、焊条的选择	20	选择错误每次扣 5 分		
3	手工电弧焊平焊焊接的操作	20	操作错误每次扣 10 分		
4	气焊火焰调节的操作方法与气焊平焊焊接操作	30	操作错误每次扣 10 分		
5	钎焊焊接的操作	20	错漏一项扣 5 分		

项目 5.4 汽车维护管理

能力目标
(1) 培养学生具备汽车维护管理的能力。
(2) 培养学生具备汽车维护的基本技术操作的能力。

知识目标
(1) 了解汽车维护的意义与原则。

(2) 了解汽车维护的各个级别。
(3) 掌握汽车维护的各级别的作业内容。

汽车在使用过程中，受各种因素的影响，其零件必然产生不同程度的磨损、损伤、变形和松动等。及时地采取相应维护措施，对避免零件的早期损坏，防止或减少故障，延长汽车的使用寿命有重要的作用。

5.4.1 汽车维护的意义

汽车在使用过程中，随着行驶里程的增加，其技术状况逐渐变坏，导致汽车动力性能下降、经济性能变差和安全可靠性能降低。为确保车况良好，延长大修间隔里程，降低运输成本，保证行车安全，根据汽车零件的磨损规律，把磨损、松动、脏污和易于发生故障部位等项目集中起来，在达到允许工作极限之前，分级分期强制进行相应的清洁、检查、补给、润滑、紧固和调整。

5.4.2 汽车维护的原则

中华人民国共交通运输部于1990年3月颁布了《汽车运输业车辆技术管理规定》。在规定中明确了"车辆维护应贯彻预防为主，强制维护的原则。"预防维护是指维护作业的内容和时机，是按预先规定的计划执行的，其目的是为了预防故障的发生，维持汽车的良好技术状况。强制维护是汽车一经行驶到规定的维护周期，必须按规定强制维护，并在维护作业时保证质量。车辆维护应根据车辆的结构特点、使用条件、故障规律和经济效益等综合考虑，合理地制订维护分级、维护周期和维护项目。

5.4.3 汽车维护的分级

汽车维护分三级，即日常维护、一级维护和二级维护。

(1) 日常维护。日常维护是各级维护的基础，属于预防性维护，由驾驶员负责执行。其作业内容是清洁、补给和安全检视。

(2) 一级维护。一级维护由专业维修工负责执行。除日常保护作业外、以清洁、紧固和润滑为中心内容，并检查有关制动、操纵等安全部件。

(3) 二级维护。二级维护由专业维护工负责执行。其作业中心内容除一级维护外，以检查调整为主，并拆检轮胎，进行轮胎换位。

5.4.4 东风EQ1090型汽车维护作业内容

1. 日常维护

日常维护分为出车前维护、行车中维护和收车后维护。

(1) 出车前维护。
① 清洁汽车。

② 检视机油、齿轮油、冷却水、制动液、电解液、轮胎气压等是否符合标准。
③ 检视轮胎、传动轴等主要外露部位的螺栓、螺母是否松动。
④ 检视转向传动机构、制动装置的连接部位是否牢固可靠。
⑤ 检查乘员及货物装载是否符合规定。
⑥ 检查灯光照明、信号等装置是否良好。
⑦ 启动发动机、检视各仪表工作是否正常，检查有无漏油、漏水、漏气、漏电等现象。
⑧ 检查驾驶证，行驶证等证件是否齐全。
（2）行车中维护。
① 检视轮胎外表及气压，清理胎纹中杂物。
② 检视制动器有无拖滞现象。
③ 检视漏油、漏水、漏气现象。
④ 检视转向、制动传动装置连接是否可靠。
⑤ 检查离合器踏板、制动踏板自由行程。
⑥ 检视乘客和货物状态。
（3）收车后维护。
① 清洁驾驶室及车身外表。
② 检视漏油、漏水、漏气现象。
③ 冬季气温低于 –30℃，露天放置的车辆，应将蓄电池放入室内保温。
④ 检视各连接装置有无松动。
⑤ 检视悬架总成情况。
⑥ 检查轮胎气压及外表情况。
⑦ 放净储气筒内的积水、油污，关好开关。

2. 一级维护

（1）清洁汽车及各总成外部。
（2）检查风扇皮带及压缩机皮带。
（3）检查变速器、减速器、油面及通气孔。
（4）检查传动轴。
（5）检查转向机构。
（6）检查前后悬架。
（7）清洁蓄电池外部，检视电解液。
（8）检查车身各总成与车架连接情况。
（9）按规定润滑。

3. 二级维护

（1）包括一级维护的全部项目。
（2）清洗机油细滤器转子外罩内壁沉积污垢，更换粗滤芯。
（3）检查车轮制动器、润滑制动蹄轴；清洗、润滑并调整轮毂轴泵，调整制动间隙。
（4）检查各处润滑点，添加或更换润滑油。

(5) 放出油箱沉积物，清洗汽油滤清器和化油器进油接头上的滤网。
(6) 调整气门间隙，清洗润滑分电器。
(7) 清除火花塞积炭、校正电极间隙。
(8) 检查电解液密度，及时充电。
(9) 检查离合器制动器踏板自由行程。
(10) 检查转向盘自由转动量，必要时调整。
(11) 检查并调整前束。检查传动轴情况。
(12) 清洗空气压缩机的空气滤清器滤芯、储气筒单向阀。
(13) 清洗气压调节阀接头处的滤芯罩和滤芯。
(14) 检查曲轴和通风装置，清洗单向阀。
(15) 清洁并润滑启动机、发电机。
(16) 按润滑规定进行润滑。

项目 5.5　汽车维修管理

能力目标
(1) 培养学生判断汽车是否需要大修的能力。
(2) 培养学生汽车修竣检验的能力。

知识目标
(1) 了解汽车维修的意义与原则。
(2) 了解汽车及总成大修标志。
(3) 掌握汽车维修的基本方法。
(4) 掌握汽车进厂检验的具体内容。
(5) 掌握汽车修竣的基本内容。

5.5.1　汽车维修的意义

汽车在使用过程中，随着行驶里程的增加，其技术状况不断发生变化，使用性能也逐渐变坏，直至不能工作。因此，根据其变化规律，视情修理，以防止拖延修理造成车况恶化和事故发生。从而达到提高汽车使用效率，降低运输成本的目的。

5.5.2　汽车维修的原则

在《汽车运输业车辆技术管理规定》中规定"车辆修理后贯彻视情修理的原则"。所谓"视情修理"就是根据车辆检测诊断和技术鉴定的结果，视情按不同作业范围和深度进行的修理。其目的在于防止拖延修理造成车况恶化，又防止提前修理造成浪费。

5.5.3 汽车修理的分类

汽车修理按作业范围分为：汽车大修、总成大修、汽车小修和零件修理。

（1）汽车大修。汽车大修是在汽车行驶一定里程（或时间）后，经检测诊断和技术鉴定，用修理或更换车辆任何零件的方法，恢复车辆的完好技术状况，使之完全或接近完全恢复车辆技术性能和使用性能的恢复性修理。

（2）总成大修。总成大修是车辆的主要总成经过一定行驶里程（或时间）后，用修理或更换总成任何零件（包括基础件）的方法，恢复其完好技术状况的恢复性修理。

（3）汽车小修。汽车小修是用修理或更换个别零件的方法，保证或恢复车辆工作能力的运行性修理，主要是消除车辆在运行过程或维修作业过程中发生或发现的故障或隐患。

（4）零件修理。零件修理是对磨损、变形和损伤等而不能继续使用的零件进行修理。

5.5.4 汽车及总成大修送修标志

1. 汽车大修标志

（1）客车大修标志。客车大修标志以车厢为主，结合发动机总成或其他两分总成符合大修条件的，应送大修。

（2）货车大修标志。货车大修标志以发动机总成为主，结合车架总成或其他的两分总成符合大修条件的，应送大修。

2. 总成大修标志

（1）发动机总成大修标志。发动机汽缸磨损，圆柱度达到 0.175～0.250 mm 或圆度已达到 0.050～0.063 mm（以其中磨损量最大的一个汽缸为准）；最大功率或汽缸压力较标准降低 25% 以上；燃料和润滑油消耗量显著增加时。

（2）车架总成大修标志。车架断裂、锈蚀、弯曲、扭曲变形逾限，大部分铆钉松动或铆钉孔磨损，必须拆卸其他总成后才能进行校正、修理或重铆者。

（3）变速器总成大修标志。壳体变形，破裂、轴承孔磨损逾限，变速齿轮及轴恶性磨损、损坏、需要彻底修复者。

（4）驱动桥总成大修标志。桥壳破裂、变形，半轴套管的承孔磨损逾限、减速器齿轮磨损，需要校正或彻底修复者。

（5）前桥总成大修标志。前轴裂纹、变形，主销承孔磨损逾限，需要校正或彻底修复者。

（6）客车车身总成大修标志。车厢骨架断裂、锈蚀、变形严重、蒙皮破损面积较大、需要彻底修复者。

5.5.5 汽车维修的组织方式

1. 汽车维修的基本方法

汽车维修的基本方法有就车修理法和总成互换修理法两种形式。

（1）就车修理法。就车修理法是指汽车修理过程中原车的零件、组合件及总成不能互换，修理后仍装回原车的修理方法。由于就车修理法各总成的修理周期不同，装配的连续性经常受到影响，只有等修理周期最长的总成修竣后方能装配汽车，因此大修周期长。但对修理量不大、承修车型种类较多和送修单位不一的修理厂来说，采用这种修理方法还是较为适宜的。就车修理法的工艺过程如图5-15所示。

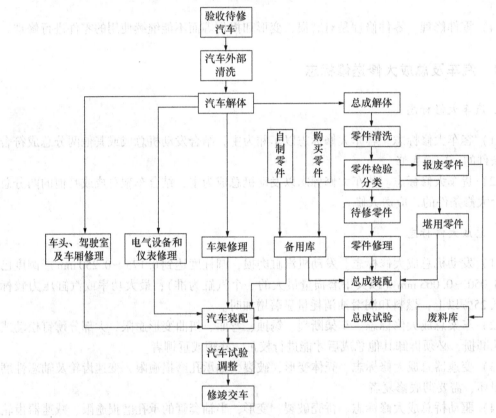

图5-15　就车修理法的工艺过程

（2）总成互换修理法。总成互换修理法是指汽车在修理过程中，除车架外，其余需修的总成都可用备品库中预先修好的（或新件）换装。而替换下来的总成另行安排修理，以备下次换用。

由于总成修理法利用了备用总成，保证了修理的连续性，从而大大缩短了汽车的修理周期。这种修理方法适用于修理规模较大，承修车型较单一，并具有一定备件周转能力的修理厂。总成互换修理法的工艺过程如图5-16所示。

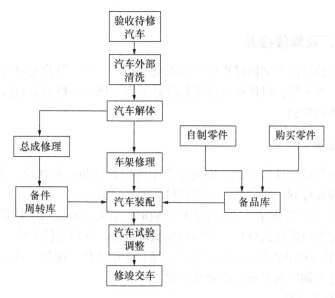

图 5-16　总成互换修理的工艺过程

2. 汽车修理作业方式

汽车修理的作业方式分为固定工位作业法和流水作业法两种方式。

（1）固定工位作业法。固定工位作业法是指汽车拆装作业固定在一定位置来完成，而拆散后的修理作业，仍分散到各专业组进行。这种作业方式优点是：占地面积小，所需设备简单，拆装作业不受连续性限制、生产的调试与调整比较方便；其缺点是：总成及笨重零件要来回运输，工人劳动强度大。这种方法适用于规模不大或承修车型种类较复杂的修理厂。

（2）流水作业法。流水作业法是将汽车的拆装作业沿着流水顺序，分别在各专业工组或工位上逐步完成全部拆装和修理作业。这种作业法的优点是：专业化程度高，分工细致，修理质量高，总成和笨重零件的运输距离短，工效高；其缺点是：设备投资大，占地面积大。这种方法适用于承修车型单一、生产规模较大的修理企业。

3. 汽车修理的组织形式

汽车修理生产可分为综合作业和专业分工作业两种组织形式。

（1）综合作业组织形式。综合作业组织形式是指汽车的拆装、修理作业（除个别零件、部件的机械加工外），全部由一个修理组完成。因此修理组的作业范围广，要求工人技术全面、技能素质高，但技术不易达到全面熟练，故工效低，进度慢，修理周期长。一般只适用于生产规模小，车型复杂的修理厂。

（2）专业分工作业组织形式。专业分工作业组织形式是将汽车修理作业，按工种、部位、总成、组合件或工序由一个或几个专业组专门负责进行。分工的繁简程度，取决于企业的规模。这种劳动组织形式既适用于固定工位作业法，又适用于流水作业法。它便于采用专业工艺装备，能保证修理质量，提高工效，易于提高工人的操作技术水平，缩短修理周期，同时也便于组织各单元之间的平衡交叉作业。一般适用于承修车辆多，车型单一的修理企业。

5.5.6 汽车进厂及修竣检验

进厂和修竣检验是汽车维修过程中十分重要的环节。进厂检验是对待修车辆进行全面了解技术状况的首要工作，以便更好地组织维修工作。修竣后检验是对汽车修理质量、使用性能和安全性能的检验。

1. 汽车进厂检验

送修的汽车必须经过进厂检验，以确定汽车的完整性和技术状况，为核定修理工时、材料费用和安排修理计划、制订修理工艺提供必要的依据。

（1）验收送修车装备情况。送修车进厂验收时，首先要检查汽车的装备情况，掌握有关技术档案，承修单位应同送修单位填写汽车交接清单，办理交接手续。

（2）了解汽车的使用情况。向驾驶员了解送修车的使用、维护、修理的情况、行驶里程、故障现象，作为制定汽车故障的初步依据。

（3）汽车的外部检视。

① 检查车容，察看汽车外部有无碰伤，各种零件是否齐全，有无腐蚀损坏。
② 检查车架和悬架机构，察看有无明显的断裂、变形和铆钉有无松动。
③ 检查轮胎螺母是否齐全紧固，以及轮胎的磨损情况。
④ 检查汽车有无漏油、漏水、漏气等。
⑤ 检查驾驶室内仪表及辅件等情况。
⑥ 检查发动机及辅件等情况。
⑦ 检查传动系、转向系、制动系等各部分连接情况。
⑧ 检查灯光、信号装置等状况。

（4）汽车行驶检验。

① 检查发动机动力性能和经济性能。
② 检查离合器是否发响、发抖、打滑、分离不彻底等。
③ 检查变速器是否发响、跳、乱挡和发抖等。
④ 检查传动轴是否发响、抖动。
⑤ 检查后桥是否发响。
⑥ 检查前桥与转向是否不稳、跑偏、沉重和前轮摇摆。
⑦ 检查制动是否跑偏、拖滞、失效和不灵等。

（5）记录。汽车进厂检验后，检验结果均应做好记录、一式几份，分别交给有关部门，以便汽车修理和修竣检验时参考，并作为原始资料存档。

2. 汽车修竣检验

汽车修理后，应进行修竣检验。其目的是通过对汽车外部检视、路试、检查汽车修理的质量。

根据国家标准 GB 3798.2—2005 规定，载货汽车修竣检验标准如下。

（1）基本要求。

① 整车外观应整洁、完好、周正，附属设施及装备应齐全、有效。

② 主要结构参数应符合原设计规定，由修理改变的整备质量，不得超过新车出厂额定值的 3%。

③ 左右轴距差不得大于原设计轴距的 1/1 000。

④ 各部分运行温度正常，各处无漏油、漏水、漏电、漏气现象。

⑤ 各仪表运行正常，指示正确。

⑥ 发动机、底盘等各总成均应按原设计规定喷（涂）漆。

⑦ 润滑及其他工作介质的使用要求如下。

a. 各润滑脂（油）嘴应装配齐全、功能有效，各总成应按原设计规定加足润滑剂；

b. 动力转向装置、变速器、分动器、主减速器、液力传动装置、发动机冷却系统、气压制动防冻装置、液压制动装置、空调冷媒、风窗清洗装置等均应按原设计要求，加注规定品质与数量的介质。

⑧ 各总成与车架连结部位的支撑座、垫应齐全，固定可靠。

⑨ 全车所有螺栓、螺母应装配齐全，锁止可靠。关键部位螺栓、螺母的扭紧顺序和力矩应符合原制造厂维修技术要求；一般紧固件应牢固可靠，不得有松动、缺损现象。一次性锁止螺栓不得重复使用。

⑩ 各铆接件的结合面应贴合紧密；铆钉应充满钉孔、无松动；铆钉头不能有裂纹、缺损或残缺现象；不得用螺栓连接代替铆接。

⑪ 各焊接部位应按规定焊接，焊缝应平整、光滑；不应有夹渣、裂纹等焊接缺陷。

⑫ 影响汽车行驶安全的转向系、制动系和行驶系的关键零部件，不得使用修复件。

（2）各总成机构要求。

① 发动机。

发动机应符合GB/T 3799.1和GB/T 3799.2 的规定。

② 转向操纵机构。

a. 转向盘应转动灵活、操纵轻便，无异响，无偏重或卡滞现象。转向机构各部件在汽车转向过程中不得与其他部件相干涉。

b. 转向盘应能自动回正，具有稳定的直线行驶能力。在平坦的道路上行驶不得有摆振或其他异常现象，曲线行驶时不得出现过度转向。

c. 转向盘的最大自由转动量，应符合 GB 7258 中有关条款的要求。

d. 汽车转向轮的横向侧滑量，应符合 GB 7258 中有关条款的要求。

e. 车轮定位、最大转向角应符合原设计规定。

f. 转向节及臂，转向横、直拉杆及球销应无裂纹和损伤；并且球销不得松旷，横、直拉杆不得拼焊。

③ 传动机构。

a. 离合器接合平稳、分离彻底、操作轻便、工作可靠，不得有异响、打滑或发抖现象，踏板力不大于 300 N。

b. 离合器踏板的自由行程、有效行程应符合原设计规定；动作时不应与其他非相关件发生干涉，放松踏板能迅速回位。衬套与轴的配合应符合原制造厂维修技术要求。

c. 手动变速器及分动器应换挡轻便、准确可靠，互锁和自锁装置有效，不得有乱挡和自行跳挡现象；运行中无异响，正常工况下不过热。

d. 自动变速器的操纵装置除位于 P、N 外的任何挡位，发动机均应不能起动，当位于 P 挡时，应有驻车锁止功能；车辆行驶中能按规定的换挡点进行升、降挡；换挡平顺、不打滑，无冲击、无异响。正常工况下不过热。

e. 传动轴及中间轴承应工作正常，无松旷、抖动、异响及过热现象。装备有缓速器的车辆，缓速器应作用正常有效，缓速率应符合原设计要求。

f. 主减速器、差速器和轮边减速器应工作正常，无异响，正常工况下不过热。

④ 行走机构。

a. 车轮总成的横向摆动量和径向跳动量应符合 GB 7258 中有关条款的要求。

b. 最大设计车速大于或等于 100 km/h 的汽车，车轮应进行动平衡试验，其动不平衡质量应不大于 10 g。

c. 汽车装用的轮胎应与其最大设计车速相适应。

d. 轮胎胎冠和胎侧不得有足以暴露出轮胎帘布层的破裂或割伤。

e. 轮胎胎冠上的花纹深度应符合 GB 7258 中有关条款的要求；同轴上装用的轮胎型号、品种、花纹应一致；汽车转向轮不得装用翻新轮胎，轮胎气压应符合原设计规定；用滚型工艺制作的轮辋损坏后必须换装相同的轮辋。

f. 转向节与衬套的配合及轮毂轴承预紧度应符合原制造厂维修技术要求。

g. 非独立悬架式车辆，转向节与衬套的配合，轴颈与轴承的配合，轴承预紧度调整应符合原制造厂维修技术要求，无异响，正常工况下不发热，减震器、钢板弹簧，作用良好、有效，无异响；各部连接杆件不松旷。

h. 独立悬架式车辆，转向节上下球销不松旷；轴承与轴颈的配合，轴承预紧度调整符合原制造厂维修技术要求，无异响，正常工况下不发热；减震弹簧、扭杆弹簧、气囊弹簧、减震器，作用正常有效，无异响，各部连接杆件衬套、球销、垫片，齐全不松旷。

⑤ 制动机构。

a. 汽车在行驶中无自行制动现象。

b. 采用气压制动的汽车，制动系统的装备及其性能应符合 GB 7258 中有关条款的规定。

c. 制动系装备的比例阀、限压阀、感载阀、惯性阀或制动防抱死装置，应工作正常有效。

d. 装有排气制动的柴油车，当排气制动装置关闭 3/4 行程时，联动机构应使喷油泵完全停止供油；而当排气制动装置开启时，又能正常供油。

e. 制动踏板的自由行程、有效行程应符合原设计规定。动作时不应与其他非相关件发生干涉，放松踏板能迅速回位。衬套与轴的配合应符合原制造厂维修技术要求。采用液压制动的汽车踏板行程应符合 GB 7258 中有关条款的规定。

f. 驻车制动操纵杆的有效行程应符合原设计规定。动作时不应与其他非相关件发生干涉。衬套与轴的配合应符合原制造厂维修技术要求。

⑥ 车架、车身、驾驶室。

a. 车架纵梁上平面及侧面的纵向直线度公差，在任意 1 000 mm 长度上为 3 mm，在全长上为其长度的 1‰。

b. 车架总成左、右纵梁上平面应在同一平面内，其平面度公差为被测平面长度的 1.5‰。

c. 车架分段（前钢板前支架销孔轴线→前钢板后支架销孔轴线→后钢板前支架销孔轴线→后钢板后支架销孔轴线）检查，各段对角线长度差不大于 5 mm。

d. 驾驶室、货厢应平整完好，无变形、裂损、锈蚀等缺陷。货厢边板、铰链应铰接牢固、启闭灵活。

e. 驾驶室总成采用翻转机构的，行驶中应无异响，减震有效；翻转轻便灵活，翻转角度符合原设计规定；定位及锁止机构，可靠、完整、有效。隔热隔震措施有效，符合原设计规定。

f. 驾驶室座椅可调节部位，应调节灵活，锁止有效。

g. 驾驶室、货厢、保险杠及翼子板左右对称。各对称部位离地面高度差：货厢不大于 20 mm，其他不大于 10 mm。

h. 货厢边板和底板应平整完好；左、右边板应平行，其高度差不大于 10 mm，边板关闭后，各边缝隙不应超过 5 mm；货厢铰链支架及锁钩应按原设计修配齐全、有效。

i. 备胎架安装牢固可靠、操纵灵活。

j. 发动机罩应无裂损变形，盖合严密，附件齐全有效、灵活可靠，支撑牢固。

k. 后视镜成像清晰，调节灵活，支架无裂损及锈蚀，安装牢固；刮水器工作可靠，有效刮水面达到原设计要求。

l. 内、外装饰件外观应平顺贴合，紧固件整齐牢固；电镀、铝质装饰件应光亮，无锈斑、脱层、划痕。

m. 可开启式门窗应开闭轻便、关闭严密、锁止可靠、合缝均匀，不松旷；门把、玻璃升降器齐全完好、灵活有效。

n. 门窗玻璃应符合 GB 7258 有关规定的要求。

o. 门窗及防尘、防雨密封设施应齐全、完好。

⑦ 照明和信号装置及其他电气设备。

全车电气线路应布置合理、连接正确；线束包扎良好、牢固可靠；线束通过孔洞处应有防护装置，且距离排气管不小于 300 mm；导线规格及线色符合规定，接头牢固、良好；保险丝、熔断线及继电器的使用应符合原设计规定；裸露的电气接头及电气开关应距燃油箱的加油口和通气口 200 mm 以上。

a. 灯光、信号、电器设备等及其控制装置应齐全有效，各元器件性能良好，工作正常，符合原设计要求。

b. 前照灯光束的照射位置和发光强度应符合 GB 18565 中有关条款的规定。

c. 蓄电池外观应整洁、安装牢固，桩头完好、正负极标志分明，桩卡头及搭铁线连接牢实；电解液密度、液面高度及电压差应符合规定。

（3）主要性能指标要求。

① 动力性。

台架测试汽车额定转矩转速下的驱动轮输出功率应符合 GB/T 18276 的规定。

环境温度在 288～303 K（15～30℃）范围内，海拔高度变化后，驱动轮输出功率可按下列公式进行修正。

$$P_{修正} = \frac{P_{输出}}{k}$$

式中 $P_{修正}$——修正功率，kW；
　　$P_{输出}$——驱动轮输出功率，kW；
　　k——不同海拔高度输出功率修正系数，见表5-6。

表5-6　不同海拔高度的输出功率修正系数

海拔高度（m）	1 000	2 000	3 000	4 000	5 000
汽油机修正系数 k	0.87	0.77	0.67	0.57	0.47
柴油机修正系数 k	0.93	0.85	0.77	0.69	0.61

② 经济性。

汽车大修走合期满后，每百公里燃料消耗量不得大于该车型原设计规定的相应车速等速百公里燃油消耗量的105%。

③ 排放性能。

各种排放控制装置应齐全、有效，汽车的排放指标应符合国家标准的要求。

④ 制动性能。

a. 试验台或道路检测制动性能，应符合 GB 18565 中有关条款的规定。

b. 制动系装有比例阀、限压阀、感载阀、惯性阀或制动防抱死装置的，在试验台上达不到规定制动力的车辆，应以满载路试的检验结果为准。装有 ABS 的汽车制动性能应符合国家标准的规定。

⑤ 滑行性能。滑行性能应符合 GB18565 中有关条款的规定。

⑥ 转向轻便性。转向轻便性应符合 GB 18565 中有关条款的规定。

⑦ 汽车噪声。汽车驾驶员耳旁噪声应符合 GB 7258 的有关规定；汽车车外噪声应符合 GB l495—2002 的有关规定。

⑧ 喇叭声级。喇叭声级应符合 GB 7258 的有关规定。

（4）质量保证。

① 大修竣工出厂的汽车，经检验合格，应签发"汽车大修出厂合格证"及有关技术文件。

② 承修单位对大修竣工的汽车应给予质量保证，主要总成部件的质量保证期自出厂之日起，不少于半年或行驶里程不少于 20 000 km（以先到者为准）。

思 考 题

1. 汽车分解的要求是什么？
2. 清除积炭的方法有哪些？
3. 金属零件的清洗方法有哪些？
4. 怎样清洗非金属零件？

5. 零件的检验方法有哪些？
6. 零件是如何分类的？
7. 汽车装配的要求是什么？
8. 使用汽油的安全规则是什么？
9. 启动发动机时的安全规则是什么？
10. 车下安全工作的规则是什么？
11. 蓄电池的使用安全规则是什么？
12. 什么是机械加工修复法？
13. 机械加工修复法包括哪些内容？
14. 压力加工修复法包括哪些内容？
15. 什么是电镀加工修复法？
16. 简述电镀的基本原理。
17. 镀铬的特点是什么？
18. 什么是金属喷涂加工修复法？
19. 金属喷涂在汽车修理中的作用是什么？
20. 什么是焊接修理法？
21. 简述电弧焊的工作原理。
22. 如何选择电焊条？
23. 简述气焊的原理。
24. 简述减压器的作用及操作方法。
25. 气焊的火焰有哪几种？
26. 简述气焊的操作方法。
27. 气焊的注意事项有哪些？
28. 什么是钎焊？
29. 熔焊与钎焊的区别是什么？
30. 简述钎焊的基本方法。
31. 钎焊的注意安全事项有哪些？
32. 什么是粘接修复法？
33. 粘接修复法的特点有哪些？
34. 环氧树脂粘接的特点及用途有哪些？
35. 无机粘合剂的特点及用途有哪些？
36. 汽车维护的意义是什么？
37. 汽车维护的原则是什么？
38. 汽车维护分哪些级？
39. 简述日常维护的作业内容。
40. 简述一级维护的作业内容。
41. 简述二级维护的作业内容。
42. 汽车维修的意义是什么？
43. 汽车维修的原则是什么？

44. 汽车修理是怎样分类的？
45. 汽车大修的标志是什么？
46. 总成大修的标志是什么？
47. 汽车维修的基本方法有哪几种？
48. 汽车维修作业方式有哪几种？
49. 汽车修理的组织形式有哪几种？
50. 简述汽车进厂检验的内容。
51. 简述汽车修竣的基本要求。

模块六　液力、液压传动

液力、液压传动技术是现代汽车工业中应用非常广泛的技术。特别是近年来，电子技术的飞跃发展，极大地促进了液力、液压传动技术在汽车工业上的应用，目前汽车已在燃料供给系统、润滑系统、转向系统、制动系统、传动系统、悬架系统、控制系统等方面得到广泛应用，因此，加强针对汽车的液力、液压传动技术的学习和研究，对汽车的维护和修理具有重要意义。

项目 6.1　液力传动的工作原理

能力目标

（1）培养学生具备分析液力传动工作原理的能力。
（2）培养学生具备分析液力传动特点的能力。

知识目标

（1）了解液力传动的基本概念。
（2）掌握液力传动的工作原理。
（3）掌握液力传动的特点。

6.1.1　液力传动概述

以液体为介质进行能量传递与控制的传动装置称为液体传动装置，简称液体传动，液体传动分为液力传动和液压传动。

在汽车液体传动装置中，液体的相对高度位置变化很小，故位能与压力能和动能相比很小，可以忽略不计，因此，液体传动中液体能量变换的主要形式为压力能和动能，凡是以工作液体的动能进行能量传递与控制的过程称为液力传动。

6.1.2　液力传动原理

液力传动装置是 20 世纪初开始研究的，最早用于船舶工业。汽车上采用液力传动是第一次世界大战之后。在 20 世纪 30 年代，英国、美国、法国等发达国家将液力传动应用于公共汽车，至第二次世界大战期间许多军用车辆和专用汽车也开始采用了液力传动装置。

液力传动装置如图 6-1 所示。它由离心泵、集水槽、进水管、连接管路、导水机构、水轮机等组成。

发动机带动离心泵，将水从集水槽中抽上来，通过连接管路进入水轮机壳体，经导水机构来提高水流速度,具有一定速度的水流冲击叶轮,使水轮机带动工作机构旋转做功。在工作过程中,发动机输出的机械能经离心泵转化为水流的动能,水流在冲击水轮机叶轮时又将水流的动能转化为机械能输出。

因为离心泵和水轮机的效率很低,再加上管路的损失,系统总效率一般低于0.7,故不宜直接应用。为了提高效率,设法将离心泵工作轮和水轮机工作轮尽可能地靠近,取消中间的连接管路和导向装置,构成了一个共同的工作液体的循环圆,形成液力传动的基本形式之一——液力耦合器。这样不但结构简化,而且效率有了很大提高,在汽车自动变速器中得到广泛应用。

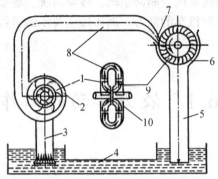

图 6-1　液力传动装置图

1—离心泵叶轮；2—离心泵壳体；3—离心泵进水管；4—集水槽；5—水轮机尾水管；6—水轮机壳体；
7—导水机构；8—连接管路；9—水轮机叶轮；10—液力传动的结构简图

6.1.3　汽车采用液力传动的特点

1. 液力传动的优点

(1) 使汽车具有良好的自动适应性。采用液力变矩器的汽车,在困难和复杂的道路上行驶,行驶阻力增大时,液力变矩器能自动地增大驱动力,同时自动地降低行驶速度,以克服增大的行驶阻力；反之,当行驶阻力减小时,汽车又能自动地减少驱动力和提高汽车行驶的速度,保证发动机能经常在额定功率下工作,既可避免发动机因负荷突然增大而熄火,又能满足汽车行驶的要求,因而具有自动适应性。

(2) 防震性能强。液力传动的工作介质是液体,各叶轮之间可相对滑转,故液力元件具有减振作用。液力元件既能对发动机曲轴的扭转振动起阻尼作用,提高传动元件的使用寿命,又能降低来自汽车行驶系统或传动系统中的动载荷,提高发动机的使用寿命。

(3) 良好的通过性和低速稳定性。装有液力变矩器的汽车可以在泥泞地、沙地、雪地等软路面以及非硬土路面行驶,能提高车辆的通过性,并具有良好的低速稳定性。

(4) 舒适性。采用液力传动的汽车,可使汽车起步平稳,并在较大范围内进行无级变速,可以少换挡或不换挡,减轻驾驶员的疲劳强度,提高乘坐车辆的舒适性。

2. 液力传动的缺点

(1) 液力传动系统的效率要比机械传动系统低。

（2）为使液力传动能正常工作，需要设置冷却补偿系统，因而使汽车结构复杂，体积和质量大，成本高。

项目6.2 液力传动在汽车上的应用

能力目标
（1）培养学生具备分析液力耦合器工作原理的能力。
（2）培养学生具备分析液力变矩器工作原理和检修的能力。

知识目标
（1）了解液力传动在汽车上的应用。
（2）掌握液力耦合器的结构及工作原理。
（3）掌握液力变矩器的结构及工作原理。

液力传动主要应用在自动变速器的液力耦合器、变矩器上，本节以液力耦合器和液力变矩器为例简单介绍液力传动在汽车上的应用。

6.2.1 液力耦合器

液力耦合器是一种典型的液力传动装置，主要由壳体、泵轮、涡轮3个部分组成。汽车传动装置中采用它的目的有两个：一是防止发动机过载；二是调节工作机构的转速。液力耦合器的结构如图6-2所示。泵轮和涡轮是能量转换和动力传递的基本元件。泵轮3和涡轮4具有相同内、外径，都安装有径向排列的叶片，泵轮和涡轮相对安装，互不接触，两者端面间留有3～4 mm间隙。泵轮与涡轮装合后成为整体，其轴线断面一般为圆形，称为循环圆，内腔充满工作液。

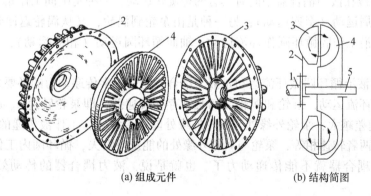

(a) 组成元件　　(b) 结构简图

图6-2 液力耦合器结构示意图

1—发动机曲轴；2—液力耦合器外壳；3—泵轮；4—涡轮；5—输出轴

当发动机转动时，曲轴带动液力耦合器的壳体和泵轮一起转动，泵轮叶片的液压油在泵轮的带动下随之转动,在离心力的作用下,迫使工作液沿叶片间通道从半径较小的内缘处向半径较大的外缘处流动,此时,叶片外缘处工作液的动能和压能都大于叶片内缘处工作液的动能和压能。工作液在到达叶片外缘时,已成为具有一定压力和速度的高速液流,并将发动机的机械能转换为工作液的动能。在一般情况下,涡轮的转速总是低于泵轮的转速,因此,泵轮外缘处工作液的能量大于涡轮外缘处工作液能量。在此能量差作用下,离开泵轮后的高速液流紧接着流入涡轮,并作用于涡轮叶片,当克服涡轮转动所产生的阻力和负载时,推动涡轮以转速 n_W 转动,转动的方向与泵轮相同,使涡轮获得一定的机械能,经图6-2中输出轴5输出,将液体的动能转换为涡轮输出轴上的机械能。

泵轮和涡轮封闭在一个整体内,工作时,工作液在离心力的作用下甩向泵轮外缘是做离心运动,工作液冲击到涡轮外缘,随后沿着涡轮叶片间通道向涡轮内缘流动是做向心运动,又返回到泵轮的内缘,被泵轮再次甩向外缘。工作液就这样从泵轮流向涡轮,又从涡轮返回泵轮,如此不断循环,形成沿轴线断面循环圆的环流,如图6-3所示。

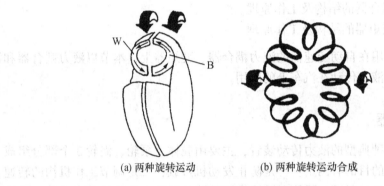

(a) 两种旋转运动　　　　(b) 两种旋转运动合成

图 6-3　液力耦合器内液流运动

由上述分析,可以得到以下两点重要的结论。

(1) 工作液在液力耦合器中同时具有两种旋转运动,一种是随同工作轮一起,做绕工作轮轴线的圆周运动(牵连运动);另一种是由泵轮到涡轮,又从涡轮返回到泵轮,反复循环,工作液沿工作腔循环圆作环流运动,轴面循环圆运动(相对运动),如图6-3(a)所示。

(2) 工作液沿循环圆做环流运动是液力耦合器能够正常传递动力的必要条件。为了能形成循环圆的环流运动,泵轮和涡轮之间必须存在转速差,即泵轮转速 n_B 必须大于涡轮转速 n_W。转速差越大,泵轮外缘处与涡轮外缘处能量差愈大,工作液传递的动力也愈大。若泵轮与涡轮两者转速相等,泵轮与涡轮外缘处的能量差消失,循环圆内工作液的循环流动停止,液力耦合器就不能传递动力了。也就是说,液力耦合器的传动效率永远达不到100%。

6.2.2　液力变矩器

液力耦合器曾在早期少数几种车型的自动变速器上使用过,由于其减速的同时不能起增加扭矩的作用,而且在汽车低速行驶时传动效率很低。因此,现代汽车已很少采用,目前汽车上广泛采用的是液力变矩器。

1. 液力变矩器的基本结构

液力变矩器的结构与液力耦合器基本相似,它有3个工作轮,即泵轮、涡轮、导轮,其中泵轮和涡轮的构造与耦合器基本相同,只是在泵轮和涡轮之间加入了一个固定不动的工作轮——导轮。如图6-4是液力变矩器的结构示意图,各工作轮用铝合金精密铸造,或用钢板冲压焊接而成。泵轮与变矩器壳连成一体,用螺栓固定在发动机曲轴后端的凸缘上或飞轮上,壳体做成两半,装配后焊成一体或用螺栓连接,涡轮通过从动轴与变速器的其他部件相连,导轮则通过导轮轴与变速器的固定壳体相连。所有工作轮在装配后,形成断面为循环圆的环状体。泵轮、涡轮和导轮是液力变矩器转换能量、传递动力和改变转矩必不可少的基本工作元件,如图6-5所示。

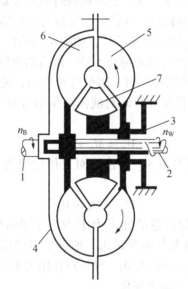

图6-4 三元件液力变矩器示意图
1—输入轴;2—输出轴;3—导轮轴;4—变矩器壳;5—泵轮;6—涡轮;7—导轮

2. 液力变矩器的工作原理

发动机运转时,带动液力变矩器的壳体和泵轮与之一同旋转,泵轮内的工作液在离心力的作用下,由泵轮叶片外缘冲向涡轮外缘,并沿涡轮叶片流向导轮,再经导轮叶片流回泵轮叶片内缘,形成循环的液流。由于多了一个固定不动的导轮,在液体循环流动的过程中,固定不动的导轮给涡轮一个反作用力矩,从而使涡轮输出转矩不同于泵轮输入转矩,具有"变矩"功能。

为了便于理解,用液力变矩器工作轮的展开图来说明液力变矩器的变矩工作原理。现沿循环圆的中间流线展开成一直线,于是泵轮B、涡轮W和导轮D便成为3个沿展开直线顺次排列的环形平面,如图6-6所示,从而使各工作轮叶片清楚地展现出来。

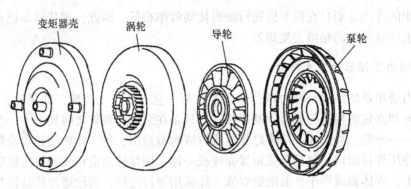

图 6-5 液力变矩器的主要零件

(1) 汽车起步之前。

在汽车起步之前,涡轮转速 $n_W=0$,发动机通过液力变矩器的壳体带动泵轮转动,并对液压油产生一个大小为 M_B 的转矩,该转矩即为液力变矩器的输入转矩。液压油在泵轮叶片带动下,以一定的速度 v_B 冲向涡轮叶片,如图 6-7 所示。对涡轮产生冲击扭矩,该扭矩为液力变矩器的输出扭矩。此时涡轮静止不动,液流沿涡轮叶片流出冲向导轮叶片,如图中箭头 v_W 所示,液流流经导轮叶片时,因受叶片作用,使液流的方向发生变化。以工作液作为研究对象,设泵轮、涡轮和导轮对液体的作用力矩分别为 M_B、M_W 和 M_D,根据液流的力矩平衡条件,可得:

$$M_W = M_B + M_D \tag{6-1}$$

由于工作轮对液流的作用力矩 M_W 与液流对工作轮冲击力矩 M'_W 方向相反,大小相等,即 $M'_W = -M_W$,故有:

$$M'_W = M_B + M_D \tag{6-2}$$

由式(6-2)可见,液流对涡轮的冲击力矩 M'_W(即输出力矩)大于泵轮输入力矩 M_B。这是由于涡轮不但受来自泵轮液流冲击,而且受因导轮改变流向的液流的反作用力矩,所以液力变矩器起了增大力矩的作用。导轮反作用力矩的大小及方向都是随涡轮转速的变化而变化,故液力变矩值也随之变化。

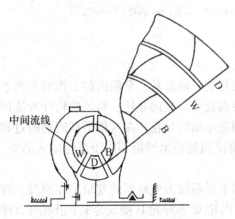

图 6-6 液力变矩器工作轮展开图

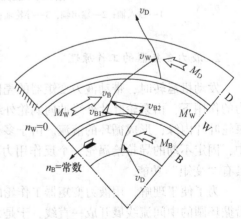

图 6-7 液力变矩器工作原理图($n_W=0$ 时)

(2) 汽车起步之后。

当汽车在液力变矩器输出扭矩的作用下起步后，涡轮转速 n_W 也从零逐渐增加。在涡轮转动之后，液流在涡轮出口处不仅具有沿叶片方向的相对速度 v_{W2}，而且具有沿圆周切线方向的速度 v_{W1}，所以，此时冲向导轮叶片的液流速度 v_W 是上述两者的合成速度，如图6-8所示。

假设泵轮转速不变，则液流在涡轮出口处相对速度 v_{W2} 不变。在汽车起步之后，涡轮转速的增加，引起速度 v_{W1} 的变化，由图6-8可知，冲向导轮叶片液流的速度 v_W 将随涡轮转速 n_W 的增加，即随速度 v_{W1} 的增加而逐渐向左倾斜，冲向导轮叶片的液流方向愈向左倾斜，导轮所受的冲击力愈小，导轮对液流反作用力矩也愈小，液力变矩器增矩值随之减少。可见，液力变矩器增矩值随涡轮转速的提高而减少。

当涡轮转速增大至某一数值时，涡轮出口处的液流速度 v_W 方向与导轮叶片平行，即正好沿导轮叶片出口的方向，由于从涡轮流出的液流流经导轮后其流向不变，导轮对液流的反作用力矩为零，即 $M_D=0$，由式6-2可以知道 $M'_W=M_B$，此时，液力变矩器由变矩工况转化为耦合工况。

(3) 涡轮转速进一步增大。

当涡轮转速进一步增大，涡轮出口处液流速度 v_W 方向将进一步向左倾斜，如图6-9所示。当涡轮转速超过前述耦合工况的转速时，液流便冲击到导轮叶片的背面，此时导轮对液流反作用力矩的方向与泵轮对液流的作用力矩的方向相反，即 $M'_W=M_B-M_D$，故涡轮输出力矩反而小于泵轮输入力矩。

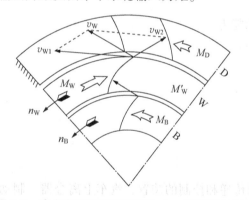

图 6-8 液力变矩器工作原理图（n_W 逐渐增加时） 图 6-9 液力变矩器工作原理图（n_W 足够大时）

(4) 涡轮转速与泵轮转速相等时。

当涡轮转速增大至与泵轮转速相等时，油液在循环圆中循环流动即停止，液力变矩器便失去传递动力的能力。

由以上分析，可以得到如下3点重要的结论。

(1) 液力变矩器由泵轮（主动轮）、涡轮（被动轮）和导轮等3个工作轮组成，它们是转换能量、传递动力和变矩必不可少的基本元件。

泵轮——使发动机的机械能转换为液体能量。

涡轮——将液体能量转换为涡轮轴上的机械能。

导轮——通过改变液体的方向而改变矩作用。

(2) 与液力耦合器一样,液力变矩器中液体同时绕工作轮轴线做旋转运动和沿循环圆作轴面循环运动,轴面循环按先经泵轮,后经涡轮和导轮,最后又回到泵轮的顺序,进行反复循环。

(3) 液力变矩器效率随涡轮的转速而变化。

① 当涡轮转速为零时,增矩值最大,涡轮输出转矩等于泵轮输入转矩与导轮反作用转矩之和。

② 当涡轮转速由零逐渐增大时,增矩值随之逐渐减少。

③ 当涡轮转速达到某一值时,涡轮出口处液流直接冲向导轮的出口处,液流不改变流向,此时液力变矩器变为液力耦合器,涡轮输出力矩等于泵轮输入力矩。

④ 当涡轮转速进一步增大时,涡轮出口处液流冲击导轮叶片背面,此时液力变矩器的涡轮输出力矩小于泵轮的输入力矩,其值等于泵轮的输入力矩和导轮的反作用力矩之差。

⑤ 当涡轮转速与泵轮转速相同时,液力变矩器失去传递动力的功能。

项目6.3 液压传动的工作原理

能力目标

(1) 培养学生具备分析液压传动工作原理的能力。
(2) 培养学生具备分析液压传动特点的能力。

知识目标

(1) 掌握液压传动的工作原理。
(2) 了解液力液压传动的组成。
(3) 了解液力液压传动的特性。
(4) 了解液力液压传动的特点。

液压传动是以工作液体的压力能来进行能量传递和控制的装置,汽车上离合器、制动器操纵机构和自动变速器的控制系统等都是利用液压传动的方式来进行换挡控制的。

6.3.1 液压传动的工作原理

液压传动是利用密闭系统中的受压液体来传递运动和动力的一种传动方式。图6-10是常见液压千斤顶的工作原理图。小液压缸、大液压缸、油箱以及它们之间的连通油路构成一个系统,里面充满液压油,放油阀关闭时,系统密闭。当提起杠杆时,小液压缸的柱塞上移,其油腔密封容积增大,形成部分真空;此时单向阀封住通往大液压缸的油路,油箱的油液在大气压的作用下通过吸油管路推开单向阀进入小液压缸油腔,完成一次吸油,接着,压下杠杆,小液压缸的柱塞下移,其油腔密封体积减少,油液压力升高,单向阀自动关闭,压力油推进单向阀2往油路流入大液压缸内。由于大液压缸的油腔也是一个密闭的容积，所以进入的油液因受挤压而产生的作用力就推动大液压缸的柱塞上升，并将重物向上顶起一段距离这样反复提、压杠杆，就可以使重物不断上升，达到起重的目的。将放油阀旋转90°，在重物重力作用下，大液压缸的油液排回油箱，柱塞可下降到原位。

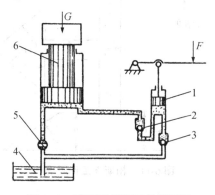

图 6-10　液压千斤顶工作原理图

1—小液压缸；2、3—单向阀；4—油箱；5—放油阀；6—大液压缸

液压千斤顶是一个简单的液压传动装置。分析其工作过程可知，液压传动是以液体作为工作介质来传动的；它依靠密闭容积的变化传递运动，依靠液体内部的压力传递动力。液压传动装置本质只是一种能量转换装置，它先将机械能转换为便于输送的液压能，又将液压能转换为机械能而做功。

6.3.2　液压传动系统的组成

液压系统通常由动力部分、执行部分、控制部分、辅助部分组成。

（1）动力部分——液压泵。它将机械能转换为液压能，给液压系统提供压力油。

（2）执行部分——液压缸或马达。它将液压能转换为机械能，输出动力、行程和速度。

（3）控制部分——控制阀。控制液体压力、流量、流速和方向。

（4）辅助部分——输送液体的管路，储存液体的油箱，过滤液体的滤清器，密封元件等。

6.3.3　液压传动的特性

（1）力的传递按帕斯卡原理进行，在密闭容器内的平衡液体中，任何一点的变化，将等值地传给液体中的所有各点。因此，密闭密器内的平衡液体中，各点压力相等（见图 6-11）。

（2）工作活塞的液压作用力等于油压与活塞面积的乘积，作用方向垂直于作用面，因此可用提高压力和加大活塞面积的方法来产生较大的作用力。

（3）液体的可压缩性很小，故一般液压传动中视液体为不可压缩的。因此运动的传递按等容积原则进行，因此工作活塞的运动速度，取决于流量而与压力无关。

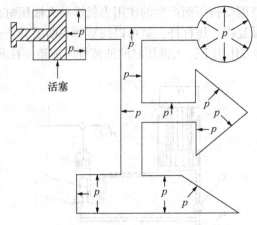

活塞

图 6-11 帕斯卡工作原理

6.3.4 液压传动的特点

（1）液压传动平稳，能实现无级调速，且调速范围大。

（2）液压元件质量轻，惯性矩小，变速性能好，可实现高频率的换向，故而在汽车电控系统中经常与电子技术结合，组成性能好、自动化程度高的传动控制系统。例如，汽车电液控制自动变速器，汽车防抱死制动系统，汽车牵引力控制系统等。

（3）液压传动系统，结构简单、操作方便。

（4）液压传动介质为油液，液压元件具有自润滑作用，有利于延长液压元件的使用寿命；同时液压传动系统也易于实现自动过载保护。

（5）液压元件易实现标准化、系列化和通用化，有利于组织生产和设计。

但液压传动也有不足，如液压传动效率低，速比不如机械传动准确，工作时受温度影响较大，不易在很高或很低的条件下工作，液压元件的制造精度要求较高，造价较高，液压传动系统出现故障时不易找出原因等。

项目 6.4 液压传动装置

 能力目标

（1）培养学生具备拆装液压能量转换装置的能力。

（2）培养学生具备拆装液压控制阀的能力。

知识目标

（1）掌握液压泵、液压马达和液压缸的结构。

（2）掌握液压泵、液压马达和液压缸的工作原理。

（3）掌握压力控制阀，流量控制阀和方向控制阀的结构。

（4）掌握压力控制阀，流量控制阀和方向控制阀的工作原理。

液压传动装置包括能量转换装置、液压控制阀和液压辅件等。能量转换装置包括液压泵、液压马达和液压缸等；液压控制阀包括压力控制阀，流量控制阀和方向控制阀等；液压辅件包括蓄能器、过滤器、压力计、压力计开关、油箱、油管和油管接头等。

6.4.1 液压泵

液压泵的作用是将输入的机械能转换为液压能输出。在液压传动系统中属于动力元件，是液压传动系统的重要组成部分。

图6-12为液压泵的工作原理图。柱塞2依靠弹簧4压在偏心轮1上，偏心轮转动时，柱塞便作往复运动。柱塞向右移动时，密封腔因容积增大而形成一定真空，在大气压力作用下通过单向阀5从油箱吸进油液，这时单向阀6封闭压油口防止系统油液回流；柱塞向左移动时，密封腔4容积减小，将已吸入的油液通过单向阀6压出，这时单向阀5封闭吸油口防止油液流回油箱。偏心轮不停地转动，泵就不断地吸油和压油。由此可见液压泵是靠密封容积变化进行工作的，故常称其为容积式泵。单向阀5和6是保证液压泵正常吸油和压油所必需的配油装置。

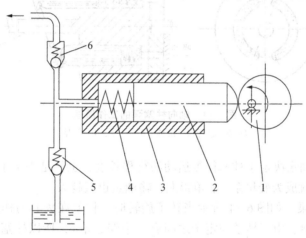

图6-12 液压泵的基本原理
1—偏心轮；2—柱塞；3—泵体；4—弹簧；5、6—单向阀

从液压泵的工作原理可看出，液压泵基本的构成条件是：
（1）它必须构成密闭容积；
（2）密闭容积不断变化，以此完成吸油和压油过程；
（3）要有配油装置。

容积式液压泵的种类很多，按其结构形式的不同，可分为柱塞式、叶片式、齿轮式和螺杆式等类型；按泵的排量能否改变，可分为定量泵和变量泵；按泵的输出油液方向能否改变，可分为单向泵和双向泵。

1. 柱塞泵

柱塞泵是依靠柱塞与缸体内孔面来形成密封工作容积的。由于柱塞与缸体内孔均为圆柱表面，因此加工方便，配合精度高，密封性能好。故柱塞泵常做成高压泵。

优点：压力高、结构紧凑、效率高及流量调节方便。

缺点：结构复杂，价格较贵。

柱塞泵按柱塞排列方向的不同，分为轴向柱塞泵和径向柱塞泵。在此，简要介绍轴向柱塞泵和回转式径向柱塞泵。

（1）轴向柱塞泵。图 6-13 所示为斜盘式轴向柱塞泵的工作原理图，轴向柱塞泵由配流盘、缸体（转子）、柱塞和斜盘等主要零件组成。在配流盘上开有两个弧形沟槽，分别与泵的吸、压油口连通，形成吸油腔和压油腔。斜盘、配流盘均与泵体相固定，柱塞在弹簧的作用下以球形端头与斜盘接触。两个弧形沟槽彼此隔开，保持一定的密封性。斜盘相对于缸体的夹角为 γ。原动机通过传动轴带动缸体旋转，柱塞就在柱塞孔内作轴向往复滑动。处于 $\pi \sim 2\pi$ 范围内的柱塞向外伸出，使其底部的密封容积增大，将油吸入；处于 $0 \sim \pi$ 范围内的柱塞向缸体内压入，使其底部的密封容积减小，把油压往系统中。

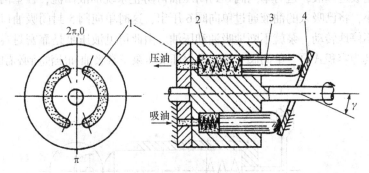

图 6-13　轴向柱塞泵的工作原理
1—配流盘；2—缸体；3—柱塞；4—斜盘

显然，泵的输油量决定于柱塞往复运动的行程长度，也就是决定于斜盘的倾角 γ。如果 γ 角可以调整，就成为变量泵。γ 角越大，输油量也就越大。

（2）径向柱塞泵。如图 6-14 所示当转子旋转时，柱塞在离心力作用下，它的头部与定子内表面紧紧接触，由于转子与定子之间有一个偏心量 e，所以柱塞在随转子转动的同时，又在柱塞孔内作径向往复滑动。当转子按图中箭头所示方向旋转时，上半周的柱塞皆往外滑动，柱塞孔内的密封容积增大，于是通过轴向孔吸油；下半周的柱塞皆往里滑动，柱塞孔内的密封容积减少，于是通过轴向孔压油。

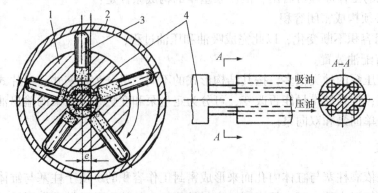

图 6-14　径向柱塞泵的工作原理
1—转子；2—定子；3—柱塞；4—配流轴

2. 叶片泵

叶片泵通常用在汽车助力转向泵上。

优点：输油量均匀，压力脉动较小，容积效率较高，运转平稳，体积小、重量轻。

缺点：对油液污染较敏感，转速不能太高。

分类：按照工作原理，叶片泵可分为双作用式和单作用式两类。

（1）双作用式叶片泵。双作用叶片泵的工作原理见图6-15。它由定子、转子、叶片和前后两侧装有端盖的泵体等组成。叶片安放在转子槽内，并可沿槽滑动。转子和定子中心重合，定子内表面近似椭圆形，由两段长半径为 R 的圆弧、两段短半径为 r 的圆弧和四段过渡曲线所组成。在端盖上，对应于四段过渡曲线的位置开有四条沟槽，其中两条与泵的吸油口沟通，另外两条与压油口沟通。当电动机带动转子按图示方向旋转时，叶片在离心力作用下压向定子内表面，并随定子内表面曲线的变化而被迫在转子槽内往复滑动。转子旋转一周，每一叶片往复滑动两次，每相邻两叶片间的密封容积就发生两次增大和减小的变化。容积增大产生吸油作用，容积减小产生压油作用。因为转子每转一周，这种吸、压油作用发生两次，故这种叶片泵称为双作用式叶片泵。双作用式叶片泵的流量不可调，是定量泵。

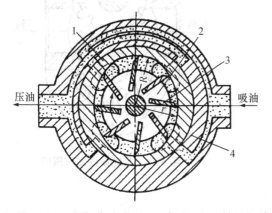

图6-15 双作用式叶片泵的工作原理
1—定子；2—转子；3—叶片；4—泵体

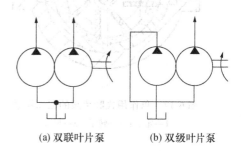

(a) 双联叶片泵　　(b) 双级叶片泵

图6-16 双联叶片泵和双级叶片泵的符号示意

将两个双作用叶片泵的主要工作部件装在一个泵体内，同轴驱动，并在油路上实现两泵并联工作，就构成双联叶片泵（见图6-16（a））；若实现串联工作，就构成双级叶片泵（见图6-16（b））。双联叶片泵有两个各自独立的出油口，两泵的输出流量可以分开使用，也可以合并使用；双级泵的压力可达到单级泵的两倍。

（2）单作用式叶片泵。图6-17为单作用式叶片泵的工作原理图。单作用叶片泵的定子内表面是圆形，转子与定子之间有一偏心量 e，端盖上只开有一条吸油槽和一条压油槽。当转子旋转一周时，每一叶片在转子槽内往复滑动一次，每相邻两叶片间的密封容积发生一次增大和缩小的变化。即转子每转一周，实现一次吸油和压油，所以这种泵称为单作用式叶片泵。这种泵的偏心量 e 通常做成可调的。偏心量的改变就会引起液压泵输出流量的相应变化，偏心量增大，输油量也随之增大。所以，单作用式叶片泵通常作为变量液压泵使用。

3. 齿轮泵

齿轮泵在液压系统中应用广泛。按其结构形式，可分为外啮合式和内啮合式两种。外啮合式齿轮泵，由于结构简单、制造方便、价格低廉、工作可靠、维修方便，因此已广泛应用于汽车供油系统。

(1) 齿轮泵的工作原理和结构。

图 6-18 为齿轮泵的工作原理图。在泵体内有一对外啮合齿轮，齿轮两端面靠盖板密封，这样泵体、盖板和齿轮的各齿槽就形成多个密封腔，轮齿啮合线又将左右两密封腔隔开而形成吸、压油腔。当齿轮按图示方向旋转时，吸油腔（右侧）内的轮齿不断脱开啮合，使其密封容积不断增大而形成一定真空，在大气压力作用下从油箱吸进油液，随着齿轮的旋转，齿槽内的油液被带到压油腔（左侧），压油腔内的轮齿不断进入啮合，使其密封容积不断减小，油液被压出。随着齿轮不停地转动，齿轮泵就不断地吸油和压油。

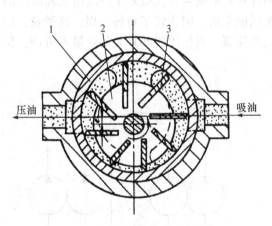 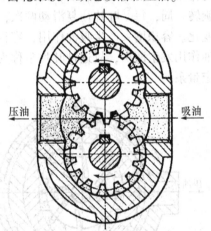

图 6-17　单作用式叶片泵的工作原理　　　　图 6-18　齿轮泵的工作原理
1—定子；2—转子；3—叶片

图 6-19 为 CB-B 型齿轮泵的结构图。该泵用了泵体 4 与盖板 1、5 三片式结构，两盖板与泵体用两个定位销 8 和 6 个螺钉 2 连接，这种结构便于制造和维修时控制齿轮端面和盖板间的端面间隙（小流量泵间隙为 0.025～0.04 mm，大流量泵间隙为 0.04～0.06 mm）。一对齿数相同互相啮合的齿轮 3 装在泵体内，两齿轮分别用键连接在由滚针轴承 10 支承的主动轴 7 和从动轴 9 上。该泵采用了内部泄油方式，从压油腔泄漏到滚针轴承的油液可通过泄油通道 a、b、c 流回吸油腔，以保证冷油循环润滑轴承，同时也降低堵头 11 和骨架式密封圈 6 处的密封要求。为防止油液从泵体与盖板的结合面处向外泄漏和减小螺钉 2 的拉力，在泵体两端面上开有封油卸荷槽 d，使渗入泵体和盖板结合面间的压力油引回吸油腔。

(2) 高压齿轮泵的结构特点。

上述齿轮因内泄漏较大，只适用于低压。齿轮泵压油腔的压力油通过三条途径泄漏到吸油腔，一是齿轮啮合处的间隙；二是径向间隙；三是端面间隙。通过端面间隙的泄漏量最大，约占总泄漏量的 75%～80%。因此要提高齿轮泵的压力和容积效率，就必须对端面间隙进行自动补偿，减小端面间隙泄漏量。

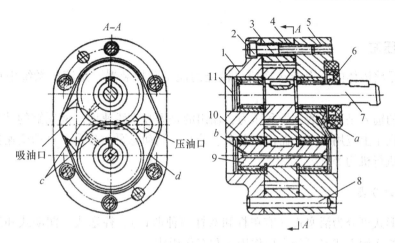

图 6-19 CB-B 型齿轮泵

1、5—盖板；2—螺钉；3—齿轮；4—泵体；6—密封圈；7—主轴；8—定位销；9—从动轴；10—轴承；11—堵头

通常采用的端面间隙自动补偿装置有浮动轴套式、浮动侧板式和挠性侧板式等，其原理都是引入压力油使轴套或侧板紧贴齿轮端面，自动补偿端面间隙。

图 6-20 为浮动轴套结构示意图。这种结构，可使齿轮和轴套端面磨损均匀，且磨损间隙能得到自动补偿。采用这种补偿装置的高压齿轮泵，公称压力可达 10~16 MPa，容积效率不低于 0.9。

(3) 内啮合齿轮泵的工作原理。

内啮合齿轮泵有渐开线齿轮泵（见图 6-21（a））和摆线齿轮泵（见图 6-21（b））两种。它们也是利用齿间密封容积变化实现吸、压油的。图中双点画线所示 1 为吸油腔，2 为压油腔，内啮合齿轮泵中，小齿轮是主动轮。在渐开线齿形的内啮合齿轮泵中，小齿轮和内齿轮之间装有一月牙形隔板将吸油腔和压油腔隔开。对于摆线齿形的内啮合齿轮泵，由于小齿轮（又称内转子）和内齿轮（又称外转子）只差一齿，故不需设置隔板。内啮合齿轮泵结构紧凑、尺寸小、质量小、运转平稳、流量脉动小、噪声小，在高转速下工作时有较高的容积效率。由于齿轮转向相同，故相对滑动速度小、磨损小、使用寿命长。但内啮合齿轮泵的齿形复杂，加工困难，价格较外啮合齿轮泵高。内啮合齿轮泵在汽车自动变速器上得到广泛应用。

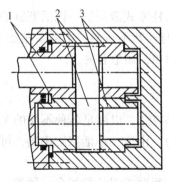

图 6-20 浮动轴套结构示意图

1—浮动轴套；2—齿轮；3—固定轴套

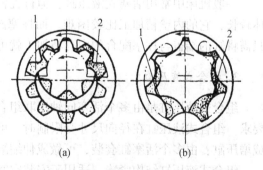

图 6-21 内啮合齿轮泵

1—吸油腔；2—压油腔

6.4.2 液压缸

液压缸是将液体的压力能转换成机械能的能量转换装置,是液压系统中重要的执行元件。

液压缸的输入是液体的流量和压力,输出的是力和直线速度。液压缸的结构简单,工作可靠,在汽车上应用于离合器操纵总泵、分泵,制动总泵、分泵,自动变速器的离合器和制动器的执行机构等。

1. 液压缸分类

按结构形式可分为活塞式(有单杆和双杆两种形式)、柱塞式、摆动式和组合式液压缸等类型;按作用方式又可分为单作用式和双作用式。

2. 典型液压缸的结构原理

(1)双杆活塞式液压缸。双杆活塞式液压缸(见图6-22)主要由缸体、活塞和两根直径相同的活塞杆所组成。缸体是固定的,当液压缸的 A 腔进油、B 腔回油时,活塞向右移动;反之,活塞向左移动。双杆活塞式液压缸在汽车上应用于液压助力转向结构。

(2)单杆活塞式液压缸。单杆活塞式液压缸工作原理如图6-23所示。其特点是活塞的一端有杆,而另一端无杆。当左腔进油时,活塞杆向右运动;当右腔进油时,活塞向左移动。

(3)柱塞式液压缸。柱塞式液压缸的工作原理如图6-24所示。当液压油从 A 进入时,活塞在压力油的作用下右移,当液压油从 A 泄油时,活塞在四位弹簧的作用下左移,柱塞式液压机常用于手动变速器汽车离合器的操纵机构,自动变速器的离合器和制动器。

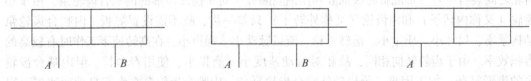

图6-22 双杆活塞液压缸　　图6-23 单杆活塞式液压缸　　图6-24 柱塞式液压缸

一般机床中常用活塞式液压缸,但行程较长时,可采用柱塞式液压缸。因活塞缸的缸体较长,它的内壁精加工比较困难。而柱塞缸的缸体内壁与柱塞不接触,不需要精加工,只需将缸的端盖与柱塞配合的内孔精加工就可以了,结构简单,制造容易。

3. 组合式液压缸

组合式液压缸是由多个活塞同轴串联组合而成(见图6-25),以满足各种不同的工作要求。组合式液压缸在径向尺寸受限制时,可获得很大推力;由大、小活塞缸串接,可做成增压缸;由多个活塞缸套装,可做成伸缩缸(多级缸)。

组合式液压缸结构紧凑,适用于安装空间受到限制而行程要求很长的场合。例如,起重机伸缩臂液压缸、自卸汽车举升液压缸、自动变速器的离合器等。

图 6-26 所示为齿条活塞缸，它由带有齿条杆的双活塞缸和齿轮条机构所组成。活塞的往复移动变成齿轮轴的往复转动。它多用于机械手、自动线、组合机床汽车液压助力转向等机构中。

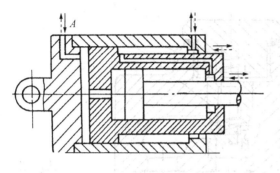

图 6-25 组合式液压缸（伸缩缸）

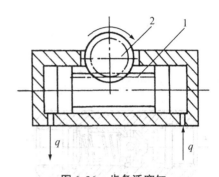

图 6-26 齿条活塞缸
1—齿条活塞杆；2—小齿轮

6.4.3 液压控制阀

液压控制阀是液压控制元件，总作用是控制和调节液压系统液流方向、压力或流量，以满足执行元件的各种控制要求，如启动、停止、运动方向、速度、克服负载和动作顺序等要求。

液压阀的类型很多，通常按照阀的功能分为方向阀、压力阀和流量阀 3 大类。

1. 方向阀

方向阀用于控制液压系统中油液的流动方向，常用的有单向阀和换向阀两种类型。

（1）单向阀。

单向阀的作用是只许油液往一个方向流动，不可倒流。图 6-27 所示为单向阀的结构和符号。其中图 6-27（a）为直通式结构，图 6-27（b）为直角式结构，图 6-27（c）为单向阀的符号。压力油从进油口 P_1 进入，克服弹簧的作用力，推动阀芯 2 右移，进环形阀口从出油口 P_2 流出。当液流反向时，在弹簧力和油压的作用下，阀芯锥面紧压在阀座上，使阀口关闭，则油液不能通过，从而实现油液的单向流动。

单向阀中的弹簧主要用来克服阀芯复位时的摩擦力和惯性力，并使单向阀关闭，迅速可靠。弹簧的刚度较小，一般开启压力为 0.04～0.10 MPa。

图 6-28 所示为液控单向阀的结构原理和符号。当控制油口 K 不通压力油时，主通道中的油液只能从进油口 P_1 流入，顶开阀芯从出油口 P_2 流出，相反方向则闭锁不通。当控制油口 K 接通控制压力油时，控制活塞往右移动，借助于右端悬伸的顶杆将阀芯顶开，使进油口和出油口接通，油液可以在两个方向自由流动。图 6-28（b）是液控单向阀的符号。

（2）换向阀。

① 换向阀的工作原理。

换向阀是利用阀芯和阀孔间相对位置的改变来控制液流的方向，接通或关闭油路，从而实现执行元件的换向、启动或停止。当换向阀处于图 6-29 所示的状态时，液压缸两腔不通压力油，处于停机状态。若对阀芯左移，阀体上的油口 P 和 A 连通，B 和 T 连通，压力油经 P、A 进入液压缸左腔，活塞右移；右腔油液经 B、T 回油箱。反之，若对阀芯施加一个从左往右的力使其右移，则 P 和 B 连通，A 和 T 连通，活塞便左移。

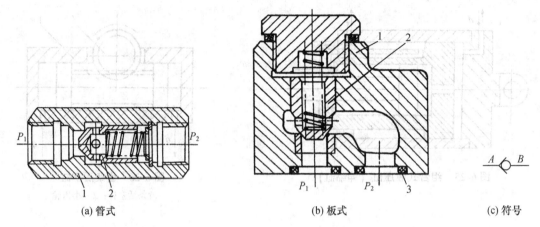

图 6-27 单向阀的结构和符号

1—阀体；2—阀芯；3—O 形密封圈

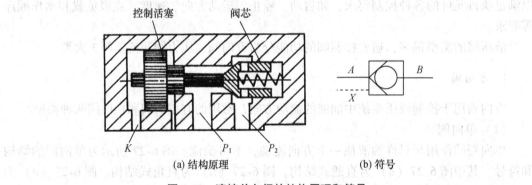

图 6-28 液控单向阀的结构原理和符号

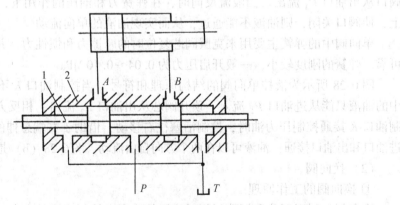

图 6-29 换向阀的工作原理

1—阀芯；2—阀体

② 换向阀的分类。

换向阀的种类很多，按阀芯在阀孔内的工作位置数和换向阀所控制的油口通路数可分为二位二通、二位三通、二位四通、二位五通、三位四通、三位五通等类型（见表6-1）。

按阀芯运动方式可分为滑阀、转阀等。

表6-1 滑阀式换向阀结构原理和图形符号

名　称	结构原理图	符　号
二位二通		
二位三通		
二位四通		
三位四通		
二位五通		
三位五通		

③ 换向阀的图形符号表示见表6-1。

a. 方格表示换向阀的工作位置，二格即二位，三格即三位。

b. 方格内，箭头或封闭符号"⊥"与方格的交点数为油口通路数，即"通"数。箭头表示两油口连通，但不表示流向；"⊥"表示该油口不通流。

c. 控制机构和复位弹簧的符号画在主体符号两端的任意位置上（通常位于一边或中间）。

d. P 表示进油口，T 表示回油口，A 和 B 表示连接执行元件的油口。

e. 三位阀的中格、二位阀画有弹簧的一格为阀的常态位。常态位应画出外部连接油口。

④ 三位换向阀的中位机能。

当三位换向阀处于中间位置时，其各油口间有各种不同的连接方式，这种连接方式称为中位滑阀机能，如表6-2所示。

表6-2 三位四通换向阀的中位机能

机能型号	符号	中位油口状况、特点及应用
O	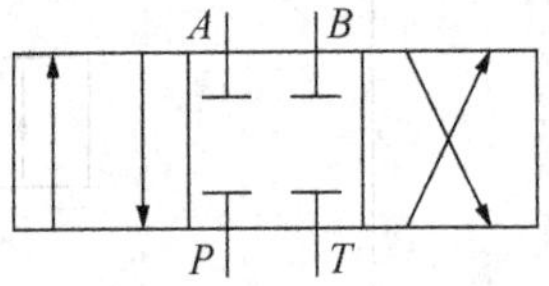	P, A, B, T 四油口全封闭，液压缸闭锁，液压泵不卸荷
H	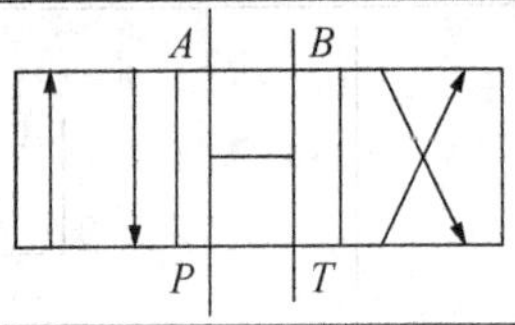	P, A, B, T 四油口全串通，液压缸活塞处于浮动状态，泵卸荷
Y	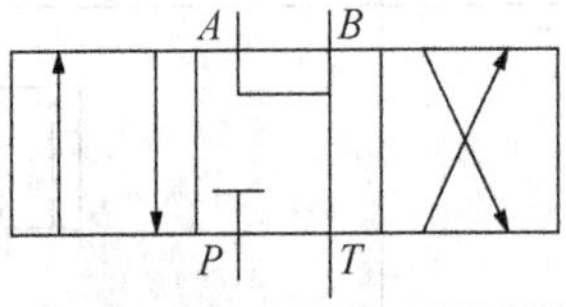	P 油口封闭，A, B, D 三油口相通，活塞浮动，泵不卸荷
P	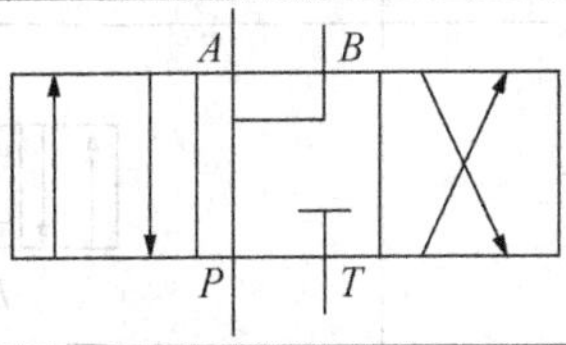	P, A, B 三油口相通，T 油口封闭，泵与缸两腔相通，可组成差动油路
M	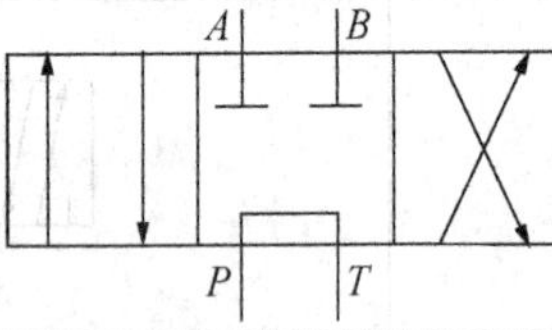	P, T 相通，A, B 封闭，缸闭锁，泵卸荷

⑤ 几种常用的换向阀。

a. 电磁换向阀。电磁换向阀是利用电磁铁吸力操纵阀芯换位的方向控制阀。图6-30所示为二位四通电磁换向阀的符号。阀的一端有一个电磁铁，另一端作用着弹簧，阀芯在常态时处于中位。当右端电磁铁通电吸合时，衔铁通过推杆将阀芯推至右端，当右端电磁铁断电时，阀芯在弹簧的作用下将阀芯推向左端。

b. 液动换向阀。液动换向阀依靠阀芯西端的压力油来改变滑阀阀芯的位置，以实现油路的切换，这就是液动换向阀。图6-31所示为液动换向阀的符号，液动换向阀应用于液控自动变速器的换挡阀。

c. 电液换向阀。电液换向阀由电磁阀和液动阀组合而成。电磁阀起先导作用，用以改变控制压力油的流动方向，实现液动阀换向。电液换向阀的符号如图6-32所示。应用于电液控制自动变速阀的换挡阀。

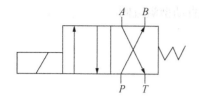

图 6-30 二位四通电磁换向阀的符号

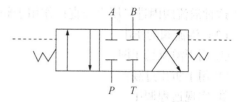

图 6-31 三位四通液动换向阀的符号

d. 手动换向阀。手动换向阀是用手动杠杆操纵的换向阀。图 6-33 为自动变速器的手动换挡阀。

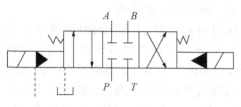

图 6-32 电液换向阀的符号

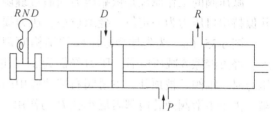

图 6-33 手动换向阀

2. 压力阀

压力阀用来控制液压系统中的压力，其特点是利用阀芯上的液压力和弹簧力保持平衡来进行工作，按用途不同可分为溢流阀、减压阀、顺序阀和压力继电器等。在此只介绍溢流阀。

（1）溢流阀的结构原理。

溢流阀按其结构原理分为直动型和先导型两种。

图 6-34 所示为锥阀式直动型溢流阀。当从 P 口进入油液压力较低时，锥阀芯 2 被弹簧 3 紧压在阀体 1 的 P 口上，阀口关闭。当油压升高到能克服弹簧阻力时，便推开锥阀芯使阀口打开，油液就由进油口 P 流入，再从回油口 T 流回油箱，进油压力也就保持恒定。调压螺钉 4 可改变弹簧的压缩量，可调整溢流阀的溢流压力。往里拧压力升高，往外拧压力下降。

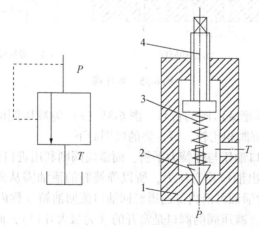

图 6-34 直动型溢流阀
1—阀体；2—锥阀芯；3—弹簧；4—调压螺钉

这种溢流阀因进口压力油直接作用于阀芯,故称直动型溢流阀。

(2) 溢流阀的作用。

① 用于溢流稳压图;

② 用于防止过载;

③ 实现远程调压。

3. 减压阀

减压阀可以用来减压、稳压,将较高的进口油压降为较低而稳定的出口油压。

减压阀的工作原理是依靠压力油通过缝隙(液阻)降压,使出口压力低于进口压力,并保持出口压力为一定值。缝隙愈小,压力损失愈大,减压作用就愈强。

图 6-35(a)为先导型减压阀的结构原理图。压力为 p_1 的压力油从阀的进油口 A 流入,经过缝隙 δ 减压以后,压力降低为 p_2,再从出油口 B 流出。当出口压力 p_2 大于调整压力时,锥阀就被顶开,主滑阀右端油腔中的部分压力油便经锥阀开口及泄油孔 Y 流入油箱。由于主滑阀阀芯内部阻尼小孔 R 的作用。滑阀右端油腔中的油压降低,阀芯失去平衡而向右移动,因而缝隙 δ 减小,减压作用增强,使出口压力 p_2 降低至调整的数值。当出口压力 p_2 小于调整压力时,其作用过程与上述相反。减压阀出口压力的稳定数值可以通过上部调压螺钉来调节。

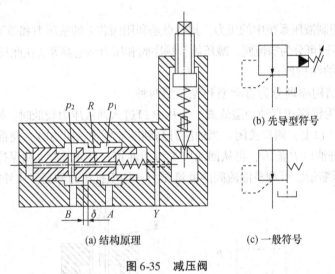

图 6-35 减压阀

图 6-35(b)为先导型减压阀的符号,图 6-35(c)为减压阀的一般符号或直动型减压阀符号。减压阀与溢流阀相比较,最主要的区别如下。

(1) 减压阀利用出口油压与弹簧力平衡,而溢流阀则利用进口油压与弹簧力平衡。

(2) 减压阀的进、出油口均有压力,所以弹簧腔的泄油需从外部单独接回油箱(称外部回油)。而溢流阀的泄油可沿内部通道经回油口流回油箱(称内部回油)。

(3) 非工作状态时,减压阀的阀口是常开的(为最大开口),而溢流阀则是常闭的。

4. 流量阀

流量阀用于控制液压系统中液体的流量。常用的流量阀有节流阀、调速阀等。

流量阀是液压系统中的调速元件，其调速原理是依靠改变阀口的通流截面积来控制液体的流量，以调节执行机构（液压缸或液压马达）的运动速度。

（1）节流阀。

图 6-36（a）所示为节流阀的结构原理。油从油口 A 流入，经过阀芯下部的轴向三角形节流槽，再从油口 B 流出。拧动阀上方的调节螺钉，可以使阀芯做轴向移动，从而改变阀口的通流截面积，使通过的流量得到调节。图 6-36（b）为节流阀的符号（前面已经用过）。

由于通流量不仅与通流截面积有关，而且与阀口前后的压力差及液压油的黏度有关。因此在实际使用中，一方面由于执行机构的工作负载经常变化，导致节流阀前后的压力差变化；另一方面由于油温变化，会导致油的黏度变化，所以通过节流阀的流量也经常发生变化，难于保证工作部件运动速度的平稳。故节流阀常用于对速度稳定性要求不高的场合。

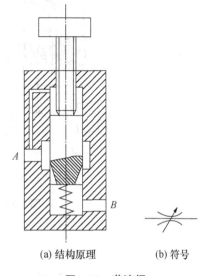

图 6-36　节流阀

节流阀可用来调节速度，但不能稳定速度。对于运动平稳性要求较高的液压系统，通常采用调速阀。

（2）调速阀。

调速阀是由减压阀和节流阀串联而成的组合阀。这里所用的减压阀（称定差减压阀）跟以前介绍的先导型减压阀不同，用这种减压阀和节流阀串联在油路里，可以使节流阀前后的压差保持不变，从而使通过节流阀的流量亦保持不变，因此，执行机构的运动速度就得到稳定。

在图 6-37（a）中，减压阀 1 和节流阀 2 串联在液压泵和液压缸之间。来自液压泵的压力油，其压力为 p_p（由溢流阀调定），经减压阀槽 a 处的开口缝隙减压以后，流往槽 b，压力降为 p_1。接着，再通过节流阀流入液压缸，压力降为 p_2，在此压力的作用下，活塞克服负载 F 向右运动。若负载不稳定，当 F 增大时，p_2 也随之增大，减压阀阀芯将失去平衡而向右移动，使槽 a 处的开口缝隙增大，减压作用减弱，p_1 则亦增大，因而使压力差 $\Delta p = p_1 - p_2$ 保持不变，通过节流阀进入液压缸的流量也就保持不变。反之，当 F 减小时，p_2 也随之减小，减压阀阀芯失去平衡而向左移动，使槽 a 处的开口缝隙减小，减压作用增强，p_1 则亦减小，因而仍使 $\Delta p = p_1 - p_2$ 保持不变。调速阀符号如图 6-37（b）和图 6-37（c）所示。

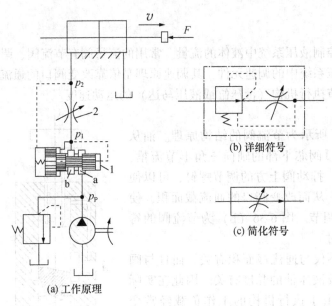

图 6-37 调速阀的工作原理和符号

项目 6.5 液压基本回路

能力目标

(1) 培养学生具备分析液压传动工作原理的能力。
(2) 培养学生具备分析液压传动各种回路特点的能力。

知识目标

(1) 掌握压力控制回路的类型及结构。
(2) 掌握速度控制回路的类型及结构。
(3) 了解方向控制回路类型及结构。
(4) 了解顺序动作回路类型及作用。

任何一种液压传动系统都是由一些基本回路所组成。所谓基本回路，即是用来完成特定功能的典型回路。按基本回路的功能可分为压力控制回路，速度控制回路、方向控制回路和顺序动作回路四大部分。熟悉和掌握这些基本回路的组成、工作原理和性能、是分析、维护、安装调试和使用汽车液压系统的重要基础。

6.5.1 压力控制回路

压力控制回路是控制液压系统或系统中某一部分的压力，以满足执行元件对力或转矩要求的回路。这类回路包括调压回路、减压回路、卸荷回路和平衡回路等多种回路。在汽车液系统中应用最多的是调压回路，调压回路又包括单级调压回路、二级调压回路、多级调压回路等。

（1）单级调压回路。如图6-38所示，是由一个定量泵和溢流阀组成的单级调压回路。溢流阀通常设置在泵出口附近的旁通油路上，系统供油压力由溢流阀的调压弹簧调定。当系统中因负载或其他原因造成压力超过溢流阀的调定值时，泵输出的动力液便经溢流阀回油箱，溢流阀起稳定系统压力的作用。

（2）二级调压回路。许多液压系统的液压缸活塞往返行程的工作压力差别很大。为了降低功率损耗，减少油液发热，可以采用图6-39所示的二级调压回路。当活塞右行时，负载大，由高压溢流阀1调定；而活塞左行时，负载小，由低压溢流阀2调定。当活塞左行到终点位置时，泵的流量全部经低压溢流阀流回油箱，这样就减少了回程的功率损耗。城市生活垃圾处理汽车的液压系统就是这种基本回路的典型应用。

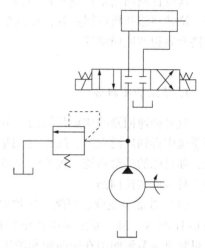

图6-38　单级调压回路

（3）多级调压回路。许多液压系统在工作过程的不同阶段（或不同的执行元件）需要不同的工作压力，这时可以采用多级调压回路。

图6-40所示为采用三个溢流阀的多级调压回路，可以为系统输出三级压力。在图示状态下系统压力由高压溢流阀调定，获得高压压力；当三位电磁换向阀左端得电时，系统压力由低压溢流阀1调定，获得第一种低压压力；当三位电磁换向阀右端得电时，系统压力由低压溢流阀2调定，获得第二种低压压力。这种调压回路的控制系统简单，但在压力转换时会产生冲击。三个溢流阀的规格都必须按液压泵的最大供油量来选择。

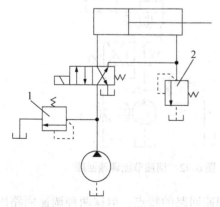

图6-39　二级调压回路
1—高压溢流阀；2—低压溢流阀

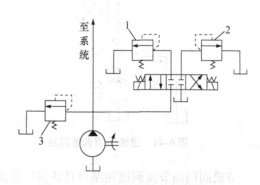

图6-40　多个溢流阀的多级调压回路
1、2—低压溢流阀；3—高压溢流阀

6.5.2 速度控制回路

速度控制回路是控制和调节液压系统中执行元件运动速度的回路。主要包括调速回路、增速回路和换速回路等,在汽车液压系统中应用最多的是调速回路,它包括节流调速回路和容积调速回路等。

1. 节流调速回路

这种调速回路的优点是结构简单,工作可靠,造价低和使用维护方便,因此在机床液压系统中得到广泛应用。缺点是能量损失大,效率低,发热大,故一般多用于小功率系统,如机床的进给系统。按流量控制阀在液压系统中设置位置不同可分为进油、回油和旁路三种节流调速回路。

(1) 进油节流调速回路。这种调速回路将流量控制阀设置在执行元件的进油路上,如图 6-41 所示。由于节流阀串在电磁换向阀前,所以活塞往复运动均属于进油节流调速。也可将单向节流阀串在换向阀和液压缸进油腔的油路上,实现单向进油节流调速。进油节流调速因节流阀和溢流阀是并联的,故调节节流阀阀口大小,便能控制进入液压缸的流量(多余油液经溢阀溢回油箱)而达到调速目的。

根据进油节流调速回路的特点,节流阀进油节流调速回路适用于低速、轻载、负载变化不大和对速度刚性要求不高的场合。

(2) 回油节流调速回路。这种调速回路将流量控制阀设置在执行元件的回油路上,如图 6-42 所示。由于节流阀串在电磁换向阀与油箱之间的回油路上,所以活塞往复运动都属于回油节流调速。用节流阀调节液压缸回油流量,而控制进入液压缸的流量,因此同进油节流调速一样可达到调速目的。

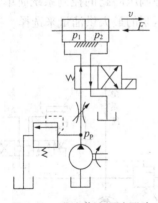
图 6-41 进油节流调速回路

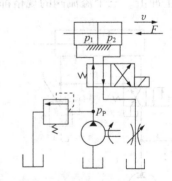
图 6-42 回油节流调速回路

节流阀回油节流调速回路也具备前述进油节流调速回路的特点,但这两种调速回路因液压缸回油腔压力存在差异,因此也有不同之处。

(3) 旁路节流调速回路。这种调速回路将流量控制阀设置在与执行元件并联的支路上,如图 6-43 所示。用节流阀来调节流回油箱的流量,以间接控制进入液压缸的流量,从而达到调速目的。回路中溢流阀常闭，起安全保护作用，故液压泵的供油压力随负载变化而变化。

旁路节流阀调速适用于负载变化小和对运动平稳性要求不高的高速大功率场合。应注意在这种调速回路中，泵的泄漏对活塞运动速度有较大影响，而进油和回油节流调速回路，泵的泄漏对活塞运动速度影响则较小，因此旁路节流调速回路的速度刚性比前两种回路都低。

2. 容积调速回路

汽车自动变速器控制系统中利用执行元件的容积变化来调节执行元件的速度。

如图 6-44 所示，给液压缸供油时，利用活塞的下移使容积变大，从而使液压缸内的活塞移动速度减小，以减少接合冲击。

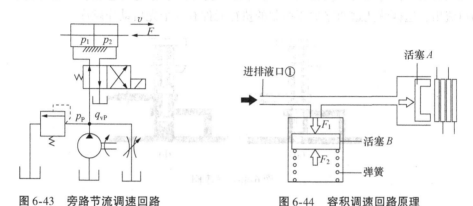

图 6-43　旁路节流调速回路　　　　图 6-44　容积调速回路原理

6.5.3　方向控制回路

方向控制回路是液压系统中控制液流的通断和流动方向的回路。换向阀是方向控制回路中的主要元件，换向阀有电磁换向阀、液动换向阀、电液换向阀和手动换向阀等。

如图 6-45 所示。电磁换向阀是用电磁铁来推动阀芯，控制液流的通断及改变流向，容易实现自动化和远程控制。

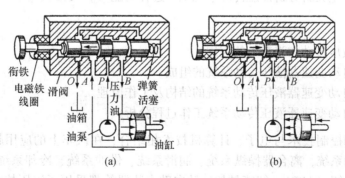

图 6-45　二位四通电磁换向阀原理图

工作原理：当电磁阀不通电时（见图6-45（a）），阀芯在弹簧作用下，处于左端位置，压力油管 P 与 B 通，接油缸后腔，油缸前缸 A 与回油路管 O 相通；当电磁阀通电时（见图6-45（b）），电磁力向右吸衔铁，衔铁通过推杆使阀芯右移，P 与 A 通，B 与 O 通，实现了换向。电磁换向阀广泛应用于电控自动变速器上。

常用的电磁换向阀有二位二通、二位三通、二位四通电磁换向阀等。

6.5.4 顺序动作回路

顺序动作回路的作用是控制执行元件的先后动作顺序，回路中主要元件是顺序阀。根据控制油液来源，顺序阀可分为两类：一类是直接利用本阀的进油压力来控制的自控顺序阀；另一种是利用外来油压进行控制的远控顺序阀。自动变速器控制系统中所用为自控顺序阀。

如图6-46所示，只有进油口油压达到规定值后，才能使阀芯克服弹簧弹力移动，从出油口流出，这样就使这两路油压控制的执行元件有一个先后动作顺序。

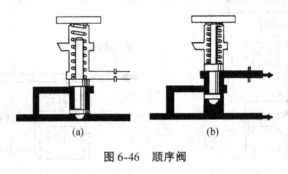

图6-46 顺序阀

项目6.6 液压传动在汽车上的应用

🔧 能力目标

（1）培养学生具备拆装自动变速器液压传动系统的能力。
（2）培养学生具备分析液压传动系统工作过程的能力。

🔧 知识目标

（1）了解液压传动在汽车上的应用。
（2）掌握自动变速器液压传动系统的组成。
（3）掌握自动变速器液压传动系统的结构及工作原理。
（4）了解自动变速器液压传动系统工作过程分析。

液压传动和控制技术与电子、计算机技术相结合，在汽车上的应用越来越广泛。例如，汽车的制动系统、离合器操纵系统、润滑系统、供油系统、冷却系统、自动变速器、防抱死互制动系统（ABS）、智能悬架、转向助力装置等都采用了液压技术。本项目以自动变速器液压传动系统为例介绍液压传动在汽车上的应用。

6.6.1 自动变速器液压传动系统的组成

自动变速器液压传动系统由动力部分、执行部分、控制部分、辅助部分组成。

(1) 动力部分——油泵。它将发动机传来的机械能转换为液压能,为自动变速器的液压传动系统提供能量。

(2) 执行部分——离合器和制动器。它将液压能转换为机械能,使行星齿轮按照不同的组合,输出传动比。

(3) 控制部分——油压控制、换挡控制和换挡品质控制。

(4) 辅助部分——管路、油底壳、滤清器、密封元件等。

自动变速器液压传动系统的任务:一是将油泵输出的液压油经调压后输送给液力变矩器和换挡执行元件;二是将油泵输出的液压油传给液压控制系统,最终实现自动换挡。

6.6.2 自动变速器液压传动系统的结构及工作原理

1. 动力部分

自动变速器液压传动系统的动力部分是油泵,油泵的作用是为液力变矩器和液压控制系统提供一定压力和流量的液压油,并保证行星齿轮机构等各摩擦副的润滑需要。油泵安装在液力变矩器的后部。由液力变矩后端的轴套驱动。自动变速器常用的油泵有齿轮泵、转子泵和叶片泵。油泵的结构和工作原理在项目 6.4 中已介绍,在此就不赘述了。

2. 执行部分

执行部分包括离合器和制动器。

(1) 离合器。

离合器是自动变速器中最重要的换挡元件之一,自动变速器中的离合器是一种多片湿式离合器,多片湿式离合器通常由离合器鼓、离合器活塞、四位弹簧、弹簧座、摩擦片、钢片、调整垫片、离合器毂及几个密封圈组成。如图 6-47 所示。

离合器的作用是连接,即将行星齿轮变速器的输入轴和行星排的某个基本元件连接,或将行星排的某两个元件连接在一起,使之成为一个整体,实现同速直接传动。

离合器的活塞是一种环状活塞,它安装在离合器鼓内,内外圈用 O 型圈密封,形成一个环状液压缸,并和离合器鼓内圆轴颈上的油道相通。

钢片和摩擦片交错排列,两者统称离合器片,钢片的外花键齿安装在离合器鼓内的内花键上,可沿齿圈键槽做轴向移动;摩擦片有其内花键齿与离合毂的外花键齿连接,也可沿键槽做轴向移动。通常钢片比摩擦片多一片。

当液压油流入活塞缸内时,活塞在压力油的作用下,克服回位弹簧的弹力而做轴向移动,将所有钢片和摩擦片相互压紧在一起,离合器处于接合状态;因为钢片和摩擦片有较高的摩擦力。因而使离合器鼓和离合器毂一同旋转。当泄油时,活塞在回位弹簧的作用下恢复到原始位置,使钢片和摩擦片处于分离状态,两者之间不挤压,从而使离合鼓和离合器以不同方向或不同转速各自旋转。

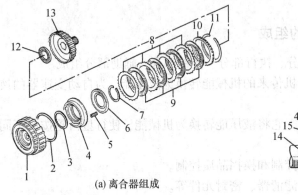
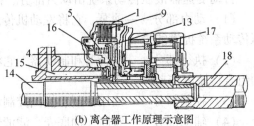

(a) 离合器组成　　　　　　　　(b) 离合器工作原理示意图

图 6-47　离合器

1—离合器鼓；2、3—密封圈；4—离合器活塞；5—回位弹簧；6—弹簧座；7、11—卡环；8—钢片；9—摩擦片；10—挡圈；12—止推轴承；13—离合器毂；14—行星齿轮变速器输入轴；15—油道；16—单向阀；17—前行星排行星架；18—行星齿轮变速器输出轴

(2) 制动器。

制动器是将行星排中三个基本元件的任一元件加以固定，使之不能旋转，在自动变速器中常用湿式多片制动器和带式制动器两种。

湿式多片制动器由制动器鼓、制动器活塞、四位弹簧、钢片、摩擦片以及制动器毂等组成，它的工作原理与湿式多片离合器基本相同，湿式多片制动器的制动鼓（相当于离合器鼓）是自动变速器壳体，制动器毂和行星排中的一个元件连接，当制动器工作时，便将行星排中的一个元件固定。

带式制动器由制动鼓、制动带、液压缸及活塞组成，如图 6-48 所示。

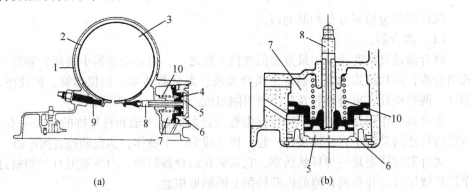

图 6-48　带式制动器

1—变速器壳体；2—制动带；3—制动鼓；4—活塞；5—液压缸施力腔；6—液压缸端盖；7—液压缸释放腔；8—推杆；9—调整螺钉；10—回位弹簧

当液压油进入制动器液压缸时，活塞在压力油的作用下克服回位弹簧的弹力移动，活塞上的推杆随之向外伸出将制动带紧压在制动鼓上，于是制动鼓被固定，处于制动状态，而制动鼓与行星排中的一个基本元件连接，因而行星排中的一个元件被固定。当液压油从缸体内排出时，活塞和连杆被回位弹簧推回，因此制动鼓被释放，解除制动。

3. 控制部分

液压控制自动变速器采用液压式控制系统。这种控制系统的大部分控制阀都位于阀板中，通过变速器壳体和变速轴上的油道与油泵、变矩器及各换挡执行元件相通。液压控制系统按各控制阀的作用可分为油压控制、换挡控制和换挡品质控制。

（1）油压控制。

自动变速器的油泵由发动机直接驱动，因此油泵的流量跟发动机的转速成正比，为了使油泵的流量在发动机低速或高速时，都能满足变速器各部分的工作需要，必须在油路中设置油压控制装置。自动变速器控制系统的油压控制装置是一个油压调节阀，也称为主油路调压阀。

主调压阀有阀体和调压弹簧组成。如图 6-49 所示，其作用是根据节气门开度和车速的变化自动调节各液压系统的油压，保证液压系统工作稳定。

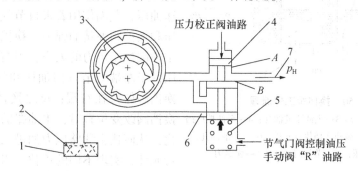

图 6-49 主调压阀的工作原理示意图
1—油底；2—滤网；3—油泵；4—调压阀；5—调压弹簧；6—泄油口；7—至主油路

油泵运转时，来自油泵的压力油进入 A 腔，液压油对阀产生了向下的压力。当向下的推力大于调压弹簧的预紧力时，主调压阀下移，进油口打开，油路中的油压下降，直至 A 腔油压对主调压阀的推力和调压弹簧的预紧力保持平衡为止，从而保证油压的稳定。

为了使主油路油压能满足自动变速器不同工况的需要，调压阀还应具备以下功能。

① 主油路油压应能随发动机节气门开度的增大而升高，当节气门开度较大时，由于发动机输出功率和自动变速器所传递的转矩都较大，为了防止离合器、制动器等换挡执行元件打滑，主油路油压也要相应升高，反之，当节气门开度较小时，自动变速器所传递的转矩也较小，主油路油压可以相应降低。

② 汽车在高速挡（3 挡或 4 挡）以较高车速行驶时，由于此时汽车传动系统处在高转速、低转矩状态下工作，因此可以相应地降低主油路油压，以减小油泵的运转阻力，节省燃油，提高燃料的经济性。

③ 倒挡时主油路的油压比前进挡时的油压大，通常可达 1~1.5 MPa，这是因为倒挡在汽车使用过程中所占有的时间很少，为了减少自动变速器的尺寸，倒挡离合器或倒挡制动器在设计上采用了较少的摩擦片，因此在工作时需要有较高的油压，以防止其接合时打滑。

（2）换挡控制。

换挡控制装置有手动阀、换挡阀、节气门阀、控速阀等组成。

换挡控制装置的作用：一是根据操纵手柄的位置，使自动变速器处于 P、R、N、D、S、L 的挡位状态上；二是在 D、S 位时，根据发动机节气门开度、车速等参数，实现自动升挡或降挡，使汽车在最佳挡位行驶。

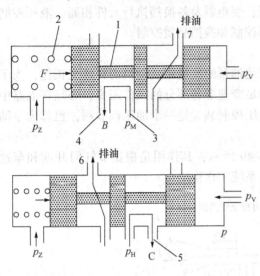

图 6-50　换挡阀工作原理

1—换挡阀；2—弹簧；3—主油路进油孔；4—至低档换挡执行元件；5—至高档换挡执行元件；6、7—泄油孔；p_V—速控油压；p_Z—节气门油压；F—弹簧力

① 手动阀。手动阀是一种人工控制的多路换向阀。它位于控制系统的阀板总成中，它的主要作用是驾驶员根据自己的意愿通过操纵选挡杆带动手动阀移动，实现油路转换，如图 6-33 所示。

② 换挡阀。换挡阀的作用是控制自动变速器升、降挡。换挡阀是一种由液压控制的 2 位换向阀（见图 6-50）。

在换向阀的右端作用着来自调速器的调速油压，左端作用着来自节气阀的节气门油压和换挡阀弹簧的弹力。换挡阀的位置取决于两端控制压力的大小，当右端的调速器油压低于左端的节气门油压和弹簧力之和时，换挡阀保持在右端；反之换挡阀位于左端。换挡阀改变位置时，主油路的方向也发生变化，从而让主油路压力油进入不同的换挡执行元件，实现不同的挡位。当换挡阀从右端移至左端时，自动变速器升高一个挡位；反之降低了一个挡位。

自动变速器的升挡和降挡完全由节气门阀产生的节气门油压的大小来控制。节气门阀由发动机油门拉索操纵，因此节气门油压取决于发动机油门的开度，油门开度越大，节气门油压越大；调速器油压取决于车速，车速越高，调速器油压越高。可见，当节气门开度不变时，汽车的升挡和降挡完全取决于车速。

换挡阀的实际结构比图 6-50 要复杂得多，它还具有使降挡车速低于升挡车速的功能，以避免汽车行驶中的频繁跳挡，减少换挡执行元件的磨损。此外，还具有限制高挡使用或将挡位锁止在某一低挡上的功能。

③ 节气门阀。节气门阀用于产生节气门油压，以便控制系统根据汽车油门（节气门）开度的大小改变主油路油压和换挡车速，使自动变速器的主油路油压和换挡规律满足汽车的实际使用要求。

节气门阀的工作由节气门开度控制。根据控制方式的不同，节气门阀可分为机械式节气门阀和真空式节气门阀两种。

a. 机械式节气门阀。

机械式节气门阀由滑阀、弹簧、挺杆、凸轮等组成（见图 6-51）。

主油路的压力油（p_H）经过滑阀节流减压后成为节气门压力油，其压力即为节气门油压。节气门压力油（p_Z）经孔道进入滑阀右端，对滑阀产生一个向左的推力。当节气门油压随着滑阀开口的开启而增大，使滑阀右端的油压大于弹簧弹力时，滑阀左移，关小滑阀开口、出口处的节气门油压随之下降；当节气门油压随着滑阀的关小而降低，使滑阀右端的油压小于左端弹簧弹力时，滑阀右移，开大滑阀开口，使节气门油压上升，若滑阀右腔油压等于弹簧的弹力时，滑阀保持不动。由此可知，经节气门阀调节后的节气门油压大小取决于弹簧的弹力。

机械式节气门阀的凸轮经过拉索与节气门摇臂连接。当驾驶员踩下油门踏板时，拉索拉动凸轮转动，推动挺杆右移、压缩调压弹簧，使调压弹簧的弹力增大，节气门油压也因此而增大，反之，当节气门关小时，挺杆左移，调压弹簧的弹力减小，节气门油压也随之降低。

b. 真空式节气门阀。

真空式节气门阀由真空膜片气室、推杆滑阀等组成（见图6-52）。

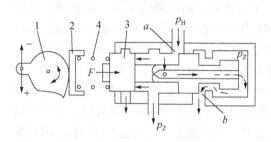 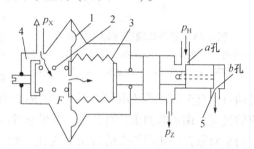

图6-51 机械式节气门阀　　　　　图6-52 真空式节气门阀
1—凸轮；2—挺杆；3—滑阀；4—弹簧　　1—膜片；2—弹簧；3—波纹筒；4—调压螺钉；5—旁通孔

主油路压力油（p_H）经节流减压后成为节气门压力油（p_Z），其压力即为节气门油压。节气门油压的大小取决于滑阀的开度，滑阀的右端作用着节气门油压，该油压对滑阀产生一个向左的推力。滑阀左端通过推杆（波纹筒）和真空膜片接触。发动机节气门后方的进气管真空通过软管进入真空膜片室。膜片通过推杆（波纹筒）作用在滑阀的左端的向右推力为膜片弹簧的弹力和作用在膜片上的真空吸力之差。当滑阀右端的节气门油压大于膜片作用在滑阀左端的推力时，滑阀左移，关小阀口，使节气门油压下降，直至节气门油压等于膜片对滑阀的推力为止。可见，真空式节气门阀所调节的节气门油压大小取决于发动机节气门后方的进气管的真空度。当节气门开度较小时，进气管真空度较大，使真空膜片对滑阀的推力减小，节气门油压相对较低；当节气门开度较大时，进气管真空度较小，使真空膜片对滑阀的推力增大，节气门油压也相应地较大，由此可知，真空式节气门阀所产生的节气门油压也是随着节气门开度的增大而增大。

④ 速控阀。速控阀用于产生速控油压，为控制系统提供随车速而变化的控制压力。速控阀一般安装在自动变速器的功率输出轴上，或安装在自动变速器壳体上，通过齿轮与输出轴连接，使其能够感应出汽车行驶速度的变化，以得到和车速相应的输出油压，从而控制自动变速器的换挡时刻。根据工作原理的不同，速控阀可分为：泄压式和节流式两种。

a. 泄压式速控阀。

泄压式速控阀的工作原理如图6-53所示。

主油路压力油流经一个固定大小的节流孔6后，节流减压成为速控油压，分别进入换挡阀和速控阀，速控阀通过控制泄油孔4的大小来调节油压，进入速控阀的压力油推动滑阀3，打开泄油孔泄油。由于速控阀安装在输出轴上，当输出轴转动时，离心力使滑阀外移，克服离心力使泄油孔关小，当输出轴的转速较低时，滑阀离心力较小，泄油孔的开度变大，泄油量较多，油路中的速控油压随之降低；当输出轴的转速较高时，滑阀离心力较大，泄油孔的开度变小，油路中的速控油压随之升高。因此速控油压是随着车速的提高而增大的。

b. 节流式速控阀。

节流式调速器在结构上和泄压式调速器相似，是一种安装在输出轴上的节流式双级调速器，它由阀体、滑阀、弹簧及重块组成。汽车行驶时，阀体随输出轴一起转动，滑阀和重块在离心力的作用下外移，打开进油口，使主油路压力油进入调速器油压，与此同时作用在滑阀上的调速器油压使滑阀内移，关

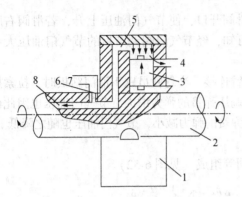

图 6-53 泄压式速控阀的工作原理

1—速控阀；2—输出轴；3—滑阀；4—泄油孔；5—速控阀油路；6—节流孔；7—主油路；8—至换挡阀

小进油口，直至调速器油压与滑阀所受的离心力相平衡为止。由于重块质量较大，因此随着车速的提高，调速器油压急剧升高。当车速继续提高时，重块带动锁轴逐渐外移，直至锁轴内端的平面靠在调速器外壳的台阶上为止。此后即使车速再提高、重块也不再外移，因此在高速区工作时，调速油压仅靠滑阀的离心力来调节。由于滑阀的质量较小，使离心力增大较慢，因而使调速器油压随车速升高而缓慢增大（见图 6-54）。

双级式调速器在低速区和高速区具有不同的工作特性（见图 6-55），它能使自动变速器在低速区和高速区具有不同的换挡规则。在低速区，由于调速器油压随车速的变化较大，从而使汽车起步后自动变速器及时地由低挡升至中速挡，防止升挡过迟而使发动机转速过高，增加油耗。在高速区，由于调速器油压随车速变化较小，从而使汽车由中速挡升至高速挡之前有足够的加速时间、防止过早升挡而影响汽车的动力性。

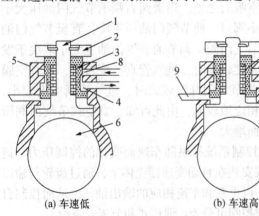

图 6-54 双级式节流式速控阀工作原理图

1—销轴；2—重块；3—滑阀；4—出油孔；5—速控阀外壳；
6—输出轴；7—弹簧；8—进油孔；9—泄油孔

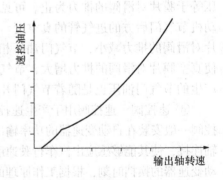

图 6-55 双级式速控阀调速特性

6.6.3 自动变速器液压传动系统工作过程分析

各种自动变速器的液压控制系统的工作过程都不相同，但原理基本相似。下面以

3N71B 自动变速器为例，说明在 D_1 位时液压系统的工作过程。

自动变速器位于 D 位时，手动阀打开 3 条油路，其中一条让主油路压力油通过速控阀、前进离合器 C_2 和 1～2 挡挡阀，让速控阀产生速控油压，同时让前进离合器 C_2 接合；另一条通往 2 挡锁止阀下端和 2～3 挡换挡阀，作用在 2 挡锁止阀下端的主油路压力油使该阀关闭；还有一条油路通往 2 挡锁止阀上端。

当车速较低时，1～2 换挡阀和 2～3 换挡阀右侧的速控油阀较低，使这两个换挡阀均处于右侧低挡位置，将通往换挡执行元件的油路关闭。此时，只有前进离合器 C_2 接合，使行星齿轮变速器在一挡工作，如图 6-56 所示。

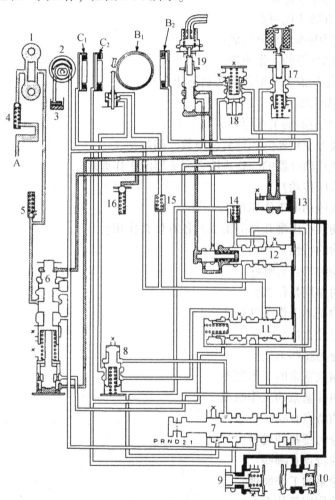

图 6-56 自动变速器控制系统前进挡（D）1 挡油路

1—变扭器；2—油泵；3—油底壳；4—变扭器回油阀；5—变扭器限压阀；6—主油路调压阀；7—手动阀；8—2 挡锁止阀；9—次级调速器；10—初级调速器；11—1～2 换挡阀；12—2～3 换挡阀；13—压力校正阀；14、15—单向节流阀；16—节气门限压阀；17—强制降挡阀；18—节气门止回阀；19—节气门阀；A—至行星排；B_1—2 挡制动阀；B_2—低挡及倒挡制动器；C_1—倒挡及高挡制动器；C_2—前进离合器；✕—泄油孔

思 考 题

1. 什么是液体传动?
2. 什么是液力传动?
3. 液力传动的原理是什么?
4. 液力传动有哪些优缺点?
5. 液力耦合器由哪几部分组成?
6. 简述液力耦合器的工作原理。
7. 液力耦合器和液力变矩器的区别是什么?
8. 液力变矩器由哪几部分组成?
9. 简述液力变矩器的工作原理。
10. 什么是液力变矩器的元件数、级数、相数?
11. 简述带锁止离合器的综合式液力变矩器的工作原理。
12. 什么是液压传动?
13. 简述液压传动的工作原理。
14. 液压传动系统由哪几部分组成? 各有什么作用?
15. 液压传动的特性是什么?
16. 液压传动的特点有哪些?
17. 液压泵的作用是什么?
18. 容积泵的基本工作条件是什么?
19. 柱塞泵有什么特点?
20. 柱塞泵分为哪些类型?
21. 简述轴向柱塞泵的工作原理。
22. 简述径向柱塞泵的工作原理。
23. 叶片泵的特点有哪些?
24. 叶片泵分为哪些种类型?
25. 齿轮泵的特点有哪些?
26. 简述齿轮泵的工作原理。
27. 液压缸的作用是什么?
28. 液压缸的类型有哪些?
29. 液压控制阀的作用是什么?
30. 单向阀的作用是什么?
31. 简述换向阀的工作原理。
32. 压力阀的作用是什么?
33. 减压阀的作用是什么?

34. 简述减压阀的工作原理。
35. 流量阀的作用是什么？
36. 压力控制回路的作用是什么？
37. 速度控制回路的作用是什么？
38. 方向控制回路的作用是什么？

模块七 汽车常见零部件和机构

汽车常见的零部件有轴、齿轮、键和轴承等，常见的机构有平面连杆机构、凸轮机构、带传动机构、齿轮传动机构、蜗杆传动机构等，掌握汽车常见零部件和机构是汽车检测与维修的基础。

项目 7.1 轴和轴毂连接

能力目标
（1）培养学生具备拆装轴上零件的能力。
（2）培养学生具备轮毂连接常识的能力。

知识目标
（1）了解轴的分类及材料。
（2）掌握轴上零件的固定。
（3）掌握键连接功用及类型。
（4）掌握花键连接的功用及特点。

传动零件必须被支承起来才能进行工作，支承传动件的零件称为轴。轮毂与轴之间的连接称为轴毂连接，常用的有键连接和花键连接，还有销连接、过盈配合连接等，这些连接均属于可拆连接。

7.1.1 轴

1. 轴的分类

根据轴的功用和承载情况，轴可分为以下几种。

（1）传动轴。

传动轴以传递转矩为主，不承载弯矩或承载很小弯矩的轴，如汽车变速箱和后桥之间的轴（见图 7-1）。

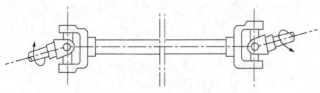

图 7-1 传动轴

(2) 转轴。

转轴既传递转矩又承载弯矩的轴,如齿轮减速器中的输出轴(见图 7-2),机器中的大多数轴都属于转轴。

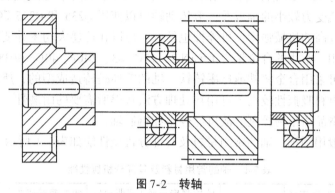

图 7-2 转轴

(3) 心轴。

心轴是只承受弯矩不传递转矩的轴,按其是否转动又可分为转动心轴(见图 7-3)和固定心轴(见图 7-4)。

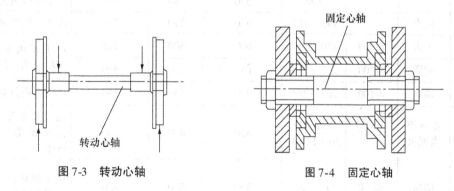

图 7-3 转动心轴　　　　　　图 7-4 固定心轴

此外,按轴线几何形状的不同,轴还可以分为直轴(图 7-1～图 7-4 所示均为直轴)和曲轴(见图 7-5)。

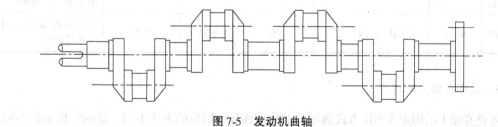

图 7-5 发动机曲轴

2. 轴的材料

轴工作时的应力大多为重复性的应力,所以轴的主要失效形式是疲劳破坏,所以轴的材料要求有较高的强度和刚度。另外,轴与轴上的零件有相对运动的表面还应有一定的耐磨性，故轴的材料主要是碳素结构钢和合金结构钢。其中碳素钢比结构钢价廉，对应力集中的敏感性较小，所以应用较广泛。

常用碳素钢有30～50钢，最常用的是45钢。为保证其力学性能，应进行调质或正火处理。不重要的或受力较小的轴以及一般传动轴可以使用Q235和Q275钢。

合金钢具有较高的机械强度，可淬性也较好，可以在传递大功率并要求减少质量和提高轴颈耐磨时采用。常用的合金钢有12CrNi2、12CrNi3、20Cr、40Gr和38SiMnMo等。

轴的材料也可采用合金铸铁或球墨铸铁。轴的毛坯是铸造成型的，所以易于得到更合理的形状。这些材料吸振性较高，可用热处理方法获得所需要的耐磨性，对应力集中敏感性也较低。因铸造品质不易控制，故可靠性不如钢制轴。

轴的毛坯一般用圆钢，轴的常用材料及其部分机械性能如表7-1所示。

表7-1 轴的常用材料及其部分机械性能

材料牌号	热处理方法	毛坯直径 d/mm	硬度/HBS	抗拉强度极限 σ_B/MPa	屈服极限 σ_S/MPa	弯曲疲劳极限 σ_{-1}/MPa	应用说明
Q235A				440	240	200	用于不重要或载荷不大的轴
Q275			190	520	280	220	用于不很重要的轴
35	正火		143～187	520	270	250	用于一般的轴
45	正火	≤100	170～217	600	300	275	用于较重要的轴，应用最为广泛
45	调质	≤200	217～255	650	360	300	
35CrMo	调质	≤100	207～269	750	550	390	用于重载荷的轴
20Cr	渗碳淬火回火	≤60	表面硬度 56-62 HRC	650	400	280	用于要求强度、韧性及耐磨均较高的轴
40Cr	调质	≤100	241～286	750	550	350	用于载荷较大，而无很大冲击的轴
35SiMn 45SiMn	调质	≤100	229～286	800	520	400	性能接近于40Cr，用于中、小型轴
40MnB	调质	≤200	241～286	750	500	335	性能接近40Cr，用于重要的轴

3. 零件在轴上的固定

零件在轴上的固定或连接方式随零件的作用而异。固定的方法不同，轴的结构也就不同。一般情况下，为了保证零件在轴上的工作位置固定，应在径向和轴向上对零件加以固定。

（1）轴上零件的轴向定位与固定。

零件在轴上应沿轴向准确、可靠地固定，以使其具有确定的安装位置并能承受轴向力而不产生轴向位移。常用的轴向固定方法有轴肩、轴环定位、螺母定位、套筒定位及轴端挡圈定位等。轴上零件的轴向定位和固定方法主要取决于轴向力的大小。当零件所受轴向力大时，常用轴肩、轴环、过盈配合等方式；受中等轴向力时，可用套筒、圆螺母、轴端挡圈、圆锥面和圆锥销钉等方式；所受的轴向力太小时，可用弹簧挡圈、挡环、紧定螺钉等方式。选择时，还应考虑轴的制造及零件装拆的难易、所占位置的大小、对轴强度的影响等因素。

轴肩由定位面和圆角组成，如图 7-6 所示。为了保证轴上零件的端面能紧靠定位面，轴肩的内圆角半径 r 应小于零件上的外圆角半径 R 或倒角 C。R 和 C 的尺寸可查有关的机械设计手册。一般取轴肩高度 $h = (R(C) + (0.5 \sim 2))$ mm，轴环宽度 $b \approx 1.4h$。

用轴肩或轴环固定零件时，常需采用其他附件来防止零件向另一方向移动，如图 7-7 中所示采用的是圆螺母，在安装齿轮时为了使齿轮固定可靠，应使齿轮轮毂宽度大于与之相配合的轴段长度，一般两者的差取 2～3 mm。

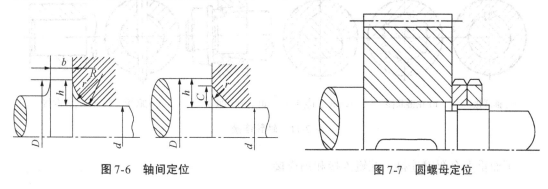

图 7-6　轴间定位　　　　　　　图 7-7　圆螺母定位

当轴向力不大而轴上零件间的距离较大时，可采用弹性挡圈固定，如图 7-8 所示。当轴向力很小，转速很低或仅为防止零件偶然沿轴向滑动时，可采用紧定螺钉固定，如图 7-9 所示。

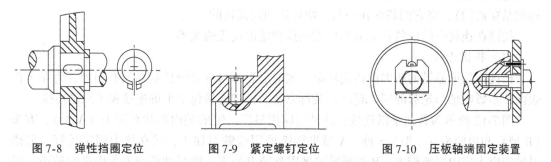

图 7-8　弹性挡圈定位　　　图 7-9　紧定螺钉定位　　　图 7-10　压板轴端固定装置

轴向固定有方向性，是否需在两个方向上均对零件进行固定应视机器的结构、工作条件而定。

图 7-10 所示压板是一种轴端固定装置。除压板外还有很多其他的轴端固定形式。

另外，为保证轴上零件有确定的工作位置，有时要求轴组件的轴向位置能进行调整，调整后再加以轴向固定。又如在锥齿轮传动中，要使锥齿轮的锥顶交于一点，就要依靠调整轴组件的位置来实现。

（2）轴上零件的周向固定（轴毂连接）

为了传递运动和转矩，防止轴上零件与轴作相对转动，轴和轴上零件必须可靠地沿周向固定（连接）。固定方式的选择，则要根据传递转矩的大小和性质，轮毂和轴的对中精度要求，加工的难易等因素来决定。常用的周向固定的方法有键连接、花键连接和过盈配合连接等。这些连接统称为轴毂连接，如图7-2所示的齿轮与轴的周向固定采用了平键连接。有关轴毂连接将在7.1.2节进一步讨论。

7.1.2 轴毂连接

轴毂连接是为了防止零件与轴发生相对转动。常用的连接方式有：键连接、花键连接、成型连接、弹性环连接、圆锥销连接、过盈连接等（如图7-11所示）。

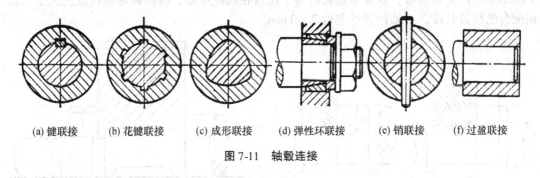

(a) 键联接　　(b) 花键联接　　(c) 成形联接　　(d) 弹性环联接　　(e) 销联接　　(f) 过盈联接

图7-11　轴毂连接

下面重点介绍键连接、花键连接和销连接。

1. 键连接

键是标准件，主要用于轴和轴上零件（如齿轮、带轮）间的周向连接，以传递扭矩。在被连接的轴上和轮孔中制出键槽，先将键嵌入轴上的键槽内，再对准轮孔中的键槽（该键槽是穿通的），将它们装配在一起，便可达到连接目的。

按键在连接中的松紧状态分为松键连接和紧键连接两大类。

（1）松键连接

松键连接依靠键的两侧面传递转矩。键的上表面与轮毂键槽底面间有间隙，为非工作表面，不影响轴与轮毂的同心精度，装拆方便。松键连接包括平键连接和半圆键连接。

图7-12所示为普通平键连接，这种键应用最广。键的端面形状有圆头（A型）、方头（B型）和单圆头（C型）3种。A型平键键槽用端铣刀加工，键在槽中固定较好，但槽对轴的应力集中影响较大。B型平键键槽用盘铣刀加工，槽对轴的应力集中影响较小，但对于尺寸较大的键，要用紧定螺钉压紧，以防松动。C型平键常用于轴的端部连接，轴上键槽常用端铣刀铣通。

当轮毂在轴上需沿轴向移动时，可采用导向平键（如图7-13所示），如汽车变速器中滑动齿轮与轴之间的连接。导向平键是加长的普通平键，为防止松动，用两个螺钉固定在轴槽中，为装拆方便，在键的中部制有起键螺孔。轮毂上的键槽与键是间隙配合，当轮毂移动时，键起导向作用。

若轴上零件沿轴向移动距离长时，可采用如图7-14所示的滑键连接。滑键固定在轮毂上，随传动零件沿键槽移动。

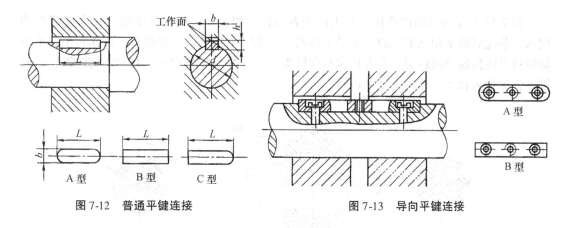

图 7-12　普通平键连接　　　　　图 7-13　导向平键连接

如图 7-15 所示的半圆键连接，它能在轴的键槽内摆动，以适应轮毂键槽底面的斜度，装配方便，定心性好，适合锥形轴头与轮毂的连接；但由于轴槽过深，对轴的削弱较大，主要用于轻载连接。

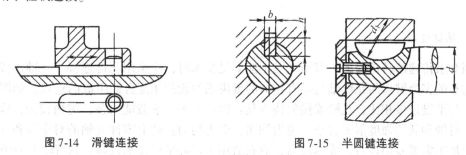

图 7-14　滑键连接　　　　　　　图 7-15　半圆键连接

（2）紧键连接

用于紧键连接的键具有一个斜面。由于斜面的楔键影响，使轮毂与轴产生偏心，所以紧键连接的定心精度不高。紧键连接包括楔键连接和切向键连接。

如图 7-16 所示，楔键的上、下表面是工作面，键的上表面和轮毂键槽底面，都有 1:100 的斜度。键楔入键槽后，工作表面产生很大预紧力并靠工作面摩擦力传递转矩。它能承受单向的轴向力并起轴向固定作用。楔键分普通楔键（见图 7-16（a））和钩头楔键（见图 7-16（b））两种。钩头楔键的钩头是为便于拆卸用的，因此装配时须留有拆卸位置。外露钩头随轴转动，容易发生事故，应加防护罩。

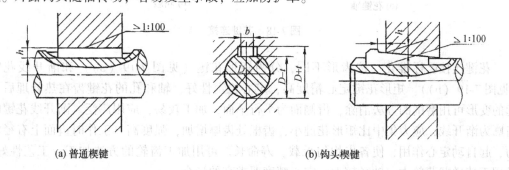

(a) 普通楔键　　　　　　　　　(b) 钩头楔键

图 7-16　楔键连接

图 7-17 所示为切向键连接,它由两个普通楔键组成。装配时两个键分别自轮毂两端楔入,装配后两个相互平行的窄面是工作面,工作时主要依靠工作面直接传递转矩。单个切向键只能传递单向转矩。若需传递双向转矩,应装两个互成 120°～135° 的切向键。切向键能传递很大转矩,常用于重型机械。

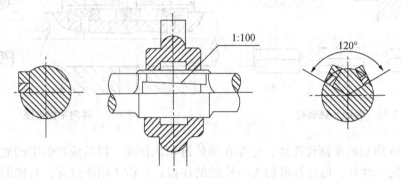

图 7-17 切向键连接

2. 花键连接

当要求传递的转矩很大,普通平键不能满足要求时,应采用花键连接。花键连接是由周向均布的多个键齿的花键轴与带有相应的键齿槽的轮毂相配合而组成的连接,如图 7-18 所示。与平键连接相比,花键连接的特点是:键齿数多,承载能力强;键槽较浅,应力集中小,对轴和毂的强度削弱也小;键齿均布,受力均匀;轴上零件与轴的对中性和导向性好;但加工需要专用设备,成本较高;故它适用于定心精度要求较高、载荷较大的场合。

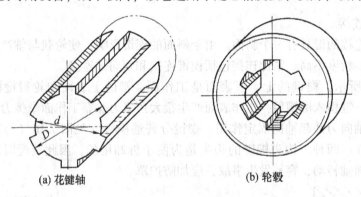

(a) 花键轴　　(b) 轮毂

图 7-18 花键连接

花键连接已标准化,按齿形不同,分为矩形花键(见图 7-19(a))和渐开线花键(见图 7-19(b))。矩形花键定心精度高,定心稳定性好,轴和孔的花键齿在热处理后引起的变形可用磨削的方法消除,齿侧面为平行平面,加工较易,应用广泛。渐开线花键的齿廓为渐开线,应力集中比矩形花键小,齿根处齿厚增加,强度高。工作时齿面上有径向力,起自动定心作用,使各齿均匀承载,寿命长。可用加工齿轮的方法加工,工艺性好,常用于传递载荷较大、轴径较大、定心精度要求高的场合。

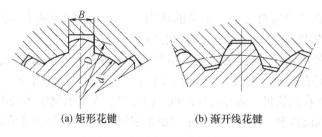

(a) 矩形花键　　　　　　(b) 渐开线花键

图 7-19　矩形花键和渐开线花键

3. 销连接

销连接通用于确定零件之间的相对位置（见图 7-20（a）），是组合加工和装配时重要辅助零件；也用于轴毂之间或其他零件间的连接（见图 7-20（b））；还可充当过载剪断元件（见图 7-20（c））。

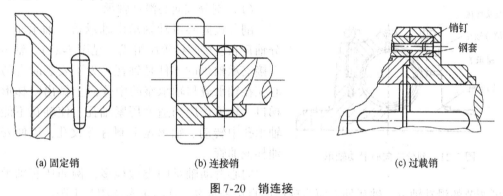

(a) 固定销　　　　　　(b) 连接销　　　　　　(c) 过载销

图 7-20　销连接

按销的形状不同可分为圆柱销和圆锥销。圆柱销靠过盈与销孔配合，适用于不常拆卸的场合。圆锥销具有 1∶50 的锥度，适用于经常拆卸的场合。

项目 7.2　轴　承

■ 能力目标

（1）培养学生具备拆装汽车常见轴承的能力。
（2）培养学生具备区分滑动轴承和滚动轴承的能力。

 知识目标

（1）了解滑动轴承的类型及特点。
（2）掌握滑动轴承的应用及润滑形式。
（3）掌握滚动轴承的结构及类型。
（4）掌握滚动轴承的代号。

轴承是机器中的重要零件之一。轴承的功用：一为支承轴及轴上零件，并保持轴的旋转精度；二为减少转轴与支承之间的摩擦和磨损。

轴承分为滑动轴承和滚动轴承两大类。虽然滚动轴承具有一系列优点，在一般机器中获得了广泛应用，但是在高速、高精度、重载、结构上要求剖分等场合下，滑动轴承就显示出它的优异性能。因而在汽轮机、离心式压缩机、内燃机、大型电机中多采用滑动轴承。此外，在低速而带有冲击的机器中，如水泥搅拌机、滚筒清砂机、破碎机等也常采用滑动轴承。

7.2.1 滑动轴承

1. 滑动轴承的类型

滑动轴承按照承受载荷的方向主要分为：向心滑动轴承——又称径向滑动轴承，主要承受径向载荷；推力滑动轴承——主要承受轴向载荷。

（1）剖分式向心滑动轴承

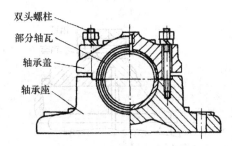

图 7-21 剖分式向心滑动轴承

剖分式向心滑动轴承由轴承盖、轴承座、剖分轴瓦和连接螺栓等所组成（见图 7-21）。轴承中直接支承轴颈的零件是轴瓦。为了安装时容易对心，在轴承盖与轴承座的中分面上做出阶梯形的梯口。轴承盖应当适度压紧轴瓦，使轴瓦不能在轴承孔中转动。轴承盖上制有螺纹孔，以便安装油杯或油管。

向心滑动轴承的类型很多，例如还有轴承间隙可调节的滑动轴承、轴瓦外表面为球面的自位轴承等，详情可参阅相关手册。

轴瓦是滑动轴承中的重要零件。如图 7-22（a）所示，向心滑动轴承的轴瓦内孔为圆柱形。若载荷方向向下，则下轴瓦为承载区，上轴瓦为非承载区。润滑油应由非承载区引入，所以在顶部开进油孔。在轴瓦内表面，以进油口为中心沿纵向、斜向或横向开有油沟，以利于润滑油均匀分布在整个轴颈上。油沟的形式很多，如图 7-22（b）所示。一般油沟与轴瓦端面保持一定距离，以防止漏油。

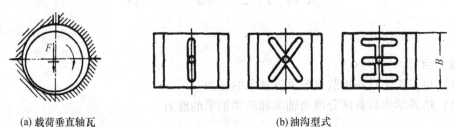

(a) 载荷垂直轴瓦　　　　　　　　(b) 油沟型式

图 7-22 载荷垂直轴瓦及其油沟

当载荷垂直向下或略有偏斜时，轴承的中分面常为水平方向。若载荷方向有较大偏斜时，则轴承的中分面也斜着布置（通常倾斜 45°），使中分平面垂直于或接近垂直于载荷，如图 7-23（a）所示。

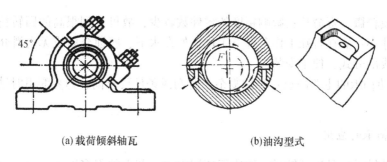

(a) 载荷倾斜轴瓦　　　　　　(b) 油沟型式

图 7-23　载荷偏斜轴瓦及其油沟

图 7-23（b）所示为润滑油从两侧导入的结构，常用于大型的液体润滑的滑动轴承中。一侧油进入后被旋转着的轴颈带入楔形间隙中形成动压油膜，另一侧油进入后覆盖在轴颈上半部，起着冷却作用，最后油从轴承的两端泄出。

轴瓦宽度与轴颈直径之比 B/d 称为宽径比，它是向心滑动轴承中的重要参数之一。对于液体摩擦的滑动轴承，取 $B/d = 0.5 \sim 1$；对于非液体摩擦的滑动轴承，取 $B/d = 0.8 \sim 1.5$，有时可以更大些。

（2）推力滑动轴承

轴上的轴向力应采用推力轴承来承受。止推面可以利用轴的端面，也可在轴的中段做出凸肩或装上推力圆盘。后面将论述两平行平面之间是不能形成动压油膜的，因此须沿轴承止推面按若干块扇形面积开出楔形。图 7-24（a）所示为固定式推力轴承，其楔形的倾斜角固定不变，在楔形顶部留出平台，用来承受停车后的轴向载荷。图 7-24（b）为可倾式推力轴承，其扇形块的倾斜角能随载荷、转速的改变而自行调整，因此性能更为优越。扇形块数一般为 6～12。

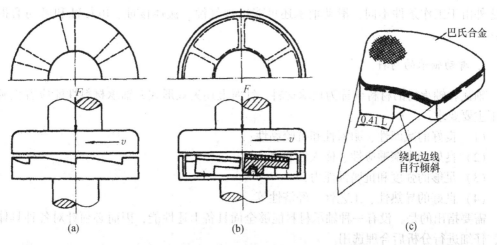

图 7-24　推力滑动轴承

2. 滑动轴承的特点

（1）滑动轴承的主要优点：滑动轴承采用面接触，因而承载能力大；轴承工作面上的油膜有减振、缓冲和降噪的作用，因而工作平稳、噪声小；处于液体摩擦状态下轴承摩擦系数小、磨损轻微、寿命长；影响精度的零件数较少，故可达到很高的回转精度；结构简单，径向尺寸小；能在特殊工作条件下工作，如在水下、腐蚀介质或无润滑介质等条件下工作；可做成剖分式，便于安装。

（2）滑动轴承的主要缺点：维护复杂；对润滑条件要求高；边界润滑时轴承的摩擦损耗较大。

3. 滑动轴承的应用

选用滑动轴承还是滚动轴承，取决于使用上、工艺上的很多因素。由于滑动轴承的摩擦损耗一般较大，维护也比较复杂，故很多场合常被滚动轴承取代。但由于滑动轴承本身一些独特的特点，使得在某些特殊场合仍占重要地位。目前，滑动轴承主要应用于以下几种情况：

（1）工作转速高的轴承；
（2）特重型轴承：采用滚动轴承，造价太高（需单件生产）；
（3）要求对轴的支承位置特别精确的轴承：因滑动轴承比滚动轴承影响精度的零件数要少，故可制造得更精确；
（4）承受巨大冲击和振动载荷的轴承：由于滑动轴承的轴瓦和轴颈间的支承面一般都较大，且有油层的缓冲和阻尼作用，所以显得较滚动轴承更优越；
（5）据装配要求须做成剖分的轴承；
（6）特殊工作条件下工作的轴承。

4. 滑动轴承的失效形式

滑动轴承常见的几种失效形式有：磨粒磨损、刮伤、胶合、疲劳剥落以及腐蚀等。除此之外由于工作条件不同，滑动轴承还可能出现气蚀、流体侵蚀、电侵蚀和微动磨损等损伤。

5. 滑动轴承的材料

轴瓦和轴承衬的材料统称为轴承材料。针对上述失效形式，轴承材料性能应着重满足以下主要要求：

（1）良好的减摩性、耐磨性和抗咬黏性；
（2）良好的摩擦顺应性、嵌入性和磨合性；
（3）足够的强度和抗腐蚀能力；
（4）良好的导热性、工艺性、经济性等。

需要指出的是，没有一种轴承材料能够全面具备上述性能，因而必须针对各种具体情况，仔细进行分析后合理选用。

常用的轴承材料可分三大类：金属材料，如轴承合金、铜合金、铝基合金和铸铁等；多孔质金属材料；非金属材料，如工程塑料、碳等。

6. 滑动轴承的摩擦种类

按表面润滑情况的不同，摩擦分以下几种：

(1) 干摩擦

当两摩擦面间不加任何润滑剂时,将出现两固体表面直接接触的摩擦(见图7-25(a))。出现干摩擦时,必有大量的摩擦损耗和严重磨损。滑动轴承中则表现为强烈的升温,甚至导致轴瓦烧毁。故不允许出现干摩擦。

(2) 边界摩擦

两表面被吸附在表面的边界膜隔开,边界油膜厚度很小,比 $1\mu m$ 小,不足以将两摩擦表面分开(见图7-25(b))。相对运动时,金属表面微观高峰部分相互搓削。摩擦性质不取决于油的黏度,而与边界膜和表面的吸附性质有关。一般,金属表面覆盖一层边界膜后,虽不能绝对消除表面的磨损,却可以起着减轻磨损的作用。

(3) 流体摩擦

两表面被一流体层(液体或气体)隔开,两表面有充足的流体,油膜厚度几十微米,足以将两摩擦表面分开(见图7-25(c))。可显著减小摩擦和磨损。摩擦性质取决于流体内部分子间黏性阻力。流体摩擦是最理想的摩擦状态。如汽轮机等长期高速旋转的机器,应确保其轴承在流体摩擦状态下工作。

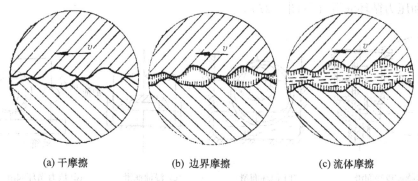

(a) 干摩擦　　　(b) 边界摩擦　　　(c) 流体摩擦

图 7-25　滑动轴承的摩擦种类

(4) 混合摩擦

一般机器,摩擦面多处于干摩擦、边界摩擦和流体摩擦的混合状态,称为混合摩擦。流体摩擦、边界摩擦、混合摩擦必须在一定润滑条件下实现,所以常称为液体润滑、边界润滑和混合润滑。当载荷很大、工作温度非常低或非常高时,常采用石墨、二硫化钼等润滑剂润滑,则称为固体润滑。

7. 滑动轴承的润滑形式

向轴承供给润滑油或润滑脂的方法很重要,尤其是油润滑,轴承的润滑状态与润滑油的供给方法有关。润滑油(脂)的供给方法有:间歇供油、连续供油和润滑脂供给。

(1) 间歇供油

间歇供油由操作人员用油壶、油枪或间歇供油装置(见图7-26)注油,供油是间歇性的。

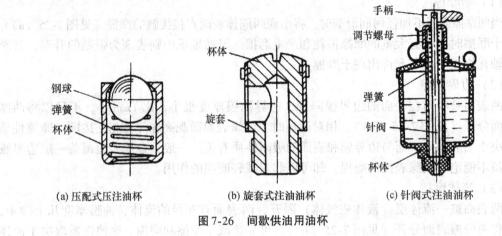

图 7-26 间歇供油用油杯

(2) 连续供油

连续供油是通过连续供油装置提供油液,又分为:芯捻润滑(油绳润滑)、油环润滑、浸油润滑和压力循环润滑(见图 7-27)。

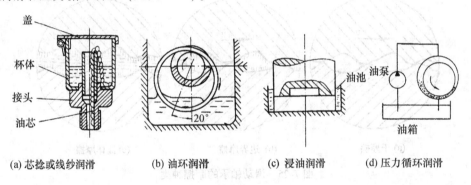

图 7-27 连续供油方式

(3) 润滑脂供给

润滑脂的加脂方式有人工加脂和脂杯加脂。图 7-28 所示为黄油杯,杯中装入润滑脂后,旋转上盖即可将润滑脂挤入轴承。

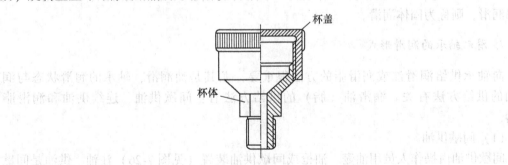

图 7-28 黄油杯

7.2.2 滚动轴承

1. 滚动轴承的结构

滚动轴承的典型结构如图 7-29 所示,它由内圈 1,外圈 2,滚动体 3 和保持架 4 组成。滚动体的形式较多,有球和各类滚子等,如图 7-30 所示。内圈装在轴颈上,外圈装在机座内,当内圈与外圈相对滚动时,滚动体沿滚道滚动,保持架将各滚动体均匀隔开。

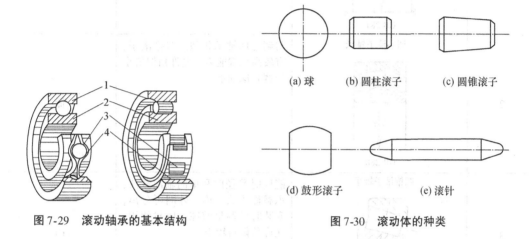

图 7-29　滚动轴承的基本结构　　　图 7-30　滚动体的种类

2. 滚动轴承的类型

(1) 按滚动体的形状可分为:球轴承和滚子轴承。滚子轴承按滚子的外形和尺寸又可分为:圆柱滚子轴承、滚针轴承、圆锥滚子轴承以及调心滚子轴承(球面鼓形滚子)。

(2) 按滚动轴承所承受外载荷的方向和大小可分为:向心轴承、推力轴承和向心推力轴承。如图 7-31 所示。

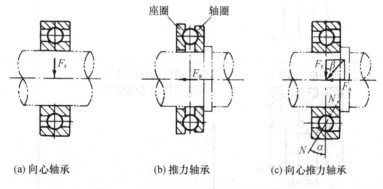

图 7-31　滚动轴承按受外载荷不同分类

(3) 按滚动体的列数,滚动轴承又可分为单列、双列及多列滚动轴承。

滚动轴承的基本类型及特性如表 7-2 所示。

表 7-2　滚动轴承的基本类型及特性

类型代号	轴承名称	性能特点	极限转速比
1	调心球轴承 GB 281	双排钢球，外圈滚道为内球面形，具有自动调心性能。 主要承受径向载荷，也能承受不大的双向轴向载荷	中
2	调心滚子轴承 GB 288	与调心球轴承相似。双排滚子，有较高承载能力。允许角偏斜小于调心球轴承	低
3	圆锥滚子轴承	能同时受径向和单向轴向载荷，承载能力大。内、外圈可分离，安装时可调整游隙。成对使用。允许角偏斜较小	中
4	推力球轴承 GB 301	只能受单向轴向载荷，回转时，因钢球离心力与保持架摩擦发热，故极限转速较低。套圈可分离	低
5	双向推力球轴承 GB 301	能受双向的轴向载荷。 其他与推力球轴承同	低

续表

类型代号	轴承名称	性能特点	极限转速比
6	深沟球轴承 GB 276	结构简单。主要受径向载荷，也可承受一定的双向轴向载荷。高速装置中可代替推力轴承。摩擦系数小，极限转速高，价廉。应用范围最广	高
7	角接触球轴承 GB 4221	能同时受径向载荷和单向轴向载荷。接触角 α 有 15°、25° 和 40° 三种，轴向承载能力随接触角增大而提高。需成对使用	高
8	推力圆柱滚子轴承 GB 4663	能承受较大单向轴向载荷，轴向刚度高。极限转速低，不允许轴与外圈轴线有倾斜	低
N	圆柱滚子轴承 （外圈无挡边） GB 283	用以承受较大的径向载荷。内、外圈间可作自由轴向移动，不能受轴向载荷。滚子与套圈间是线接触，只允许有很小角位移	高
NA	滚针轴承　　无内圈滚针轴承	只能承受径向载荷，承载能力大，径向尺寸特小	低

3. 滚动轴承的特点

（1）与滑动轴承相比，滚动轴承主要有下列优点

滚动体与内、外圈滚道之间的间隙比较小，而且有些轴承可通过预紧方法消除，运转精度高；轴承的宽度比滑动轴承小，可使机器的轴向结构紧凑；轴承组合结构较简单；消耗润滑剂少，便于密封，易于维护；滚动轴承是标准件，标准化程度高，由专门的轴承工厂成批生产，能保证质量，成本较低，在使用、安装、更换等方面又很方便。故滚动轴承广泛应用在中速、中载和一般工作条件下运转的机器中。

（2）与滑动轴承相比，滚动轴承主要有下列缺点

承受冲击载荷能力较差；高速重载荷下轴承寿命较低；振动及噪声较大；工作寿命不及液体摩擦的滑动轴承。

4. 滚动轴承的代号

由于滚动轴承有多种类型，每一种类型的轴承又有不同结构尺寸、不同的制造精度、不同的使用技术要求。为了便于组织生产和选择使用，国家对滚动轴承编制了代号。

国家标准 GBT 272—1993 规定的轴承代号由三部分组成：

| 前置代号 | 基本代号 | 后置代号 |

基本代号是轴承代号的核心；前置代号和后置代号都是轴承代号的补充，只有在遇到对轴承结构、形状、材料、公差等级、技术要求等有特殊要求时才使用，一般情况下可部分或全部省略。

（1）基本代号

基本代号表示轴承的基本类型、结构和尺寸，包括3项内容：

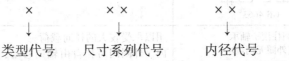

　　×　　　　××　　　　××
　　↓　　　　↓　　　　　↓
　类型代号　尺寸系列代号　内径代号

——类型代号：用数字或字母表示不同类型的轴承，如表7-2所示；

——尺寸系列代号：由两位数字组成。前一位数字代表宽度系列（向心轴承）或高度系列（推力轴承）；后一位数字代表直径系列（表示外径大小）。

——内径代号：表示轴承公称内径的大小，用数字表示，表示方法见表7-3。

表7-3 轴承内径代号

内径代号	00	01	02	03	04～96
轴承内径（d/mm）	10	12	15	17	数字×5

（2）前置代号和后置代号

前置、后置代号是轴承在结构形状、尺寸、公差、技术要求等有改变时，在基本代号左、右添加的补充代号。前置代号表示可分离轴承的各部分的分部件，用字母表示，如用 L 表示可分离的内圈或外圈，R 表示不带可分离内圈或外圈的轴承，K 表示滚子和保持架组件。后置代号为补充代号，用字母和数字表示，包括8项内容：内部结构、密封与防尘

结构、保持架及其材料、轴承材料、公差等级、游隙、多轴承配置及其他。其中内部结构代号，表示轴承内部结构。如以 C、AC、B 分别表示公称接触角 $OL=15°$、$25°$、$40°$ 的角接触球轴承；公差等级代号表示轴承的公差等级，它共有 6 级，其代号与精度顺序为：/P0、/P6、/P6x、/P5、/P4、/P2，依次由低级到高级，/P0 级为常用的普通级，可不标出。

5. 滚动轴承类型的选择

选择滚动轴承类型时，可根据轴承的工作载荷（大小、性质、方向）、转速的高低、轴的刚度及其他使用要求进行选择。

根据上述类型的性能特点介绍可归纳如下：球轴承极限转速高于滚子轴承；向心轴承的极限转速高于推力轴承；单列轴承的极限转速高于双列轴承；滚子轴承的承载能力高于球轴承；双列轴承的承载能力高于单列轴承；调心轴承具有调心作用，适合于同轴度不高、轴的刚度较小的场合；角接触轴承能够承受径向和轴向双向载荷；另外，球轴承的价格低于滚子轴承的价格。

因此，在选择轴承时：转速较高、载荷较小时宜选用球轴承；转速较低、载荷较大或有冲击载荷时则选用滚子轴承；同时受径向和轴向联合载荷，一般选用角接触球轴承或圆锥滚子轴承；若径向载荷较大、轴向载荷小时，可选用深沟球轴承；当轴向载荷较大、径向载荷小时，可采用推力角接触球轴承或选用推力球轴承和深沟球轴承的组合结构；当两轴承座孔轴线不对中或由于加工、安装误差和轴挠曲变形大等原因使轴承内外圈倾斜角较大时选用调心轴承。为便于安装拆卸和调整间隙常选用内外圈可分离的分离型轴承，如圆锥滚子轴承等。

项目 7.3　平面连杆机构

能力目标
（1）培养学生具备分析平面副工作原理的能力。
（2）培养学生具备分析平面连杆机构工作过程的能力。

知识目标
（1）了解汽车常用平面连杆机构。
（2）了解平面副的定义及类型。
（3）掌握铰链四杆机构的类型及应用。
（4）掌握含有移动副的四杆机构的类型及应用。
（5）了解平面四杆机构的基本性质。

平面连杆机构常应用于机床、动力机械、工程机械、包装机械、印刷机械和纺织机械中。在汽车工业上应用更为广泛如：活塞式发动机（见图 7-32）和空气压缩机中的曲柄滑块机构、摄影车升降机构、汽车雨刮器机构、汽车车门启闭机构、汽车前轮转向机构等。

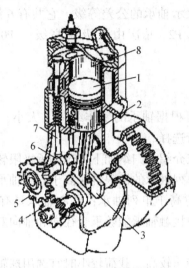

图 7-32　活塞式发动机
1—活塞；2—连杆；3—曲轴；4、5—齿轮；6—凸轮；7—顶杆；8—汽缸体

7.3.1　运动副

组成机构的所有构件都应具有确定的相对运动。为此，各构件之间必须以某种方式连接起来，但这种连接不同于焊接、铆接之类的刚性连接，它既要对彼此连接的两构件的运动加以限制，又要允许其间产生相对运动。这种两个构件直接接触又能产生一定相对运动的连接称为运动副。

运动副中的两构件接触形式不同，其限制的运动也不同。其接触形式一般有点、线、面三种。两构件通过面接触而组成的运动副称为低副，通过点或线的形式相接触而组成的运动副称为高副。

根据组成运动副的两构件之间的相对运动是平面运动还是空间运动，运动副可分为平面运动副和空间运动副。

1. 平面低副

根据两构件间允许的相对运动形式不同，低副又可分为转动副和移动副。

（1）转动副

组成运动副的两构件只能绕某一轴线在一个平面内做相对转动的运动副称为转动副，又称为铰链。如图 7-33（a）所示，构件 1 与构件 2 之间通过圆柱面接触而组成转动副。内燃机的曲轴与连杆、曲轴与机架、连杆与活塞之间都组成转动副。

（2）移动副

组成运动副的两个构件只能沿某一方向做相对直线运动，这种运动副称为移动副。如图 7-33（b）所示，构件 1 与构件 2 之间通过四个平面接触组成移动副，这两个构件只能产生沿轴线的相对移动。内燃机中的活塞与汽缸之间组成移动副。

由于低副中两构件之间的接触为面接触，因此，承受相同载荷时，压强较低，不易磨损。

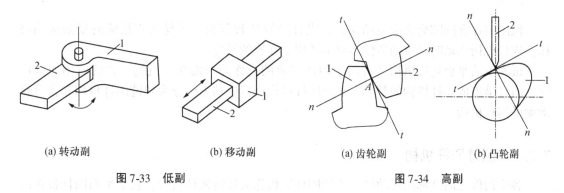

图 7-33　低副　　　　　　　　　　　　　图 7-34　高副

2. 平面高副

如图 7-34 所示的齿轮副和凸轮副都是高副，显然，构件 2 可以相对于构件 1 绕接触点 A 转动，同时又可以沿接触点的切线 t—t 方向移动，只有沿公法线 n—n 方向的运动受到限制。由于高副中两个构件之间的接触为点或线接触，其接触部分的压强较高，故容易磨损。

除上述常见的平面运动副外，常用的运动副还有螺旋副和球面副，如图 7-35 所示，称为空间运动副。

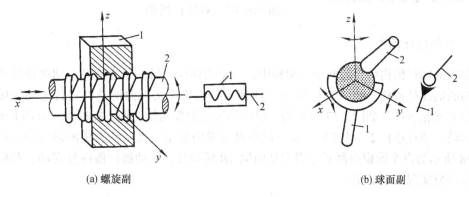

图 7-35　空间运动副

7.3.2　平面连杆机构的特点

平面连杆机构是许多构件用低副（转动副和移动副）连接组成的平面机构。平面连杆机构的主要特点如下。

1. 优点

由于组成运动副的两构件之间为面接触，因而承受的压强小、便于润滑、磨损较轻，可以承受较大的载荷；构件形状简单，加工方便，工作可靠；在主动件等速连续运动的条件下，当各构件的相对长度不同时，从动件实现多种形式的运动，满足多种运动规律的要求。

2. 缺点

低副中存在间隙会引起运动误差，设计计算比较复杂，不易实现精确的复杂运动规律；连杆机构运动时产生的惯性力也不适用于高速的场合。

最简单的平面连杆机构是由四个构件组成的，称为平面四杆机构。它的应用非常广泛，而且是组成多杆机构的基础。平面四杆机构按其运动不同分为铰链四杆机构和含有移动副的四杆机构。

7.3.3 铰链四杆机构

各个构件之间全部用转动副连接的四杆机构称为铰链四杆机构，它是平面四杆机构的基本形式。

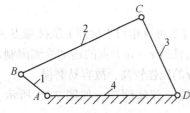

图 7-36 铰链四杆机构简图

图 7-36 所示，在铰链四杆机构中，固定不动的杆 4 为机架，与机架相连的杆 1 与杆 3，称为连架杆，连接两连架杆的杆 2 为连杆。连架杆 1 与 3 通常绕自身的回转中心 A 和 D 回转，杆 2 作平行运动；能作整周回转的连架杆称为曲柄，不能作整周回转的连架杆称为摇杆。铰链四杆机构共有三种基本形式：曲柄摇杆机构、双曲柄机构、双摇杆机构。

1. 曲柄摇杆机构

在铰链四杆机构中，若两个连架杆中，一个为曲柄，另一个为摇杆，则此铰链四杆机构称为曲柄摇杆机构。如图 7-36 所示，曲柄摇杆机构可实现曲柄整周旋转运动与摇杆往复摆动的互相转换。如图 7-37 所示为调整雷达天线俯仰角的曲柄摇杆机构。由柄 1 缓慢地匀速转动，通过连杆 2，使摇杆 3 在一定角度范围内摆动，以调整天线俯仰角的大小。如图 7-38 所示为汽车前窗雨刮器。当主动曲柄 AB 转动时，从动摇杆做往复摆动，利用摇杆的延长部分实现刮雨动作。

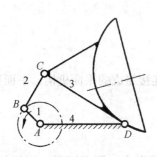

图 7-37 雷达的曲柄摇杆机构

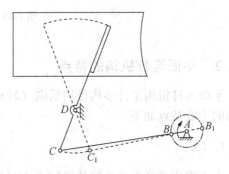

图 7-38 汽车的刮雨器机构

2. 双曲柄机构

在铰链四杆机构中,若两连架杆均为曲柄,则称为双曲柄机构。通常其主动曲柄等速转动时,从动曲柄作变速运动。如图7-39所示的惯性筛中的构件1、构件2、构件3、构件4组成的机构,为双曲柄机构。在惯性筛机构中,主轴曲柄AB等角速度回转一周,曲柄CD变角速度回转一周,进而带动筛子EF往复运动达到筛选物料的目的。

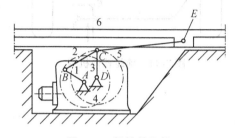

图7-39 惯性筛机构

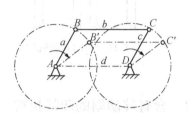

图7-40 正平行双曲柄机构

在双曲柄机构中,用得较多的是平行双曲柄机构,或称平行四边形机构,所谓平行双曲柄机构,是对边两构件长度分别相等的双曲柄机构。如图7-40所示,这种机构的对边长度相等,组成平行四边形。当AB杆等角速转动时,CD杆也以相同角速度同向转动,连杆2则作平移运动。图7-41所示的摄像车坐斗的升降和图7-42所示的铲车机构,既利用了平行四边形机构,使坐斗和铲车与连杆作平动。此外,还有反平行四边形机构。如公共汽车车门启闭机构(见图7-43)。当主动曲柄转动时,通过连杆从动曲柄朝相反方向转动,从而保证两扇车门同时开启和关闭。

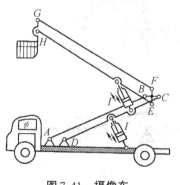

图7-41 摄像车

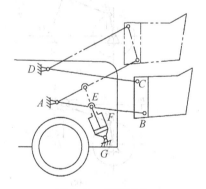

图7-42 铲车机构

3. 双摇杆机构

两连架杆均为摇杆的铰链四杆机构称为双摇杆机构。双摇杆机构可以将一种摆动转化为另一种摆动。图7-44所示轮式车辆的前轮转向机构为双摇杆机构,该机构两摇杆长度相等,称为等腰梯形机构。车子转弯时,与前轮轴固联的两个摇杆AB和CD的摆角如果在任意位置都能使两前轮轴线的交点落在后轴线的延长线上,则当整个车身绕该交点转动时,四个车轮都能在地面上纯滚动,从而避免了轮胎由于滑拖所引起的磨损,增加了车辆转向的稳定性。

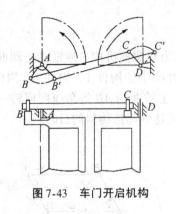

图 7-43 车门开启机构

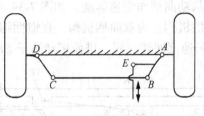

图 7-44 前轮转向机构

7.3.4 含有移动副的四杆机构

铰链四杆机构可以演化为其他形式的四杆机构。演化的方式通常采用移动副取代转动副、变更机架、变更杆长和扩大回转副等途径。

移动副可以认为是转动副的一种特殊情况，即转动中心位于垂直于移动副导路的无限远处的一个转动副（见图 7-45）。曲柄滑块机构就是用移动副取代曲柄摇杆机构中的转动副而演化得到的。如图 7-45（a）所示的曲柄摇杆机构，铰链中心 C 的轨迹为以 D 为圆心和 CD 为半径的圆弧 $m-m$。若 CD 增至无穷大，则如图 7-45（c）所示，C 点轨迹变成直线。于是摇杆 3 演化为直线运动的滑块，转动副 D 演化为移动副。

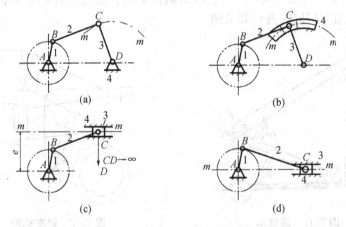

图 7-45 转动副转化为移动副

含有移动副的四杆机构有曲柄滑块机构、曲柄导杆机构、曲柄摇块机构和移动导杆机构等。

1. 曲柄滑块机构

如图 7-46 所示的机构，连架杆 AB 绕相邻机架 4 做整周转动，称为曲柄，另一连架杆 3 在移动副中沿机架导路滑动，称为滑块，因此，该机构称为曲柄滑块机构。

当导路中心线通过曲柄转动中心时，称为对心曲柄滑块机构（图7-46（a））；当导路中心线不通过曲柄转动中心时，称为偏置曲柄滑块机构（图7-46（b））。曲柄滑块机构能实现回转运动与往复直线运动之间的互相转换。广泛应用于内燃机、活塞式压缩机、冲床机械中。

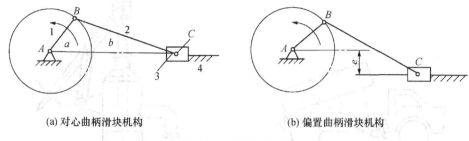

(a) 对心曲柄滑块机构　　　　　　　　(b) 偏置曲柄滑块机构

图 7-46　曲柄滑块机构

2. 曲柄摆动导杆机构

导杆机构可以视为改变曲柄滑块机构中的机架演变而成。在图7-47（a）所示的曲柄滑块机构中，如果把杆件1固定为机架，此时构件4起引导滑块移动的作用，称为导杆。若杆长 L_1 小于 L_2，如图7-47（b）所示，则杆件2和杆件4都能做整周转动，因此这种机构称为曲柄转动导杆机构，此机构的功能是将曲柄2的等速转动转换为导杆4的变速转动；若杆长 L_1 大于 L_2，如图7-47（c）所示，杆件2能做整周转动，杆件4只能绕A点往复摆动，这种机构称为曲柄摆动导杆机构，该机构的功能是将曲柄2的等速转动转换为导杆4的摆动。曲柄导杆机构广泛应用于牛头刨床、插床等工作机构。

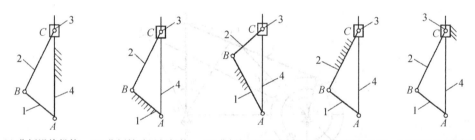

(a) 曲柄滑块机构　(b) 曲柄转动导杆机构　(c) 曲柄摆动导杆机构　(d) 曲柄摇块机构　(e) 移动导杆机构

图 7-47　曲柄导杆机构

3. 曲柄摇块机构

如图7-47（d）所示，取与滑块铰接的杆件2作为机架，当杆件1的长度小于杆件2（机架）的长度时，则杆件1能绕B点做整周转动，滑块3与机架组成转动副而绕C点转动，故该机构称为曲柄摇块机构。图7-48所示的卡车自动卸料机构，就是曲柄摇块机构的应用实例。

4. 移动导杆机构

如图7-46（e）所示的四杆机构，取滑块3作为机架，称为定块，导杆4相对于定块

3作往复的直线运动，故称为移动导杆机构或定块机构，一般取杆件1为主动件。图7-49所示的手动抽水机就是移动导杆机构的应用实例。

图7-48　卡车自动卸料机构

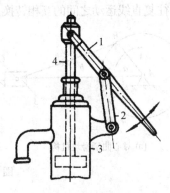

图7-49　手动抽水机

7.3.5　平面四杆机构的基本性质

1. 急回运动

图7-50所示为一曲柄摇杆机构，其曲柄AB在转动一周的过程中，有两次与连杆BC共线。在这两个位置，铰链中心A与C之间的距离AC_1和AC_2分别为最短和最长，因而摇杆CD的位置C_1D和C_2D分别为其左右极限位置。摇杆在两极限位置间的夹角称为摇杆的摆角。

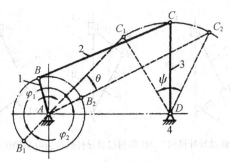

图7-50　铰链四杆机构的急回运动

当曲柄由位置AB_1顺时针转到AB_2时，曲柄转角$\varphi_1 = 180° + \theta$，这时摇杆由左极限位置$C_1D$摆到右极限位置$C_2D$，摇杆摆角为$\psi$；而当曲柄顺时针再转过角度时，摇杆由位置$C_2D$摆回到位置$C_1D$，其摆角仍然是$\psi$。虽然摇杆来回摆动的摆角相同，但对应的曲柄转角不等（$\varphi_1 > \varphi_2$）当曲柄匀速转动时，对应的时间也不等（$t_1 > t_2$），从而反映了摇杆往复摆动的快慢不同。令摇杆自C_1D摆至C_2D为工作行程，这时铰链C的平均速度是$v_1 = C_1C_2/t_2$，摇杆自C_2D摆回至C_1D是空回行程，这时C点的平均速度是$v_2 = C_1C_2/t_1$，显然$v_1 < v_2$，它表明摇杆具有急回运动的特性。牛头刨床、往复式输送机等机械就利用这种急回特性来缩短非生产时间，提高生产率。

急回运动特性可用行程速度变化系数（或称行程速比系数）K 表示，即

$$K = \frac{v_2}{v_1} = \frac{\widehat{C_1C_2}/t_2}{\widehat{C_1C_2}/t_1} = \frac{t_1}{t_2} = \frac{\varphi_1}{\varphi_2} = \frac{180° + \theta}{180° - \theta}$$

式中 θ 为摇杆处于两极限位置时，对应的曲柄所夹的锐角，称为极位夹角。

上式表明：极位夹角 θ 越大，K 值越大，急回运动的性质也越显著。将上式整理后，可得极位夹角的计算公式：

$$\theta = 180° \frac{K-1}{K+1}$$

由上式说明，若要得到既定的行程速比系数，只要设计出相应的极位夹角 θ 即可。

2. 死点位置

对于图 7-50 所示的曲柄摇杆机构，如以摇杆 3 为原动件，而曲柄 1 为从动件，则当摇杆摆到极限位置 C_1D 和 C_2D 时，连杆 2 与曲柄 2 共线。若不计各杆的质量，则这时连杆加给曲柄的力将通过铰链中心 A。此力对 A 点不产生力矩，因此不能使曲柄转动。机构的这种位置称为死点位置。死点位置会使机构的从动件出现卡死或运动不确定现象。为了消除死点位置的不良影响，可以对从动曲柄施加外力，或利用飞轮及构件自身的惯性作用，使机构通过死点位置。

图 7-51 所示为缝纫机的踏板机构，在实际使用中，缝纫机有时会出现踏不动或倒车现象，这就是由于机构处于死点位置引起的。在正常运转时，借助安装在机头主轴上的飞轮（即上带轮）的惯性作用，可以使缝纫机踏板机构的曲柄冲过死点位置。另外，机构在死点位置的这一传力特性，常在工程中也得到应用。如图 7-52 所示的夹具，当夹紧工件后，机构处于死点位置，即使反力 F_N 很大也不会松开，使工件夹紧牢靠。在夹紧和需要松开时，在杆上却只需加一较小的力 F 即可。

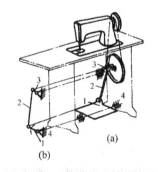

图 7-51　缝纫机的踏板机构

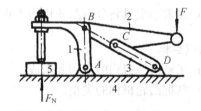

图 7-52　夹具机构

3. 压力角和传动角

在生产中，不仅要求连杆机构能实现预定的运动规律，而且希望运转轻便，效率较高。图 7-53 所示的曲柄摇杆机构，如不计各杆质量和运动副中的摩擦，则连杆 BC 为二力杆，它作用于从动摇杆 3 上的力 F 是沿 BC 方向的。作用在从动件上的驱动力 F 与该力作用点绝对速度 v_c 之间所夹的锐角 α 称为压力角。由图 7-53 可见，力 F 在 v_c 方向的有效分

力为 $F' = F\cos\alpha$，即压力角越小，有效分力就越大。也即是说，压力角可作为判断机构传动性能的标志。在连杆设计中，为了度量方便，习惯用压力角 α 的余角 γ（即连杆和从动摇杆之间所夹的锐角）来判断传力性能，γ 称为传动角。因 $\gamma = 90° - \alpha$，所以 α 越小，γ 越大，机构传力性能越好；反之，α 越大，γ 越小，机构传力越费劲，传动效率越低。机构运转时，传动角是变化的，为了保证机构正常工作，必须规定最小传动角 γ_{min} 的下限。对于一般机械，通常取 $\gamma_{min} > 40°$；对于颚式破碎机、冲床等大功率机械，最小传动角应当取大一些，可取 $\gamma_{min} > 50°$；对于小功率的控制机构和仪表，γ_{min} 可略小于 $40°$。

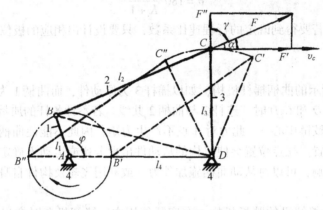

图 7-53　曲柄摇杆机构

项目 7.4　凸 轮 机 构

 能力目标
（1）培养学生具备分析凸轮机构工作原理的能力。
（2）培养学生具备分析凸轮机构工作过程的能力。

 知识目标
（1）了解凸轮机构的应用和组成。
（2）掌握凸轮机构的类型。

在各种机器中，尤其是自动化机器中，为实现各种复杂的运动要求，常采用凸轮机构，其设计比较简便。只要将凸轮的轮廓曲线按照从动件的运动规律设计出来，从动件就能较准确地实现预定的运动规律。

7.4.1　凸轮机构的应用和组成

1. 凸轮机构的应用

图 7-54 所示为内燃机配气凸轮机构。当具有一定曲线轮廓的凸轮以等角速度回转时，

它的轮廓迫使从动件按内燃机工作循环的要求启闭阀门。

凸轮一般作连续等速转动，从动件可作连续或间歇的往复运动或摆动。凸轮机构广泛用于自动化和半自动化机械中作为控制机构。但凸轮轮廓与从动件间为点、线接触而易磨损，所以不宜承受重载或冲击载荷。

2. 凸轮机构的组成

凸轮机构是由凸轮，从动件和机架三个基本构件组成的高副机构。凸轮是一个具有曲线轮廓或凹槽的构件，一般为主动件，作等速回转运动或往复直线运动。与凸轮轮廓接触，并传递动力和实现预定的运动规律的构件，一般做往复直线运动或摆动，称为从动件。凸轮机构在应用中的基本特点在于能使从动件获得较复杂的运动规律。因为从动件的运动规律取决于凸轮轮廓曲线，所以在应用时，只要根据从动件的运动规律来设计凸轮的轮廓曲线即可。

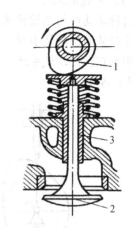

图 7-54 内燃机配气凸轮机构
1—凸轮；2—气门；3—导路

凸轮机构广泛应用于各种自动机械、仪器和操纵控制装置。凸轮机构之所以得到如此广泛的应用，主要是由于凸轮机构可以实现各种复杂的运动要求，而且结构简单、紧凑。

7.4.2 凸轮机构的分类

凸轮机构的类型很多，通常按凸轮和从动件的形状、运动形式分类。

1. 按凸轮的形状分类

（1）盘形凸轮。

它是凸轮的最基本形式。这种凸轮是一个绕固定轴转动并且具有变化半径的盘形零件。

（2）移动凸轮。

当盘形凸轮的回转中心趋于无穷远时，凸轮相对机架作直线运动，这种凸轮称为移动凸轮。

（3）圆柱凸轮。

将移动凸轮卷成圆柱体即成为圆柱凸轮。

2. 按从动件形状分类

（1）尖顶从动件。

尖顶能与任意复杂的凸轮轮廓保持接触，因而能实现任意预期的运动规律。但因为尖顶磨损快，所以只宜用于受力不大的低速凸轮机构中（见图 7-55（a））。

（2）滚子从动件。

在从动件的尖顶处安装一个滚子从动件，可以克服尖顶从动件易磨损的缺点。滚子从动件耐磨损，可以承受较大载荷，是最常用的一种从动件形式（见图 7-55（b））。

(3) 平底从动件。

这种从动件与凸轮轮廓表面接触的端面为一平面，所以它不能与凹陷的凸轮轮廓相接触。这种从动件的优点是：当不考虑摩擦时，凸轮与从动件之间的作用力始终与从动件的平底相垂直，传动效率较高，且接触面易于形成油膜，利于润滑，故常用于高速凸轮机构（见图7-55（c））。

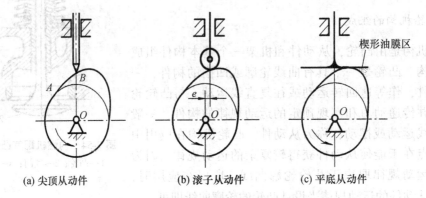

图 7-55　按从动件形状分类的凸轮机构

3. 按从动件运动形式

按从动件运动形式可分为直动从动件（对心直动从动件和偏置直动从动件）和摆动从动件两种。

凸轮机构中，采用重力、弹簧力使从动件端部与凸轮始终相接触的方式称为力锁合；采用特殊几何形状实现从动件端部与凸轮相接触的方式称为形锁合。

项目7.5　带 传 动

能力目标

(1) 培养学生具备分析带传动工作原理的能力。
(2) 培养学生具备分析带传动工作过程的能力。

知识目标

(1) 了解带传动的类型。
(2) 掌握传动带的结构和标记。
(3) 掌握传动带的张紧和调整。

带传动由主动带轮1、从动带轮2和挠性带3组成，借助带与带轮之间的摩擦或啮合，将主动轮1的运动传给从动轮2，如图7-56所示。

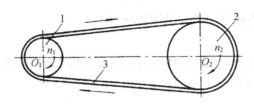

图 7-56 带传动示意图

7.5.1 带传动的类型

根据工作原理不同，带传动可分为摩擦带传动和啮合带传动两类。

1. 摩擦带传动

摩擦带传动是依靠带与带轮之间的摩擦力传递运动的。按带的横截面形状不同可分为四种类型，如图 7-57 所示。

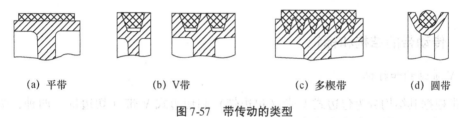

(a) 平带　　　　(b) V带　　　　(c) 多楔带　　　　(d) 圆带

图 7-57 带传动的类型

（1）平带传动。

平带的横截面为扁平矩形（见图 7-57（a）），内表面与轮缘接触为工作面。常用的平带有普通平带（胶帆布带）、皮革平带和棉布带等，在高速传动中常使用麻织带和丝织带。其中以普通平带应用最广。平带可适用于平行轴交叉传动和交错轴的半交叉传动。

（2）V 带传动。

V 带的横截面为梯形，两侧面为工作面（见图 7-57（b）），工作时 V 带与带轮槽两侧面接触，在同样压力 FQ 的作用下，V 带传动的摩擦力约为平带传动的三倍，故能传递较大的载荷。

（3）多楔带传动。

多楔带是若干 V 带的组合（见图 7-57（c）），可避免多根 V 带长度不等，传力不均的缺点。

（4）圆形带传动。

横截面为圆形（见图 7-57（d）），常用皮革或棉绳制成，只用于小功率传动。

2. 啮合带传动

啮合带传动依靠带轮上的齿与带上的齿或孔啮合传递运动。啮合带传动有两种类型，如图 7-58 所示。

（1）同步带传动。

利用带的齿与带轮上的齿相啮合传递运动和动力，带与带轮间为啮合传动没有相对滑动，可保持主、从动轮线速度同步（见图 7-58（a））。

（2）齿孔带传动。

带上的孔与轮上的齿相啮合，同样可避免带与带轮之间的相对滑动，使主、从动轮保持同步运动（见图 7-58（b））。

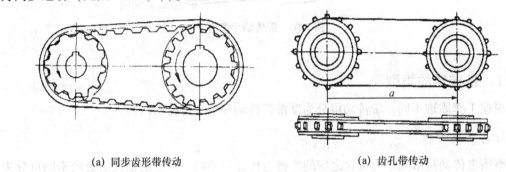

(a) 同步齿形带传动　　　　　　　　　(a) 齿孔带传动

图 7-58　啮合带传动

7.5.2　传动带的结构和标记

1. V 带结构和标记

V 带根据其结构分为包边式 V 带（包边带）和切边式 V 带（切边带）两种，切边带又分为普通式、底胶夹布式和有齿式三种。

V 带是标准件，根据公称顶宽分为 AV10、AV13、AV15、AV17、AV22 等五种型号，AV 后面的数字表示顶宽的大小，单位为 mm。V 带的标记内容和顺序为：型号、有效长度公称值、标准号。如 AV15 型汽车 V 带，有效长度公称值为 1000 mm，其标记为：AV15 × 1000　GB/T—1996。

2. 多楔带结构和标记

多楔带机构如图 7-59 所示。带的型号用来表示截面形状和尺寸，单面多楔带用 PK 型号，双面多楔带用 DPK 型号。

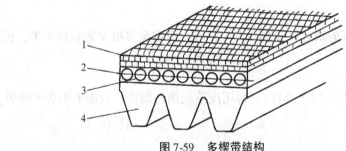

图 7-59　多楔带结构

1—顶布；2—芯线；3—黏合胶；4—楔胶

多楔带的标记内容和顺序为：楔数、型号、有效长度。如 4 PK 1100 表示楔数为 6，有效长度为 1 100 mm 的单面多楔带。

3. 同步带结构和标记

同步带机构如图 7-60 所示。分为两个型号：ZA 型和 ZB 型，其中 ZA 型用于较轻载荷，ZB 用于较重载荷。

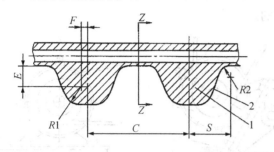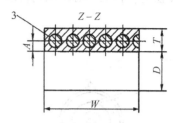

图 7-60 同步带结构
1—混合物；2—尼龙；3—玻璃纤维芯线

同步带的标记内容和顺序为：齿数、型号和宽度。如 120 ZB 22 表示 120 个齿，22 mm 宽的重载荷同步带。

7.5.3 传动带的张紧和调整

带传动的张紧程度对其传动能力、寿命和轴压力都有很大的影响。V 带传动初拉力的测定可在带与带轮两切点中心加一垂直于带的载荷 G 使每 100 mm 跨距产生 1.6 mm 的挠度，此时传动带的初拉力 F_0 是合适的（即总挠度 $y = 1.6a/100$），如图 7-61 所示。

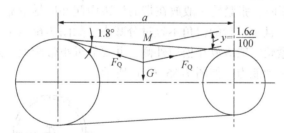

图 7-61 初拉力的测定

对于普通 V 带传动，施加于跨度中心的垂直力 G 按下列公式计算：

新装的带　　$G = (1.5F_0 + \Delta F_0)/16$

运转后的带　$G = (1.3F_0 + \Delta F_0)/16$

最小极限值　$G = (F_0 + \Delta F_0)/16$

带传动工作一段时间后会由于塑性变形而松弛，使初拉力减小、传动能力下降，此时在规定载荷 G 作用下总挠度 y 变大，需要重新张紧。常用张紧方法有以下几种。

1. 调整中心距法

（1）定期张紧。

如图 7-62 所示，将装有带轮的电动机 1 装在滑道 2 上，旋转调节螺钉 3 以增大或减小中心距从而达到张紧或松开的目的。图7-63所示，把电机装在一摆动底座2上，通过调节螺钉3调节中心距达到张紧的目的。

（2）自动张紧。

把电动机1装在如图7-64所示的摇摆架2上，利用电机的自重，使电动机轴心绕铰点A摆动，拉大中心距达到自动张紧的目的。

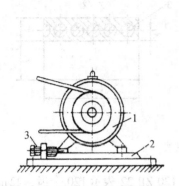 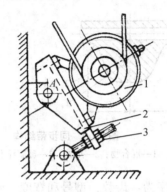 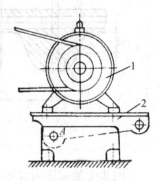

图7-62　水平传动定期张紧装置　　图7-63　垂直传动定期张紧装置　　图7-64　自动张紧装置
1—电动机；2—滑道；3—调整螺钉　　1—电动机；2—摆动底座；3—调整螺钉　　1—电动机；2—摇摆架

2. 张紧轮法

带传动的中心距不能调整时，可采用张紧轮法。图7-65（a）所示为定期张紧装置，定期调整张紧轮的位置可达到张紧的目的。图7-65（b）所示为摆锤式自动张紧装置，依靠摆锤重力可使张紧轮自动张紧。

V带和同步带张紧时，张紧轮一般放在带的松边内侧并应尽量靠近大带轮一边，这样可使带只受单向弯曲，且小带轮的包角不致过分减小，如图7-65（a）所示。

平带传动时，张紧轮一般应放在松边外侧，并要靠近小带轮处。这样小带轮包角可以增大，提高了平带的传动能力，如图7-65（b）所示。

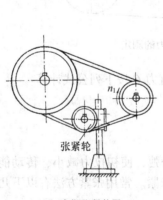 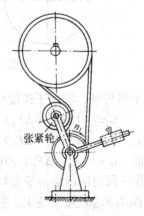

（a）定期张紧装置　　　　　　　（b）摆锤式自动张紧装置

图7-65　张紧轮的布置

项目7.6 齿轮传动

能力目标
（1）培养学生具备分析齿轮传动机构工作原理的能力。
（2）培养学生具备分析齿轮传动机构工作过程的能力。

知识目标
（1）了解齿轮传动的特点和类型。
（2）掌握轮齿的主要失效形式。
（3）了解齿轮常用材料及热处理。

齿轮是能互相啮合的有齿的机械零件，应用于冶金、交通、化工、矿山、纺织、宇航等行业，中华人民共和国的国徽上边有稻穗，下面是齿轮，代表整个工业，可见齿轮在工业上的重要性。

7.6.1 齿轮传动的特点和类型

1. 齿轮传动的特点

齿轮传动用来传递任意两轴间的运动和动力，其圆周速度可达到300 m/s，传递功率可达105 kW，齿轮直径可从不到1 mm 到150 m 以上，是现代机械中应用最广的一种机械传动。
（1）齿轮传动与带传动相比主要有以下优点：传递动力大、效率高；寿命长，工作平稳，可靠性高；能保证恒定的传动比，能传递任意夹角两轴间的运动。
（2）齿轮传动与带传动相比主要有以下缺点：制造、安装精度要求较高，因而成本也较高；不宜作远距离传动；使用、维护、费用较高；精度低时、噪音、振动较大。

2. 齿轮传动的类型

（1）齿轮传动按工作条件划分，可分为：开式齿轮传动、半开式齿轮传动以及闭式齿轮传动。开式齿轮传动的齿轮完全暴露在外边，因此杂物易于侵入、润滑不良，齿面容易磨损，通常用于低速传动；半开式齿轮传动装有简单的防护装置，工作条件有一定的改善；闭式齿轮传动的齿轮安装在封闭的箱体内，润滑及防护条件最好，常用于重要的场合。
（2）齿轮传动按相互啮合的齿轮轴线相对位置划分，则可分为：圆柱齿轮传动、圆锥齿轮传动以及齿轮齿条传动。圆柱齿轮传动用于两平行轴之间的传动；圆锥齿轮传动用于两相交轴之间的传动；齿轮齿条传动可将旋转运动变为直线运动。
（3）齿轮传动按轮齿形状划分，则可分为：渐开线齿轮、摆线齿轮以及圆弧齿轮。渐开线齿轮是目前运用最广泛的齿轮；摆线齿轮主要用于摆线齿轮泵和计时仪器上；圆弧齿轮承载能力较强，但加工成本较高。

齿轮传动按齿面硬度划分，可分为：软齿面和硬齿面两种。软齿面的齿轮承载能力较低，但制造比较容易，跑合性好，多用于传动尺寸和重量无严格限制，以及小量生产的一般机械中；硬齿面齿轮的承载能力高，它是在齿轮精切之后，再进行淬火、表面淬火或渗碳淬火处理，以提高硬度。近年，由于齿轮材质和齿轮加工工艺技术的迅速发展，越来越广泛地选用硬齿面齿轮。

另外，齿轮还可按齿线形状分为直齿轮、斜齿轮、人字齿轮、曲线齿轮；按轮齿所在的表面分为外齿轮、内齿轮；按制造方法可分为铸造齿轮、切制齿轮、轧制齿轮、烧结齿轮等。

7.6.2 轮齿的失效形式

轮齿的主要失效形式有以下5种。

1. 轮齿折断

齿轮工作时，若轮齿危险剖面的应力超过材料所允许的极限值，轮齿将发生折断。

轮齿的折断有两种情况，一种是因短时意外的严重过载或受到冲击载荷时突然折断，称为过载折断；另一种是由于循环变化的弯曲应力的反复作用而引起的疲劳折断。轮齿折断一般发生在轮齿根部（见图 7-66）。

2. 齿面点蚀

在润滑良好的闭式齿轮传动中，当齿轮工作了一定时间后，在轮齿工作表面上会产生一些细小的凹坑，称为点蚀（见图 7-67）。点蚀的产生主要是由于轮齿啮合时，齿面的接触应力按脉动循环变化，在这种脉动循环变化接触应力的多次重复作用下，由于疲劳，在轮齿表面层会产生疲劳裂纹，裂纹的扩展使金属微粒剥落下来而形成疲劳点蚀。通常疲劳点蚀首先发生在节线附近的齿根表面处。点蚀使齿面有效承载面积减小，点蚀的扩展将会严重损坏齿廓表面，引起冲击和噪音，造成传动的不平稳。齿面抗点蚀能力主要与齿面硬度有关，齿面硬度越高，抗点蚀能力越强。点蚀是闭式软齿面（HBS≤350）齿轮传动的主要失效形式。

而对于开式齿轮传动，由于齿面磨损速度较快，即使轮齿表层产生疲劳裂纹，但还未扩展到金属剥落时，表面层就已被磨掉，因而一般看不到点蚀现象。

3. 齿面磨损

互相啮合的两齿廓表面间有相对滑动，在载荷作用下会引起齿面的磨损（见图 7-68）。尤其在开式传动中，由于灰尘、砂粒等硬颗粒容易进入齿面间而发生磨损。齿面严重磨损后，轮齿将失去正确的齿形，会导致严重噪音和振动，影响轮齿正常工作，最终使传动失效。采用闭式传动，减小齿面粗糙度值和保持良好的润滑可以减少齿面磨损。

 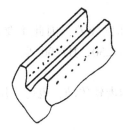 

图 7-66　轮齿折断　　　　图 7-67　齿面点蚀　　　　图 7-68　齿面磨损

4. 齿面胶合

在高速重载传动中，由于齿面啮合区的压力很大，润滑油膜因温度升高容易破裂，造成齿面金属直接接触，其接触区产生瞬时高温，致使两轮齿表面焊黏在一起，当两齿面相对运动时，较软的齿面金属被撕下，在轮齿工作表面形成与滑动方向一致的沟痕（见图 7-69），这种现象称为齿面胶合。

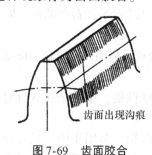

图 7-69　齿面胶合　　　　　　　　图 7-70　齿面塑性变形

5. 齿面塑性变形

在重载的条件下，较软的齿面上表层金属可能沿滑动方向滑移，出现局部金属流动现象，使齿面产生塑性变形，齿廓失去正确的齿形（见图 7-70）。在启动和过载频繁的传动中较易产生这种失效形式。

7.6.3　齿轮常用材料及热处理

由轮齿失效形式可知，选择齿轮材料时，应考虑以下要求：轮齿的表面应有足够的硬度和耐磨性，在循环载荷和冲击载荷作用下，应有足够的弯曲强度。即齿面要硬，齿芯要韧，并具有良好的加工性和热处理性。

1. 齿轮常用材料

制造齿轮的材料主要是各种钢材，其次是铸铁，还有其他非金属材料。

（1）钢材。

钢材可分为锻钢和铸钢两类，只有尺寸较大（$d > 400 \sim 600 \, \text{mm}$），结构形状复杂的齿轮宜用铸钢外，一般都用锻钢制造齿轮。

（2）铸铁。

由于铸铁的抗弯和耐冲击性能都比较差，因此主要用于制造低速、不重要的开式传动、功率不大的齿轮。常用材料有 HT250、HT300 等。

（3）非金属材料。

对高速、轻载而又要求低噪音的齿轮传动，也可采用非金属材料，加夹布、胶木、尼龙等。

2. 齿轮常用材料的热处理

齿轮常用的热处理方法有以下几种。

（1）表面淬火。

表面淬火一般用于中碳钢和中碳合金钢。表面淬火处理后齿面硬度可达 52～56 HRC，耐磨性好，齿面接触强度高。表面淬火的方法有高频淬火和火焰淬火等。

（2）渗碳淬火。

渗碳淬火用于处理低碳钢和低碳合金钢，渗碳淬火后齿面硬度可达 56～62 HRC，齿面接触强度高，耐磨性好，而轮齿心部仍保持有较高的韧性，常用于受冲击载荷的重要齿轮传动。

（3）调质。

调质处理一般用于处理中碳钢和中碳合金钢。调质处理后齿面硬度可达 HBS 220～260。

（4）正火。

正火能消除内应力、细化晶粒，改善力学性能和切削性能。中碳钢正火处理可用于机械强度要求不高的齿轮传动中。

经热处理后齿面硬度 HBS≤350 的齿轮称为软齿面齿轮，多用于中、低速机械。当大小齿轮都是软齿面时，考虑到小齿轮齿根较薄，弯曲强度较低，且受载次数较多，因此应使小齿轮齿面硬度比大齿轮高 20～50 HBS。

齿面硬度 HBS＞350 的齿轮称为硬齿面齿轮，其最终热处理在轮齿精切后进行。因热处理后轮齿会产生变形，故对于精度要求高的齿轮，需进行磨齿。当大小齿轮都是硬齿面时，小齿轮的硬度应略高，也可和大齿轮相等。

常用的齿轮材料、热处理方法、硬度和应用举例见表 7-4。

表 7-4 常用的齿轮材料、热处理硬度和应用举例

材料	牌号	热处理方法	硬度		应用举例
			齿芯（HBS）	齿面（HRC）	
优质碳素钢	35	正火	150～180		低速轻载的齿轮或中速中载的大齿轮
	45		169～217		
	50		180～220		
合金钢	45	调质	217～255		
	35SiMn		217～269		
	40Cr		241～286		

续表

材料	牌号	热处理方法	硬度 齿芯（HBS）	硬度 齿面（HRC）	应用举例
优质碳素钢	35	表面淬火	180～210	40～45	高速中载、无剧烈冲击的齿轮。如机床变速箱中的齿轮
优质碳素钢	45	表面淬火	217～255	40～50	高速中载、无剧烈冲击的齿轮。如机床变速箱中的齿轮
合金钢	40Cr	表面淬火	241～286	48～55	高速中载、承受冲击载荷的齿轮。如汽车、拖拉机中的重要齿轮
合金钢	20Cr	渗碳淬火		56～62	高速中载、承受冲击载荷的齿轮。如汽车、拖拉机中的重要齿轮
合金钢	20 CrMnTi	渗碳淬火		56～62	高速中载、承受冲击载荷的齿轮。如汽车、拖拉机中的重要齿轮
合金钢	38 CrMoAl	氮化	229	>850HV	载荷平稳、润滑良好的齿轮
铸钢	ZG 45	正火	163～197		重型机械中的低速齿轮
铸钢	ZG 55	正火	179～207		重型机械中的低速齿轮
球墨铸铁	QT 700-2		225～305		可用来代替铸钢
球墨铸铁	QT 600-2		229～302		可用来代替铸钢
灰铸铁	HT 250		170～241		低速中载、不受冲击的齿轮。如机床操纵机构的齿轮
灰铸铁	HT 300		187～255		低速中载、不受冲击的齿轮。如机床操纵机构的齿轮

注：正火、调质及铸件的齿面硬度与齿心硬度相近。

项目7.7 蜗杆传动

能力目标
（1）培养学生具备分析蜗杆传动机构工作原理的能力。
（2）培养学生具备分析蜗杆传动机构工作过程的能力。

知识目标
（1）了解蜗杆传动的特点和正确啮合条件。
（2）了解凸轮机构的类型。
（3）掌握蜗杆和蜗轮的结构。

蜗杆传动是在空间交错的两轴间传递运动和动力的一种传动，两轴线间的夹角可为任意值，常用的为90°。蜗杆传动用于在交错轴间传递运动和动力。蜗杆传动由蜗杆和蜗轮组成，一般蜗杆为主动件。蜗杆和螺纹一样有右旋和左旋之分，分别称为右旋蜗杆和左旋蜗杆。如图7-71所示，蜗杆传动广泛应用于各种机器和仪器中，如汽车转向装置中。

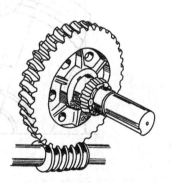

图7-71 蜗杆传动

7.7.1 蜗杆传动的特点和正确啮合条件

1. 蜗杆传动的特点

（1）蜗杆传动的最大特点是结构紧凑、传动比大。一般传动比 $i=10\sim40$，最大可达 80。若只传递运动（如分度运动），其传动比可达 1 000。

（2）工作平稳，噪声较小。由于蜗杆上的齿是连续不断的螺旋齿，蜗轮轮齿和蜗杆是逐渐进入啮合并退出啮合的，同时啮合的齿数较多，所以传动平稳、噪声小。

（3）可制成具有自锁性的蜗杆。当蜗杆的螺旋线升角小于啮合面的当量摩擦角时，蜗杆传动可以实现自锁。

（4）蜗杆传动的主要缺点是传动效率较低。这是由于蜗轮和蜗杆在啮合处有较大的相对滑动，因而发热量大，效率较低。传动效率一般为 $0.7\sim0.8$，当蜗杆传动具有自锁性时，效率小于 0.5。

（5）蜗轮材料造价较高。为减轻齿面磨损及防止胶合，蜗轮一般多用青铜制造，因此造价较高。

2. 蜗杆传动的正确啮合条件

如图 7-72 所示，通过蜗杆轴线并与蜗轮轴线垂直的平面，称为中间平面。在中间平面上，蜗轮与蜗杆的啮合相当于渐开线齿轮与齿条的啮合。因此，设计蜗杆传动时，其参数和尺寸均在中间平面内确定，并沿用渐开线圆柱齿轮传动的计算公式。从而可得蜗杆传动的正确啮合条件如下。

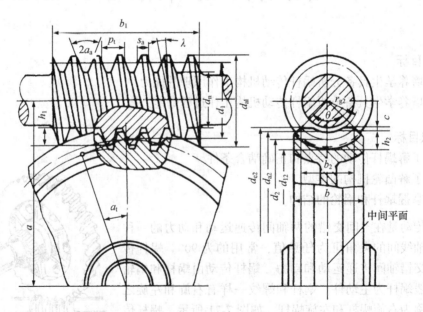

图 7-72 蜗杆传动的中间平面

(1) 在中间平面内，蜗杆的轴向模数 m_{a1} 与蜗轮的端面模数 m_{t2} 必须相等。

(2) 蜗杆的轴向压力角 α_{a1} 与蜗轮的端面压力角 α_{t2} 必须相等。

(3) 两轴线交错角为 90°时，蜗杆分度圆柱上的导程角 γ 应等于蜗轮分度圆柱上的螺旋角 β，且两者的旋向相同。

7.7.2 蜗杆传动的分类

按蜗杆形状不同可分为圆柱蜗杆传动、环面蜗杆传动、锥蜗杆传动 3 类（见图 7-73）。由于刀具加工位置的不同，圆柱蜗杆又有阿基米德蜗杆（ZA 型）、渐开线蜗杆（ZI 型）、法向直廓蜗杆（ZN 型）等多种（见图 7-74）。

按蜗杆螺旋线方向不同，有左旋和右旋之分。除非特殊需要，一般都采用右旋。两者原理相同，计算方法也相同，但作用力的方向不同（除径向力外）。

按蜗杆头数不同有单头蜗杆与多头蜗杆之分。单头蜗杆主要用于传动比较大的场合，要求必须采用单头蜗杆。多头蜗杆主要用于传动比不大和要求效率较高的场合。

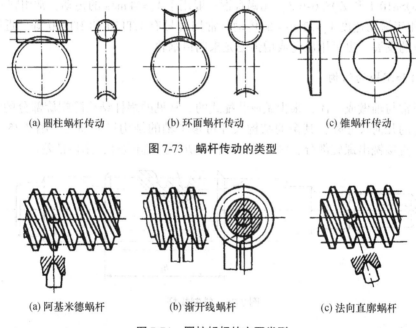

(a) 圆柱蜗杆传动　　(b) 环面蜗杆传动　　(c) 锥蜗杆传动

图 7-73　蜗杆传动的类型

(a) 阿基米德蜗杆　　(b) 渐开线蜗杆　　(c) 法向直廓蜗杆

图 7-74　圆柱蜗杆的主要类型

阿基米德蜗杆螺旋面的形成与螺纹的形成相同。通过蜗杆轴线并与蜗轮轴线垂直的平面称为中间平面，阿基米德蜗杆和蜗轮在中间平面上是直齿条与渐开线齿轮的啮合，而垂直于蜗杆轴线的剖切平面与蜗杆齿廓交线的端面齿廓为阿基米德螺线。阿基米德蜗杆通常在无需磨削加工的情况下广泛采用。当必须磨削时需采用特制截面形状的砂轮。

渐开线蜗杆的端面齿廓为渐开线，只有与蜗杆基圆柱相切的截面，齿廓才是直线，因而可以用平面砂轮来磨，容易得到高精度，但需要专用机床。如果蜗杆螺旋线的导程角很大，在加工时最好是使刀具的切削平面在垂直于齿槽（或齿厚）中点螺旋线的法平面内，这样切出的蜗杆叫做法向直廓蜗杆。这种蜗杆的磨削是用直母线的砂轮在普通螺纹磨床上进行，在端面内能得到极接近于延伸渐开线蜗杆的齿廓。切制蜗轮的滚刀也用同样的方法磨削，因而蜗杆与蜗轮能得到正确的啮合。

7.7.3 蜗杆传动的材料和结构

1. 蜗杆传动的材料

选用蜗杆传动材料时不仅要满足强度要求，更重要的是具有良好的减摩性、抗磨性和抗胶合的能力。蜗杆一般用碳素钢或合金钢制造。对于高速重载的蜗杆，可用15Cr，20Cr，20CrMnTi 和20MnV 等，经渗碳淬火至硬度为56～63 HRC，也可用40、45、40Cr、40 CrNi 等经表面淬火至硬度为45～50 HRC。对于不太重要的传动及低速中载蜗杆，常用45、40 等钢经调质或正火处理，硬度为220～230 HBS。

蜗轮常用锡青铜、无锡青铜或铸铁制造。锡青铜用于滑动速度 $V_s > 3$ m/s 的传动，常用牌号有 ZQSn10-1 和 ZQSn6-6-3；无锡青铜一般用于 $V_s \leq 4$ m/s 的传动，常用牌号为 ZQAl8-4；铸铁用于滑动速度 $V_s < 2$ m/s 的传动，常用牌号有 HT150 和 HT200 等。近年来，随着塑料工业的发展，也可用尼龙或增强尼龙来制造蜗轮。

2. 蜗杆和蜗轮的结构

蜗杆通常与轴做成一体，很少做成装配式的。常见的蜗杆结构除螺旋部分的结构尺寸取决于蜗杆的几何尺寸外，其余的结构尺寸可参考轴的结构尺寸而定。图 7-75 为铣制蜗杆，在轴上直接铣出螺旋部分，刚性较好。图 7-76 为车制蜗杆，刚性稍差。

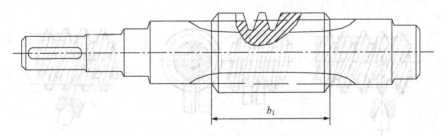

图 7-75　铣制蜗杆

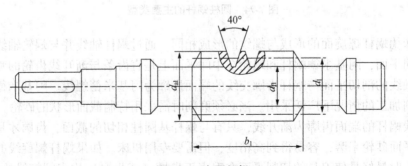

图 7-76　车制蜗杆

蜗轮的结构有整体式和组合式两类。图 7-77（a）所示为齿圈式结构、图 7-77（b）为螺栓连接式、图 7-77（c）为整体浇铸式、图 7-77（d）为拼铸式。

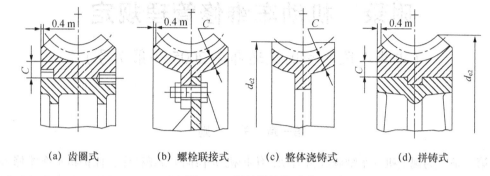

(a) 齿圈式　　(b) 螺栓联接式　　(c) 整体浇铸式　　(d) 拼铸式

图 7-77　蜗轮的结构形式

思 考 题

1. 汽车常用零部件和传动机构有哪些？
2. 轴的分类有哪些？简述轴的常用材料。
3. 什么叫轴毂连接？轴毂连接的形式有哪些？
4. 简述滑动轴承的类型和特点。
5. 滑动轴承的摩擦形式有哪几种？
6. 简述滑动轴承的润滑形式。
7. 滚动轴承的结构由哪几部分组成？
8. 简述滚动轴承的类型和特点。
9. 简述滚动轴承代号 7316B/P6 的意义。
10. 什么是运动副？简述运动副的类型。
11. 简述平面连杆机构的优缺点。
12. 铰链四杆机构有哪几种类型？
13. 简述平面四杆机构的基本性质。
14. 简述凸轮机构的类型。
15. 简述带传动的类型。
16. 简述 V 带、多楔带和啮合带的结构和标记。
17. 传动带的张紧和调整方法有哪些？
18. 简述齿轮传动的类型和特点。
19. 齿轮传动的失效有哪几种形式？
20. 简述齿轮的常用材料和热处理工艺方法。
21. 什么是蜗轮传动？
22. 简述蜗轮传动的特点。

附录 机动车维修管理规定

(中华人民共和国交通部令 2005 年第 7 号)

第一章 总 则

第一条 为规范机动车维修经营活动,维护机动车维修市场秩序,保护机动车维修各方当事人的合法权益,保障机动车运行安全,保护环境,节约能源,促进机动车维修业的健康发展,根据《中华人民共和国道路运输条例》及有关法律、行政法规的规定,制定本规定。

第二条 从事机动车维修经营的,应当遵守本规定。

本规定所称机动车维修经营,是指以维持或恢复机动车技术状况和正常功能,延长机动车使用寿命为作业任务所进行的维护、修理以及维修救援等相关经营活动。

第三条 机动车维修经营者应当依法经营,诚实信用,公平竞争,优质服务。

第四条 机动车维修管理,应当公平、公正、公开和便民。

第五条 任何单位和个人不得封锁或者垄断机动车维修市场。

鼓励机动车维修企业实行集约化、专业化、连锁经营,促进机动车维修业的合理分工和协调发展。

鼓励推广应用机动车维修环保、节能、不解体检测和故障诊断技术,推进行业信息化建设和救援、维修服务网络化建设,提高机动车维修业整体素质,满足社会需要。

第六条 交通部主管全国机动车维修管理工作。

县级以上地方人民政府交通主管部门负责组织领导本行政区域的机动车维修管理工作。

县级以上道路运输管理机构负责具体实施本行政区域内的机动车维修管理工作。

第二章 经营许可

第七条 机动车维修经营依据维修车型种类、服务能力和经营项目实行分类许可。

机动车维修经营业务根据维修对象分为汽车维修经营业务、危险货物运输车辆维修经营业务、摩托车维修经营业务和其他机动车维修经营业务四类。

汽车维修经营业务、其他机动车维修经营业务根据经营项目和服务能力分为一类维修经营业务、二类维修经营业务和三类维修经营业务。

摩托车维修经营业务根据经营项目和服务能力分为一类维修经营业务和二类维修经营业务。

第八条 获得一类汽车维修经营业务、一类其他机动车维修经营许可的,可以从事相应车型的整车修理、总成修理、整车维护、小修、维修救援、专项修理和维修竣工检验工作;获得二类汽车维修经营业务、二类其他机动车维修经营业务许可的,可以从事相应车型的整车修理、总成修理、整车维护、小修、维修救援和专项修理工作;获得三类汽车维修经营业务、三类其他机动车维修经营业务许可的，可以分别从事发动机、车身、电气系统、自动变速器维修及车身清洁维护、涂漆、轮胎动平衡和修补、四轮定位检测调整、供油系统维护和油品更换、喷油泵和喷油器维修、曲轴修磨、汽缸镗磨、散热器（水箱）、空调维修、车辆装潢（篷布、坐垫及内装饰）、车辆玻璃安装等专项工作。

第九条　获得一类摩托车维修经营业务许可的，可以从事摩托车整车修理、总成修理、整车维护、小修、专项修理和竣工检验工作；获得二类摩托车维修经营业务许可的，可以从事摩托车维护、小修和专项修理工作。

第十条　获得危险货物运输车辆维修经营业务许可的，除可以从事危险货物运输车辆维修经营业务外，还可以从事一类汽车维修经营业务。

第十一条　申请从事汽车维修经营业务或者其他机动车维修经营业务的，应当符合下列条件：

1. 有与其经营业务相适应的维修车辆停车场和生产厂房。租用的场地应当有书面的租赁合同，且租赁期限不得少于1年。停车场和生产厂房面积按照国家标准《汽车维修业开业条件》（GB/T 16739）相关条款的规定执行。

2. 有与其经营业务相适应的设备、设施。所配备的计量设备应当符合国家有关技术标准要求，并经法定检定机构检定合格。从事汽车维修经营业务的设备、设施的具体要求按照国家标准《汽车维修业开业条件》（GB/T 16739）相关条款的规定执行；从事其他机动车维修经营业务的设备、设施的具体要求，参照国家标准《汽车维修业开业条件》（GB/T 16739）执行，但所配备设施、设备应与其维修车型相适应。

3. 有必要的技术人员。

（1）从事一类和二类维修业务的应当各配备至少1名技术负责人员和质量检验人员。技术负责人员应当熟悉汽车或者其他机动车维修业务，并掌握汽车或者其他机动车维修及相关政策法规和技术规范；质量检验人员应当熟悉各类汽车或者其他机动车维修检测作业规范，掌握汽车或者其他机动车维修故障诊断和质量检验的相关技术，熟悉汽车或者其他机动车维修服务收费标准及相关政策法规和技术规范。技术负责人员和质量检验人员总数的60%应当经全国统一考试合格。

（2）从事一类和二类维修业务的应当各配备至少1名从事机修、电器、钣金、涂漆的维修技术人员；从事机修等、电器、钣金、涂漆的维修技术人员应当熟悉所从事工种的维修技术和操作规范，并了解汽车或者其他机动车维修及相关政策法规。机修、电器、钣金、涂漆维修技术人员总数的40%应当经全国统一考试合格。

（3）从事三类维修业务的，按照其经营项目分别配备相应的机修、电器、钣金、涂漆的维修技术人员；从事发动机维修、车身维修、电气系统维修、自动变速器维修的，还应当配备技术负责人员和质量检验人员。技术负责人员、质量检验人员及机修、电器、钣金、涂漆维修技术人员总数的40%应当经全国统一考试合格。

4. 有健全的维修管理制度。包括质量管理制度、安全生产管理制度、车辆维修档案管理制度、人员培训制度、设备管理制度及配件管理制度。具体要求按照国家标准《汽车维修业开业条件》（GB/T 16739）相关条款的规定执行。

5. 有必要的环境保护措施。具体要求按照国家标准《汽车维修业开业条件》（GB/T 16739）相关条款的规定执行。

第十二条 从事危险货物运输车辆维修的汽车维修经营者，除具备汽车维修经营一类维修经营业务的开业条件外，还应当具备下列条件：

1. 有与其他业内容相适应的专用维修车间和设备、设施，并设置明显的指示性标志；
2. 有完善的突发事件应急预案，应急预案包括报告程序、应急指挥以及处置措施等内容；
3. 有相应的安全管理人员；
4. 有齐全的安全操作规程。

本规定所称危险货物运输车辆维修，是指对运输易燃、易爆、腐蚀、放射性、剧毒等性质货物的机动车维修，不包含对危险货物运输车辆罐体的维修。

第十三条 申请从事摩托车维修经营的，应当符合下列条件：

1. 有与其经营业务相适应的摩托车维修停车场和生产厂房。租用的场地应有书面的租赁合同，且租赁期限不得少于1年。停车场和生产厂房的面积按照国家标准《摩托车维修业开业条件》（GB/T 18189）相关条款的规定执行。
2. 有与其经营业务相适应的设备、设施。所配备的计量应符合国家有关技术标准要求，并经法定检定机构检定合格。具体要求按照国家标准《摩托车维修业开业条件》（GB/T 18189）相关条款的规定执行。
3. 有必要的技术人员。

（1）从事一类维修业务的应当至少有1名质量检验人员。质量检验人员应当熟悉各类摩托车维修检测作业规范，掌握摩托车维修故障诊断和质量检验的相关技术，熟悉摩托车维修服务收费标准及相关政策法规和技术规范。质量检验人员总数的60%应当经全国统一考试合格。

（2）按照其经营业务分别配备相应的机修、电器、钣金、涂漆的维修技术人员。机修、电器、钣金、涂漆的维修技术人员应当熟悉所从事工种的维修技术和操作规范，并了解摩托车维修及相关政策法规。机修、电器、钣金、涂漆维修技术人员总数的30%应当经全国统一考试合格。

4. 有健全的维修管理制度。包括质量管理制度、安全生产管理制度、摩托车维修档案管理制度、人员培训制度、设备管理制度及配件管理制度。具体要求按照国家标准《摩托车维修业开业条件》（GB/T 18189）相关条款的规定执行。
5. 有必要的环境保护措施。具体要求按照国家标准《摩托车维修业开业条件》（GB/T 18189）相关条款的规定执行。

第十四条 申请从事机动车维修经营的，应当向所在地的县级道路运输管理机构提出申请，并提交下列材料：

1. 《交通行政许可申请书》；
2. 经营场地、停车场面积材料、土地使用权及产权证明复印件；
3. 技术人员汇总表及相应职业资格证明；
4. 维修检测设备及计量设备检定合格证明复印件；
5. 按照汽车、其他机动车、危险货物运输车辆、摩托车维修经营，分别提供本规定第十一条、第十二条、第十三条规定条件的其他相关材料。

第十五条 道路运输管理机构应当按照《中华人民共和国道路运输条例》和《交通行政许可实施程序规定》规范的程度实施机动车维修经营的行政许可。

第十六条　道路运输管理机构对机动车维修经营申请予以受理的，应当自受理申请之日起 15 日内作出许可或者不予许可的决定。符合法定条件的，道路运输管理机构作出准予行政许可的决定，向申请人出具《交通行政许可决定书》，在 10 日内向被许可人颁发机动车维修经营许可证件，明确许可事项；不符合法定条件的，道路运输管理机构作出不予许可的决定，向申请人出具《不予交通行政许可决定书》，说明理由，并告知申请人享有依法申请行政复议或者提起行政诉讼的权利。

机动车维修经营者应当持机动车维修经营许可证件依法向工商行政管理机关办理有关登记手续。

第十七条　申请机动车维修连锁经营服务网点的，可由机动车维修连锁经营企业总部向连锁经营服务网点所在地县级道路运输管理机构提出申请，提交下列材料，并对材料真实性承担相应的法律责任：

1. 机动车维修连锁经营企业总部机动车维修经营许可证件复印件；
2. 连锁经营协议书副本；
3. 连锁经营的作业标准和管理手册；
4. 连锁经营服务网点符合机动车维修经营相应开业条件的承诺书。

道路运输管理机构在查验申请资料齐全有效后，应当场或在 5 日内予以许可，并发给相应许可证件。连锁经营服务网点的经营许可项目应当在机车维修连锁经营企业总部许可项目的范围内。

第十八条　机动车维修经营许可证件实行有效期制。从事一、二类汽车维修业务和一类摩托车维修业务的证件有效期为 6 年；从事三类汽车维修业务、二类摩托车维修业务及其他机动车维修业务的证件有效期为 3 年。

机动车维修经营许可证件由各省、自治区、直辖市道路运输管理机构统一印制并编号，县级道路运输管理机构按照规定发放和管理。

第十九条　机动车维修经营者应当在许可证件有效期届满前 30 日到作出原许可决定的道路运输管理机构办理换证手续。

第二十条　机动车维修经营者变更许可事项，应当按照本模块有关规定办理行政许可事宜。

机动车维修经营者变更名称、法定代表人、地址等事项的，应当向作出原许可决定的道路运输管理机构备案。

机动车维修经营者需要终止经营的，应当在终止经营前 30 日告知作出原许可决定的道路运输管理机构办理注销手续。

第三章　维修经营

第二十一条　机动车维修经营者应当按照经批准的行政许可事项开展维修服务。

第二十二条　机动车维修经营者应当将机动车维修经营许可证件和《机动车维修标志牌》悬挂在经营场所的醒目位置。

《机动车维修标志牌》由机动车维修经营者按照统一式样和要求自行制作。

第二十三条　机动车维修经营者不得擅自改装机动车，不得承修已报废的机动车，不得利用配件拼装机动车。

托修方要改变机动车车身颜色，更换发动机、车身和车架的，应当按照有关法律、法规的规定办理相关手续，机动车维修经营者在查看相关手续后方可承修。

第二十四条　机动车维修经营者应当加强对从业人员的安全教育和职业道德教育，确保安全生产。

机动车维修从业人员应当执行机动车维修安全生产操作规程，不得违章作业。

第二十五条　机动车维修产生的废弃物，应当按照国家的有关规定进行处理。

第二十六条　机动车维修经营者应当公布机动车维修工时定额和收费标准，合理收取费用。

机动车维修工时定额可按各省机动车维修协会等行业中介组织统一制定的标准执行，也可按机动车维修经营者报所在地道路运输管理机构备案后的标准执行，也可按机动车生产厂家公布的标准执行。当上述标准不一致时，优先适用机动车维修经营者备案的标准。

机动车维修经营者应当将其执行的机动车维修工时单价标准报所在地道路运输管理机构备案。

机动车生产厂家在新车型投放市场后一个月内，有义务向社会公布其维修技术资料和工时定额。

第二十七条　机动车维修经营者应当使用规定的结算票据，并向托修方交付维修结算清单。维修结算单中，工时费与材料费应分项计算。维修结算清单格式和内容由省级道路运输管理机构制定。

机动车维修经营者不出具规定的结算票据和结算清单的，托修方有权拒绝支付费用。

第二十八条　机动车维修经营者应当按照规定，向道路运输管理机构报送统计资料。道路运输管理机构应当为机动车维修经营者保守商业秘密。

第二十九条　机动车维修连锁经营企业总部应当按照统一采购、统一配送、统一标识、统一经营方针、统一服务规范和价格的要求，建立连锁经营的作业标准和管理手册，加强对连锁经营服务网点经营行为的监管和约束，杜绝不规范的商业行为。

第四章　质量管理

第三十条　机动车维修经营者应当按照国家、行业或者地方的维修标准和规范进行维修。尚无标准或规范的，可参照机动车生产企业提供的维修手册、使用说明书和有关技术资料进行维修。

第三十一条　机动车维修经营者不得使用假冒伪劣配件维修机动车。

机动车维修经营者应当建立采购配件登记制度，记录购买日期、供应商名称、地址、产品名称及规格型号等，并查验产品合格证等相关证明。

机动车维修经营者对于换下的配件、总成，应当交托修方自行处理。

机动车维修经营者应当将原厂配件、副厂配件和修复配件分别标识，明码标价，供用户选择。

第三十二条　机动车维修经营者对机动车进行二级维护、总成修理、整车修理的，应当实行维修前诊断检验、维修过程检验和竣工质理检验制度。

承担机动车维修竣工质量检验的机动车维修企业或机动车综合性能检测机构应当使用符合有关标准并在检定有效期内的设备，按照有关标准进行检测，如实提供检测结果证明，并对检测结果承担法律责任。

第三十三条　机动车维修竣工质理检验合格的，维修质量检验人员应当签发《机动车维修竣工出厂合格证》；未签发动机车维修竣工出厂合格证的机动车，不得交付使用，车主可以拒绝交费或接车。

机动车维修竣工出厂合格证由省级道路运输管理机构统一印制和编号，县级道路运输管理机构按照规定发放和管理。

禁止伪造、倒卖、转借机动车维修竣工出厂合格证。

第三十四条 机动车维修经营者对机动车进行二级维护、总成修理、整车修理的，应当建立机动车维修档案。机动车维修档案主要内容包括：维修合同、维修项目、具体维修人员及质量检验人员、检验单、竣工出厂合格证（副本）及结算清单等。

机动车维修档案保存期为两年。

第三十五条 道路运输管理机构应当加强对机动车维修专业技术人员的管理，严格执行专业技术人员考试和管理制度。

机动车维修专业技术人员考试及管理具体办法另行制定。

第三十六条 道路运输管理机构应当加强对机动车维修经营的质量监督和管理工作，可委托具有法定资格的机动车维修质量监督检验中心，对机动车维修质量进行监督检验。

第三十七条 机动车维修实行竣工出厂质量保证期制度。

汽车和危险货物运输车辆整车修理或总成修理质量保证期为车辆行驶20 000公里或者100日；二级维护质量保证期为车辆行驶5 000公里或者30日；一级维护、小修及专项修理质量保证期为车辆行驶2 000公里或者10日。

摩托车整车修理或者总成修理质量保证期为摩托车行驶7 000公里或者80日；维护、小修及专项修理质量保证期为摩托车行驶800公里或者10日。

其他机动车整车修理或者总成修理质量保证期为机动车行驶6 000公里或者60日；维护、小修及专项修理质量保证期为机动车行驶700公里或者7日。

质量保证期中行驶里程和日期指标，以先达到者为准。

机动车维修质量保证期，从维修竣工出厂之日起计算。

第三十八条 在质量保证期和承诺的质量保证期内，因维修质理原因造成机动车无法正常使用，且承修方在3日内不能或者无法提供因非维修原因而造成机动车无法使用的相关证据的，机动车维修经营者应当及时无偿返修，不得故意拖延或者无理拒绝。

在质量保证期内，机动车因同一故障或维修项目经两次修理仍不能正常使用的，机动车维修经营者应当负责联系其他机动车维修经营者，并承担相应修理费用。

第三十九条 机动车维修经营者应当公示承诺的机动车维修质量保证期。所承诺的质量保证期不得低于第三十七条的规定。

第四十条 道路运输管理机构应当受理机动车维修质量投诉，积极按照维修合同约定和相关规定调解维修质量纠纷。

第四十一条 机动车维修质量纠纷双方当事人均有保护当事车辆原始状态的义务。必要时可拆检车辆有关部位，但双方当事人应同时在场，共同认可拆检情况。

第四十二条 对机动车维修质量的责任认定需要进行技术分析和鉴定，且承修方和托修方共同要求道路运输管理机构出面协调的，道路运输管理机构应当组织专家组或委托具有法定检测资格的检测机构作出技术分析和鉴定。鉴定费用由责任方承担。

第四十三条 对机动车维修经营者实行质量信誉考核制度。机动车维修质量信誉考核办法另行制定。

机动车维修质量信誉考核内容应当包括经营者基本情况、经营业绩（含奖励情况）、不良记录等。

第四十四条 道路运输管理机构应当建立机动车维修企业诚信档案。机动车维修质量信誉考核结果是机动车维修诚信档案的重要组成部分。

道路运输管理机构建立的机动车维修企业诚信信息，除涉及国家秘密、商业秘密外，应当依法公开，供公众查阅。

第五章 监督检查

第四十五条 道路运输管理机构应当加强对机动车维修经营活动的监督检查。

道路运输管理机构的工作人员应当严格按照职责权限和程序进行监督检查，不得滥用职权、徇私舞弊，不得乱收费、乱罚款。

第四十六条 道路运输管理机构应当积极运用信息化技术手段，科学、高效地开展机动车维修管理工作。

第四十七条 道路运输管理机构的执法人员在机动车维修经营场所实施监督检查时，应当有 2 名以上人员参加，并向当事人出示交通部监制的交通行政执法证件。

道路运输管理机构实施监督检查时，可以采取下列措施：

1. 询问当事人或者有关人员，并要求其提供有关资料；
2. 查询、复制与违法行为有关的维修台账、票据、凭证、文件及其他资料，核对与违法行为有关的技术资料；
3. 在违法行为发现场所进行摄影、摄像取证；
4. 检查与违法行为有关的维修设备及相关机具的有关情况。

检查的情况和处理结果应当记录，并按照规定归档。当事人有权查阅监督检查记录。

第四十八条 从事机动车维修经营活动的单位和个人，应当自觉接受道路运输管理机构及其工作人员的检查，如实反映情况，提供有关资料。

第六章 法律责任

第四十九条 违反本规定，有下列行为之一，擅自从事机动车维修相关经营活动的，由县级以上道路运输管理机构责令其停止经营；有违法所得的，没收违法所得，处违法所得 2 倍以上 10 倍以下的罚款；没有违法所得或者违法所得不足 1 万元的，处 2 万元以上 5 万元以下的罚款；构成犯罪的，依法追究刑事责任：

1. 未取得机动车维修经营许可，非法从事机动车维修经营的；
2. 使用无效、伪造、变造机动车维修经营许可证件，非法从事机动车维修经营的；
3. 超越许可事项，非法从事机动车维修经营的。

第五十条 违反本规定，机动车维修经营者非法转让、出租机动车维修经营许可证件的，由县级以上道路运输管理机构责令停止违法行为，收缴转让、出租的有关证件，处以 2 000 元以上 1 万元以下的罚款；有违法所得的，没收违法所得。

对于接受非法转让、出租的受让方，应当按照第四十九条的规定处罚。

第五十一条 违反本规定，机动车维修经营者使用假冒伪劣配件维修机动车，承修已报废的机动车或者擅自改装机动车的，由县级以上道路运输管理机构责令改正，并没收假冒伪劣配件及报废车辆；有违法所得的，没收违法所得，处违法所得 2 倍以上 10 倍以下的罚款；没有违法所得或者违法所得不足 1 万元的，处 2 万元以上 5 万元以下的罚款，没收假冒伪劣配件及报废车辆；情节严重的，由原许可机关吊销其经营许可；构成犯罪的，依法追究刑事责任。

第五十二条　违反本规定，机动车维修经营者签发虚假或者不签发机动车维修竣工出厂合格证的，由县级以上道路运输管理机构责令改正；有违法所得的，没收违法所得，处以违法所得 2 倍以上 10 倍以下的罚款；没有违法所得或者违法所得不足 3 000 元的，处以 5 000 元以上 2 万元以下的罚款；情节严重的，由许可机关吊销其经营许可；构成犯罪的，依法追究刑事责任。

第五十三条　违反本规定，有下列行为之一的，由县级以上道路运输管理机构责令其限期整改；限期整改不合格的，予以通报：

1. 机动车维修经营者未按照规定执行机动车维修质量保证期制度的；
2. 机动车维修经营者未按照有关技术规范进行维修作业的；
3. 伪造、转借、倒卖机动车维修竣工出厂合格证的；
4. 机动车维修经营者只收费不维修或者虚列维修作业项目的；
5. 机动车维修经营者未在经营场所醒目位置悬挂机动车维修经营许可证件和机动车维修标志牌的；
6. 机动车维修经营者未在经营场所公布收费项目、工时定额和工时单价的；
7. 机动车维修经营者超出公布的结算工时定额、结算工时单价向托修方收费的；
8. 机动车维修经营者不按照规定建立维修档案和报送统计资料的；
9. 违反本规定其他有关规定的。

第五十四条　违反本规定，道路运输管理机构的工作人员有下列情形之一的，由同级地方人民政府交通主管部门依法给予行政处分；构成犯罪的，依法追究刑事责任：

1. 不按照规定的条件、程序和期限实施行政许可的；
2. 参与或者变相参与机动车维修经营业务的；
3. 发现违法行为不及时查处的；
4. 索取、收受他人财物或谋取其他利益的；
5. 其他违法违纪行为。

第七章　附　　则

第五十五条　外商在中华人民共和国境内申请中外合资、中外合作、独资形式投资机动车维修经营的，应同时遵守《外商投资道路运输业管理规定》及相关法律、法规的规定。

第五十六条　机动车维修经营许可证件等相关证件工本费收费标准由省级人民政府财政部门、价格主管部门会同同级交通主管部门核定。

第五十七条　本规定自 2005 年 8 月 1 日起施行。经商国家发展和改革委员会、国家工商行政管理总局同意，1986 年 12 月 12 日交通部、原国家经委、原国家工商行政管理局发布的《汽车维修行业管理暂行办法》同时废止，1991 年 4 月 10 日交通部颁布的《汽车维修质量管理办法》同时废止。

参 考 文 献

[1] 孙仲铭，陈爱东，董维宁，张列文. 中外汽车维修技术图解大全 [M]. 长春：吉林科学技术出版社，1996.
[2] 林平. 新型汽车自动变速器结构·原理·检修 [M]. 福州：福建科学技术出版社，1997.
[3] 郑世润. 中外汽车检测与维修设备手册 [M]. 北京：金盾出版社，1997.
[4] 陈中一. 汽车运行材料 [M]. 北京：人民交通出版社，1998.
[5] 王殿忠. 汽车修理基础知识 [M]. 北京：高等教育出版社，1999.
[6] 安长富. 汽车修理工教材（上）[M]. 哈尔滨：黑龙江人民出版社，1999.
[7] 徐通法等. 汽车维修质量检验员岗位培训教材 [M]. 北京：科学技术文献出版社，1999.
[8] 艾洪文. 汽车修理工教材（中）[M]. 哈尔滨：黑龙江人民出版社，1999.
[9] 李芳民. 工程机械液压与液力传动 [M]. 北京：人民交通出版社，2000.
[10] 刘跃南. 机械基础 [M]. 北京：高等教育出版社，2000.
[11] 金禧德. 金工实习 [M]. 北京：高等教育出版社，2001.
[12] 尹万建. 轿车自动变速器结构原理与维修 [M]. 北京：人民交通出版社，2001.
[13] 刘仲国等. 汽车维修初级工培训教材 [M]. 北京：机械工业出版社，2002.
[14] 杨成河，孔宪峰. 汽车发动机构造与修理 [M]. 北京：高等教育出版社，2002.
[15] 屠卫星. 自动变速器维修 [M]. 北京：高等教育出版社，2002.
[16] 兰建设. 液压与气压传动 [M]. 北京：高等教育出版社，2002.
[17] 从守智. 汽车维修技术及设备 [M]. 北京：机械工业出版社，2003.
[18] 黄志远，杨存吉. 检修钳工 [M]. 北京：化学工业出版社，2004.
[19] 张世关. 汽车维修机具与设备 [M]. 北京：高等教育出版社，2005.
[20] 张子波. 汽车发动机构造与维修 [M]. 北京：高等教育出版社，2005.
[21] 杨柏春，王凤军. 汽车使用与技术管理 [M]. 北京：北京大学出版社，2005.
[22] 蔡广新. 汽车机械基础 [M]. 北京：高等教育出版社，2005.
[23] 李晓. 汽车检测技术 [M]. 北京：机械工业出版社，2005.
[24] 齐晓杰. 汽车液压与气压传动 [M]. 北京：机械工业出版社，2005.